AF165506

Frida Kahlo
*Jetzt, wo Du mich verläßt,
liebe ich Dich mehr denn je*

Frida Kahlo
Jetzt, wo Du mich verläßt, liebe ich Dich mehr denn je

Briefe und andere Schriften

*Herausgegeben und mit einem Vorwort
von Raquel Tibol*

*Aus dem Spanischen und Englischen von
Lisa Grüneisen und Jochen Staebel*

SchirmerMosel Literatur

Die Originalausgabe erschien 2001 unter dem Titel *Escrituras* im Verlag Consejo Nacional para la Cultura y las Artes in Mexiko.

ISBN 978-3-86555-002-6
© 2004 by Raquel Tibol
© der deutschsprachigen Ausgabe:
SchirmerMosel, München 2018

Dieses Werk einschließlich aller seiner Teile ist urheberrechtlich geschützt. Sämtliche Arten der Vervielfältigung oder der Wiedergabe dieses Werkes sind ohne vorherige Zustimmung des Verlages unzulässig und strafbar. Dies gilt für alle Arten der Nutzung, insbesondere für den Nachdruck von Texten und Bildern, deren Vortrag, Aufführung und Vorführung, die Übersetzung, die Verfilmung, die Mikroverfilmung, die Sendung und die Einspeicherung und Verarbeitung in elektronischen Medien. Zuwiderhandlungen werden verfolgt.

Umschlag: Paul Barnes, unter Verwendung
einer Photographie von Nickolas Muray (Ausschnitt), 1939
Gesetzt aus der Berthold Caslon
Satz: Uwe Steffen, München
Druck und Bindung: cpi books, Leck
Printed in Germany

www.schirmer-mosel.com/literatur

Vorwort

Am 25. Mai 1953 betrat ich Frida Kahlos Haus an der Ecke Allende/Londres in Coyoacán (das jetzige Museum Frida Kahlo). Nach einem kurzen Zwischenaufenthalt in La Paz, Bolivien, war ich soeben mit Diego Rivera aus Santiago de Chile eingetroffen. Am Flughafen von Mexiko-City wurden wir von Ruth Rivera Marín, Emma Hurtado, Elena Vázquez Gómez und Teresa Proenza erwartet. Die Gruppe beschloß, daß ich Frida Gesellschaft leisten sollte, die wegen der bevorstehenden Amputation ihres rechten Beins zutiefst verzweifelt war. Cristina Kahlo, die ihrer Schwester beistand, so gut sie konnte, stimmte dem Vorschlag zu; nur so würde sie sich ein wenig erholen können, denn Frida mußte ständig überwacht werden.

Schon in Chile und während unserer langen Reise vom Süden Amerikas hatte Rivera mich mit seiner Bewunderung für Frida angesteckt, deren körperliche und seelische Verfassung ihm zu jener Zeit sehr zu schaffen machte. Aber er hatte mich nicht vor der abgrundtief düsteren Atmosphäre gewarnt, die eine gewisse Vorbereitung erfordert hätte, eine Art spirituellen Passierschein, um mich weniger fremd in dieser einzigartigen Umgebung zu bewegen, denn die Gastgeberin war von meiner Anwesenheit genauso überrumpelt wie ihr Gast.

Ich versuchte mich an die unverhofften Umstände anzupassen, indem ich auf das zurückgriff, was in Santiago mein Job gewesen war: Kulturjournalismus. Ich schlug Frida vor, mir ihre Biographie zu diktieren, sie stimmte begeistert zu, und bald machten wir uns an die Arbeit. Eine Überdosis Demerol mit komplizierten Folgen, durch die Lebensgefahr für dieses »verletzte – schwerverletzte – Wild« bestand, setzte dem Projekt ein Ende. Als mir klar wurde, daß das komplexe Beziehungsgeflecht und die spannungsreichen Energien in dem Haus in Coyoacán über meine Anpassungsfähigkeit hinausgingen, beschloß ich, die Umgebung zu wechseln.

Wegen der Qualität dieser ersten biographischen Aufzeichnungen hielt ich noch eine ganze Weile an dem Wunsch fest, die Arbeit daran fortzusetzen. Gegen Februar 1954 wurde mir klar, daß dies nicht möglich sein würde, und so beschloß ich, das, was ich schon hatte, in *México en la Cultura*, der Beilage der Zeitung *Novedades*, zu veröffentlichen. Die Aufzeichnungen erschienen am 7. März 1954 unter dem Titel »Fragmentos para una vida de Frida Kahlo« [Das Leben der Frida Kahlo in Fragmenten]. Ich übernahm den kompletten Text später in meine Bücher *Frida Kahlo. Crónica, testimonios y aproximaciones* (1977) und *Frida Kahlo: una vida abierta* (1983). Man muß sich nur anschauen, was seither über Fridas Leben und Werk geschrieben wurde, um festzustellen, daß die »Fragmente« immer wieder zitiert wurden, mit und ohne Quellenangabe. Ganze Abschnitte wurden unter anderen Namen gedruckt. Diese Aneignungen sind der beste Beweis für den Erfolg dieser Darstellung Fridas durch ihre eigenen Worte.

1974 konnte ich in dem Artikel »Frida Kahlo a veinte años de su muerte« [Frida Kahlo zum zwanzigsten Todestag] erstmals einige der zahlreichen Briefe Fridas an ihre Jugendliebe Alejandro Gómez Arias herausbringen (erschienen in *Diorama de la Cultura*, Beilage der Zeitung *Excelsior* vom 14. Juli 1974). Die offene, phantasievolle Sprache, die der Verfasserin tief in die Seele blicken läßt, ließ mich

VORWORT

annehmen, daß es in Fridas Schriften viele Register geben mußte, die sich sehr von jenen im *Gemalten Tagebuch* unterschieden, das ja bekanntlich kein Dokument gelebter Erfahrungen ist, sondern vielmehr eine Aneinanderreihung von Allegorien, verschlüsselten Bekenntnissen, poetischen Liebeserklärungen und Klagen, deren verbale und visuelle Ausdrucksweise einander mit surrealer Intensität ergänzen.

Als Hayden Herrera in ihrem umfassenden Werk *Frida: A Biography of Frida Kahlo* (1983, deutsch: *Frida Kahlo. Ein leidenschaftliches Leben*) zahlreiche Briefe an Freunde und Liebhaber veröffentlichte, kam ich zu der Überzeugung, daß es nötig war, all ihre schriftlichen Zeugnisse in eine streng chronologische Reihenfolge zu bringen – Briefe, Notizen, Botschaften, Bekenntnisse, Quittungen, Gedichte, Bestellungen, Protestbriefe, Danksagungen, Bittbriefe und andere, ausgefeiltere Texte –, um ein unwiderlegbares Dokument zu schaffen: eine stille Autobiographie, die Frida in die intimistische Bekenntnisliteratur des 20. Jahrhunderts in Mexiko einordnet.

Da Frida in den vergangenen zwanzig Jahren zum Mythos geworden war, wußte ich, wie schwierig es werden würde, dem bereits Veröffentlichten Neues hinzuzufügen und Zugang zu dem zu erhalten, was heute (den kommerziellen Erfolg im Blick) eifersüchtig gehütet wird. Es gelang mir, an einiges heranzukommen – es war wenig, um ehrlich zu sein. Aber mein Ziel war ja ein anderes: die zeitliche Abfolge, der Diskurs in der ersten Person, ohne Interpretationen und Überinterpretationen oder Überschneidungen mit anderen Schreibstilen. Undatierte Dokumente habe ich dort eingeordnet, wo sie meiner Ansicht nach hingehören.

Hier findet der Leser Fridas (unvollständige) Schriften versammelt, ohne daß ein narrativer oder interpretativer Rahmen als Leitfaden dienen würde. Er braucht ihn nicht:

RAQUEL TIBOL

Frida spricht für sich, oszillierend zwischen Aufrichtigkeit und Manipulation, Selbstgefälligkeit und Selbstgeißelung, mit ihrem unstillbaren Bedürfnis nach Zuneigung, ihren aufgewühlten erotischen Gefühlen, ihrem Sinn für Humor, ihrer Maßlosigkeit und ihrer Fähigkeit zu Selbstanalyse und tiefer Bescheidenheit.

Ich habe denen zu danken, die vor mir Zugang zu Archiven hatten, die ich bereits unverschlossen vorfand. Ich stehe bei vielen in der Schuld. Ich hoffe, daß niemand sich in seinen Rechten verletzt fühlt, denn es geht einzig und allein darum, einen Schritt weiterzukommen bei der öffentlichen Rekonstruktion einer Persönlichkeit, die uns allen gehört, denn wir alle haben ihr geheimstes Inneres offengelegt.

Frida hat unter vielen Dächern Zuflucht gesucht, sie lebte in unterschiedlichen Wohnungen und hatte zahlreiche Adressen, doch geboren wurde sie in Coyoacán (am 6. Juli 1907), und dort, in diesem familiären Raum, aus dem sie ihr persönliches Reich machte, starb sie auch (am 13. Juli 1954).

Raquel Tibol

Jetzt, wo Du mich verläßt,
liebe ich Dich mehr denn je

Erinnerung

Ich lächelte. Weiter nichts. Doch in mir wurde es hell, und in der Tiefe meines Schweigens
folgte er mir. Wie mein Schatten, makellos, schwerelos.
Eine schluchzende Weise erklang in der Nacht...
Lautlos verschwanden die Indios in den Gassen des Dorfes.
Sie hatten Meskal getrunken und gingen, in Ponchos gehüllt, zum Tanz.
Eine Harfe und eine Jarana spielten auf, und fröhlich waren die lächelnden Mädchen.
In der Ferne, hinter dem Zócalo, glänzte der Fluß und entschwand, wie die Minuten meines Lebens.
Er folgte mir.
Schließlich weinte ich, im Vorhof der Kirche kauernd, geschützt von meinem Schal, der benetzt wurde von Tränen.

Veröffentlicht in: *El Universal Ilustrado* vom 30. November 1922. – Diesen Prosatext entdeckte Dr. Luis Mario Schneider auf S. 61 dieser Zeitschrift.

FRIDA KAHLO

Nachricht an Isabel Campos

Meine herzallerliebste Freundin
Sag mir, wann Du zum Baden gehst, damit ich Dich abholen kann.
Entschuldige, daß ich Dir die *Kniehosen* erst heute schicke, aber das Mädchen hatte keine Zeit, sie Dir vorbeizubringen.
Du weißt ja, wir gehen durch dick und dünn, Deine mächtige Freundin.

Frieda

Undatierte Visitenkarte, die Isabel Campos Raquel Tibol durch ihr Patenkind Marco Antonio Campos zukommen ließ. – Isabel Campos (1906–1994) wurde wie Frida in Coyoacán geboren. Die beiden pflegten über drei Jahrzehnte eine enge Freundschaft, die jedoch getrübt wurde, als Frida mehr und mehr in anderen Kreisen verkehrte.

Brief an Alejandro Gómez Arias

15. Dezember 1922

Alejandro, was passiert ist, tut mir so leid. Mein herzliches, tief empfundenes Beileid.
Alles, was ich Dir als Freundin anraten kann, ist, genügend Willensstärke aufzubringen, um die Prüfungen zu ertragen, die Gott der Herr uns auferlegt, denn wir sind auf der Welt, um zu leiden.

JETZT, WO DU MICH VERLÄSST

Ich empfinde diesen Schmerz aus tiefstem Herzen und bitte Gott, daß er Dir die Gnade und die Kraft schenken möge, Dein Schicksal anzunehmen.

Veröffentlicht in: Hayden Herrera, *Frida: Una biografía de Frida Kahlo*, Mexiko, Editorial Diana 1984. – Das Beileidsschreiben an Alejandro Gómez Arias (Oaxaca 1906–1990 Mexiko-City) galt Alejandros Vater, dem Arzt Gildardo Gómez, der damals Abgeordneter des Bundesstaates Sonora war. Gómez Arias erzählte Víctor Díaz Arciniega (in: *Memoria personal de un país,* Grijalbo 1990): »Meine Beziehung zu Frida Kahlo entstand an der Preparatoria, der Vorbereitungsschule der Universität (die sie ab 1920 besuchte), wo wir Studienkameraden waren. Sie kam vom Colegio Alemán, und als sie in die Preparatoria eintrat – sie war noch sehr jung –, entsprachen ihre Kleidung und ihr Auftreten dem eines Mädchens von dieser Schule... Sie war ein unruhiger Geist und widersetzte sich allen Regeln. Deshalb suchte sie natürlich die Freundschaft von Mitschülern, die ebenfalls nicht viel von Disziplin hielten... Nach und nach schloß sie sich unserer Gruppe an, bis sie schließlich die interessanteste Figur der Cachuchas wurde.« Neben Gómez Arias und Frida gehörten José Gómez Robleda, Miguel N. Lira, Ernestina Marín, Agustín Lira, Carmen Jaimes, Alfonso Villa, Jesús Ríos Ibáñez y Valle und Manuel González Ramírez den Cachuchas an. – Über ihre Beziehung sagt Gómez Arias: »Frida und ich waren sehr vertraut miteinander; daher die Briefe, die sie mir schickte... Wir waren jung und verliebt, aber wir hatten weder die Absicht zu heiraten noch sonstige Pläne in dieser Richtung.«

Brief an Alejandro Gómez Arias

Coyoacán, den 10. August 1923

Alex, ich erhielt Deinen kleinen Brief gestern abend um sieben, als ich gar nicht damit rechnete, daß jemand an mich denkt, und schon gar nicht Don Alejandro, aber glücklicherweise habe ich mich geirrt. Du weißt gar nicht, wie sehr es mich gefreut hat, daß Du mir vertraust wie einer wahren Freundin und daß Du mit mir sprichst, wie Du noch nie mit mir gesprochen hast, denn wenn Du auch ein bißchen ironisch behauptest, ich sei so überlegen und unnahbar, lese ich das Wesentliche aus Deinen Zeilen und nicht das, was andere Mädchen daraus lesen würden... und Du bittest mich um Rat, den ich Dir von Herzen gerne geben würde, wenn meine geringe Erfahrung von 15 Jahren etwas gälte, aber falls Du Dich mit der guten Absicht zufriedengibst, gehören Dir nicht nur meine bescheidenen Ratschläge, sondern mein ganzes Ich.

Also, Alex, schreib mir einen langen, langen Brief, je länger, desto besser. Bis dahin *alles* Liebe von

Frieda

P.S.: Grüße an Chong Lee und Deine kleine Schwester.

Veröffentlicht in: Hayden Herrera, *Frida: Una biografía de Frida Kahlo*, Mexiko, Editorial Diana 1984. – Frida behauptet, sie sei 15 Jahre alt, aber in Wirklichkeit war sie bereits 16. Sie wurde am 6. Juli 1907 in Coyoacán geboren. Chong Lee war der Spitzname von Miguel N. Lira. Gómez Arias' Schwester hieß Alicia.

Brief an Alejandro Gómez Arias

16. Dezember 1923

Alex, es tut mir sehr leid, daß ich gestern um vier nicht zur Universität gekommen bin, aber meine Mutter hat mich

nicht nach Mexiko fahren lassen, weil es hieß, daß es Unruhen gäbe. Außerdem habe ich die Einschreibung verpaßt, und jetzt weiß ich nicht, was ich machen soll. Ich bitte Dich um Entschuldigung – Du wirst sagen, daß ich sehr unhöflich bin, aber es war nicht meine Schuld; meine Mutter hatte sich in den Kopf gesetzt, mich nicht gehen zu lassen, da war nichts zu machen, außer sich damit abzufinden.
Morgen werde ich ihr sagen, daß ich Examen im Modellierkurs habe und den ganzen Tag in Mexiko bleiben werde. Es ist noch nicht ganz sicher, weil ich zuerst sehen muß, in welcher Stimmung meine Mamacita ist, um dann zu entscheiden, ob ich ihr diese Lüge auftische; falls ich komme, sehe ich Dich um halb zwölf am Rechtsinstitut. Warte doch bitte an der Ecke bei der Eisdiele auf mich, damit Du nicht zur Universität zu gehen brauchst. Die erste Posada findet wie immer bei Rouaix statt, also jetzt gleich; ich habe entschieden, nicht hinzugehen, aber wer weiß, vielleicht im letzten Moment...
Aber wenn wir uns jetzt so selten sehen, möchte ich, daß Du mir schreibst, Alex, denn sonst schreibe ich Dir auch nicht. Und falls Du mir nichts zu sagen hast, dann schick mir eben ein weißes Blatt Papier oder schreib fünfzigmal dasselbe, aber es wird mir beweisen, daß Du wenigstens an mich denkst...
Also dann, viele Küsse und alles Liebe.

Deine
Frieda

Entschuldige, daß ich die Tinte gewechselt habe.

Veröffentlicht in: Hayden Herrera, *Frida: Una biografía de Frida Kahlo*, Mexiko, Editorial Diana 1984. – Die Posada ist ein mexikanisches Weihnachtsspiel, das ab dem 16. Dezember jeden Abend bis Weihnachten aufgeführt wird.

FRIDA KAHLO

Brief an Alejandro Gómez Arias

19. Dezember 1923

[…] ich bin so wütend, weil ich wegen dieser dämlichen Cristina bestraft wurde. Ich habe ihr eine runtergehauen (weil sie mir ein paar Sachen weggenommen hat), sie hat eine halbe Stunde geflennt, und ich bekam eine ordentliche Tracht Prügel und durfte nicht zu der Posada gestern gehen. Sie lassen mich kaum auf die Straße, deshalb muß ich mich kurz fassen, aber ich schreibe Dir trotzdem, damit Du siehst, daß ich immer an Dich denke, selbst wenn ich abgrundtief traurig bin, denn Du kannst Dir vorstellen, wie es ist, Dich nicht zu sehen, bestraft zu werden und den ganzen Tag nichts machen zu können, weil ich so wütend bin. Heute nachmittag habe ich meine Mama um Erlaubnis gebeten, auf die Plaza gehen zu dürfen und etwas zu naschen zu kaufen. Ich bin dann zur Post gegangen… um Dir zu schreiben.
Viele Küsse von Deinem Mädchen, das Dich sehr vermißt.
Grüße Carmen James und Chong Lee (bitte).

Frieda

Veröffentlicht in: Hayden Herrera, *Frida: Una biografía de Frida Kahlo*, Mexiko, Editorial Diana 1984. – Aus Carmen Jaimes macht Frida Carmen James.

Brief an Alejandro Gómez Arias

22. Dezember 1923

Alex, gestern konnte ich Dir nicht schreiben, weil es schon sehr spät war, als wir von den Navarros zurückkamen, aber jetzt habe ich viel Zeit für Dich; der Tanz gestern war mittelmäßig, eher mau, aber wir haben uns doch ein wenig amüsiert. Heute abend gibt es eine Posada bei Señora Roca, Cristina und ich gehen zum Essen hin. Ich glaube, es wird sehr nett werden, denn es kommen viele Jungs und Mädchen, und die Señora ist ganz reizend. Morgen schreibe ich Dir und berichte, wie es war.

Auf dem Ball bei den Navarros habe ich nicht viel getanzt, denn ich war nicht sonderlich glücklich. Am meisten habe ich mit Rouaix getanzt, weil die anderen sehr unsympathisch waren.

Bei den Rochas gibt es heute auch eine Posada, aber wer weiß, ob wir hingehen...

Sei so lieb und schreib mir.

                Viele Küsse
                Deine Frieda

Ich habe mir *Das Bildnis des Dorian Gray* ausgeliehen. Bitte schick mir Guevaras Adresse, damit ich ihm seine Bibel schicken kann.

Veröffentlicht in: Hayden Herrera, *Frida: Una biografía de Frida Kahlo*, Mexiko, Editorial Diana 1984. – Frida hatte fünf Schwestern: María Luisa und Margarita aus Guillermo Kahlos erster Ehe sowie Matilde, Adriana und Cristina aus seiner Verbindung mit Matilde Calderón.

FRIDA KAHLO

Brief an Alejandro Gómez Arias

1. Januar 1924

Mein Alex,

[...] Wo habt Ihr Silvester verbracht? Ich war bei den Campos, und es war nicht besonders – wir haben fast die ganze Zeit gebetet, und danach bin ich schlafen gegangen, weil ich so müde war. Getanzt habe ich gar nicht. Heute morgen bin ich zur Kommunion gegangen und habe für Euch alle gebetet...

Stell Dir vor, gestern nachmittag bei der Beichte habe ich drei Sünden vergessen und bin dann so zur Kommunion gegangen – und es waren schwere Sünden. Mal sehen, was ich jetzt wohl machen werde, aber ich hab mir ja in den Kopf gesetzt, nicht an die Beichte zu glauben, und selbst wenn ich wollte, könnte ich nicht mehr richtig beichten. Ich bin wirklich albern, nicht wahr?

Nun, mein Herz, wie Du siehst, schreibe ich Dir. Es wird wohl sein, weil ich Dich überhaupt nicht liebe, Deine

Frieda

Tut mir leid, daß ich Dir auf diesem kitschigen Papier schreibe, aber ich habe mit Cristina gegen ein weißes getauscht, und als es mir dann leid getan hat, war nichts mehr zu machen (es ist gar nicht sooooo häßlich).

Veröffentlicht in: Hayden Herrera, *Frida: Una biografía de Frida Kahlo*, Mexiko, Editorial Diana 1984. – Frida bezieht sich auf die Familie von Isabel Campos, ihrer besten Freundin in Coyoacán.

JETZT, WO DU MICH VERLÄSST

Brief an Alejandro Gómez Arias

16. April 1924

[...] Es waren schöne Exerzitien, denn der Priester, der sie leitete, war sehr gebildet, beinahe ein Heiliger. Beim heiligen Abendmahl wurden uns der päpstliche Segen erteilt, und es wurden viele Ablässe gewährt, alles, was man nur wollte. Ich habe für meine Schwester Maty gebetet; der Priester kannte sie und sagte, er werde ebenfalls für sie beten. Ich habe auch zu Gott und der Muttergottes gebetet, daß Dir alles gelingt und Du mich immer lieben wirst, und auch für Deine Mutter und für Deine kleine Schwester [...]

Veröffentlicht in: Hayden Herrera, *Frida: Una biografía de Frida Kahlo*, Mexiko, Editorial Diana 1984. – 1923 half Frida Kahlo der 18jährigen Matilde Kahlo Calderón, mit ihrem Verlobten nach Veracruz zu fliehen. Frida erinnert sich: »Matita war der Liebling meiner Mutter, und ihre Flucht versetzte sie in Hysterie. Mein Vater sagte kein einziges Wort, als Mati fortging. Wenn man ihn so sah, mochte man kaum glauben, daß er an Epilepsie litt... Vier Jahre hörten wir nichts von Matita. Eines Tages, in der Straßenbahn, sagte mein Vater zu mir: ›Wir werden sie niemals finden!‹ Ich tröstete ihn, und meine Hoffnungen waren tatsächlich berechtigt... Eine Schulkameradin aus der Preparatoria erwähnte mir gegenüber: ›In der Calle de los Doctores lebt eine Frau, die dir verblüffend ähnlich sieht. Sie heißt Matilde Kahlo.‹ Ich fand sie am Ende eines Hofs, in der vierten Wohnung an einem langen Korridor. Es war eine Wohnung voller Licht und voller Vögel. Matita duschte sich gerade mit einem Schlauch ab. Sie lebte dort mit Paco Hernández, den sie später heiratete. Finanziell ging es ihnen gut, und sie hatten keine Kinder. Zuerst sagte ich meinem Vater Bescheid, daß ich sie gefunden hatte. Ich besuchte sie einige Male und versuchte meine Mutter davon zu überzeugen, sich mit ihr zu treffen, aber sie wollte nicht.« (Raquel Tibol: »Fragmentos para una vida de Frida Kahlo«, in: *México en la Cultura*, Beilage der Zeitung *Novedades*, 7. März 1954)

FRIDA KAHLO

Brief an Alejandro Gómez Arias

Gringo-Tag (4. Juli) 1924

[...] Ich weiß nicht, was ich noch tun soll, um an eine Arbeit zu kommen, denn das ist die einzige Möglichkeit, Dich wie früher in der Schule täglich sehen zu können.

Veröffentlicht in: Hayden Herrera, *Frida: Una biografía de Frida Kahlo*, Mexiko, Editorial Diana 1984.

Brief an Alejandro Gómez Arias

4. August 1924

[...] Ich bin sehr traurig und gelangweilt in diesem Dorf. Es ist zwar recht malerisch, aber es fehlt *ein gewisser Jemand*, der jeden Tag in die Iberoamérica geht [...]

Veröffentlicht in: Hayden Herrera, *Frida: Una biografía de Frida Kahlo*, Mexiko, Editorial Diana 1984. – Gemeint ist die Biblioteca Iberoamericana de la Secretaría de Educación Pública.

JETZT, WO DU MICH VERLÄSST
Brief an Alejandro Gómez Arias

[undatiert]

Alejandrito,
ich habe gehört, daß Du sehr traurig bist und Dich mit der Erfindung eines drahtlosen Funksprechgeräts beschäftigst, weil Du nachts Migräne hast. Deshalb schicke ich Dir diese kleine Medizin, ja?
[Es folgen zwei kleine Zeichnungen: ein Junge an einem Schalltrichter, daneben ein Mädchen.] Mein neuestes Porträt. Ich gebe ein Konzert, und Du hörst es Dir an Deinem Apparat an. Ätherwellen.
[Zeichnung einer Straßenbahn mit Fahrer und zwei Mädchen, die sich an der fahrenden Bahn festzuhalten versuchen. Im Hintergrund Häuser.] Hier die Reynita und ich beim Schwarzfahren in Peralvillo. Es ist eine wunderschöne Photographie, wie Du sie magst. So haben wir uns die Häuser angeschaut. Mädchen, die auf die Nase fallen werden.
[Hier folgt eine Zeichnung mit Bücherstapeln, einer Maus und einer Person vor einem Bücherregal.] Wie ich gern leben würde, wenn Du wieder glücklicher bist. Das hier ist kein Nougat, sondern Bücher. Ein Mäuschen, das in einem Buch von Anatole France sein Nest gebaut hat. Du bei der Lektüre von Don Ramón Ziegenbart.
  Deine Freundin
    Friedita

Veröffentlicht in: Erika Billeter, *The Blue House. The World of Frida Kahlo.* Ausstellung der Kunsthalle Schirn in Frankfurt a.M. (6. März bis 23. Mai 1993) und des Museum of Fine Arts in Houston (6. Juni bis 29. August 1993). – Gemeint ist der spanische Schriftsteller Ramón del Valle-Inclán.

FRIDA KAHLO

Brief an Alejandro Gómez Arias

Montag, der 18. August 1924, 8 Uhr abends

Alex, heute nachmittag, als Du angerufen hast, konnte ich nicht um Punkt halb drei im Milchladen sein. Sie haben mich zwar rufen lassen, aber als ich hinkam, war der Hörer eingehängt, und ich konnte nicht mehr mit Dir sprechen. Verzeih mir, Alex, Du siehst ja, daß ich nichts dafür konnte.

Stell Dir vor, was mir heute nachmittag Furchtbares passiert ist: Als ich vom Zahnarzt kam, ging ich ins »La Carmela«, um einen Pinsel zu kaufen – Du weißt doch, da, wo wir schon neulich einen gekauft haben. Als ich bezahlen wollte, kam Rouaix rein und gab mir einen Schubs, und ich habe eine Glasscheibe in der Ladentheke zerbrochen. Jetzt sind wir beide dran und müssen jeder 2,50 bezahlen, aber Rouaix sagt, daß ich dafür geradestehen muß und er mich auf der Rechnung sitzenläßt, weil er schon am 1. in die USA fährt. Stell Dir nur vor, wie gut ihm das passen würde, aber es kommt gar nicht in Frage! Soll er doch eine Ziege versetzen, um die Hälfte zu bezahlen. Was meinst Du? Übrigens, in zehn Tagen findet doch bei Deinem Freund Chelo ein großes Kostümfest statt. Ich muß mir also rechtzeitig ein Kostüm besorgen, und das wird mir als Vorwand dienen, um mit dem Herrn der Panchito Pimentel einen kleinen Spaziergang zu unternehmen, nicht wahr?

Wenn ich Dich in den nächsten Tagen nicht treffen kann, dann komm nach Coyoacán. Ruf mich am Mittwoch um halb vier an, ich werde ganz bestimmt da sein, ja? Aber zuerst beantworte so schnell wie möglich diesen Brief, Bruderherz, denn Du weißt ja, daß ich sonst glauben müßte, daß Du die junge Dame vergessen hast, die Dich fragte, ob das

Mädchen aus der fraglichen Straßenbahn gestorben sei, und das ist wirklich schrecklich! So lange nicht miteinander zu sprechen. Und dann das!

Ich werde jetzt bis halb elf *Salambó* lesen – jetzt ist es acht –, dann die dreibändige Bibel, und schließlich werde ich noch ein Weilchen über allerhand wissenschaftliche Probleme nachdenken und dann ins Bett gehen, um bis halb acht morgens zu schlafen. Na, was sagst Du? Bis morgen, ich wünsche uns eine gute Nacht und daß wir beide daran denken, daß gute Freunde sich sehr sehr sehr sehr sehr sehr sehr sehr lieben sollten – sehr mit S wie in Serenade oder Seele.
Erste Annahme: Gute Freunde sollten sich sehr lieben.
Zweite Annahme: Alex und Friducha sind gute Freunde.
Schlußfolgerung: Alex und Friducha sollten sich sehr lieben.
Note: 4. *M. Cevallos*
Ein Küßchen, ohne daß sich die aus der Pancho Pimentel aufregen, ja?
Ein Mädchen, das Dich mehr liebt als je zuvor.
Frieda

[Frida zeichnet ihren Kopf auf einem Sockel.] Statue für Deine Freundin. Geköpft komme ich zur Welt durch das Löchlein so winzig klein.
[Zeichnung eines durchbohrten Herzens.] I love you very much etc., kisses.

Kopie im Archiv des Museo Estudio Diego Rivera.

FRIDA KAHLO

Brief an Alejandro Gómez Arias

14. September 1924

[Neben der Zeichnung eines Frauenkopfes mit stilisierten Gesichtszügen schreibt Frida:]
Zerreiße sie nicht, sie ist nämlich sehr hübsch... An diesem Figürchen kannst Du sehen, welche Fortschritte ich im Zeichnen mache, nicht wahr? Jetzt weißt Du, daß ich ein künstlerisches Genie bin! Also paß auf, daß sich die Hunde nicht an diese bemerkenswerte psychologische und künstlerische Studie einer »*pay Chekz*« heranmachen (*one* Idealtypus).

Veröffentlicht in: Hayden Herrera, *Frida: Una biografía de Frida Kahlo*, Mexiko, Editorial Diana 1984.

Brief an Alejandro Gómez Arias

[Rückansicht einer sitzenden Katze] Other Idealtypus

20. September 1924

Mein Alex,
wie es aussieht, willst Du mir nicht schreiben – mal sehen, ob Du vielleicht Lust hast, diesen Brief zu beantworten, den ich Dir heute schicke, am 20. September.
Als ich Dich heute morgen traf, warst Du sehr ernst, aber da ich vor der Reyna nichts zu Dir sagen konnte, frage ich Dich jetzt in diesem Brief, weshalb Du so ernst mir gegen-

über warst. Kann ja sein, daß ich es mir nur eingebildet habe oder daß es wirklich so war.

Hör zu, Alex, wenn dieser Brief am Montag morgen ankommt, kann ich Dich vielleicht in der Bibliothek treffen. Falls ich nicht kommen sollte, mußte ich nach Tlalpan fahren. In diesem Fall sehe ich Dich ganz sicher am Dienstag in der Ibero oder an jedem anderen Ort, den Du mir nennst – falls es Dir nichts ausmacht. Ich für meinen Teil habe jedenfalls große Lust, mit Dir zusammenzusein, aber wer weiß, vielleicht langweilt es Dich ja mächtig, mit Deiner Freundin zu plaudern, die Dich sehr liebt, aber ein bißchen eigensinnig ist.

Heute haben mir zweimal die Ohren geklungen. Ich habe nach einer Nummer gefragt, und man nannte mir die 70. Ich hoffe, Du bist es gewesen, der an Mich...ael von I. gedacht hat.

Deine süße Friducha. One kiss.

Bitte schreib mir. Entschuldigung für das Papier.

Veröffentlicht in: Erika Billeter, *The Blue House. The World of Frida Kahlo*. Ausstellung der Kunsthalle Schirn in Frankfurt a.M. (6. März bis 23. Mai 1993) und des Museum of Fine Arts in Houston (6. Juni bis 29. August 1993).

FRIDA KAHLO

Brief an Alejandro Gómez Arias

Donnerstag, der 25. Dezember 1924

Mein Alex, ich liebe Dich, seit ich Dich zum erstenmal gesehen habe. Was sagen Sie dazu? Da wir uns wohl einige Tage nicht sehen werden, bitte ich Dich inständig, Deine kleine süße Frau nicht zu vergessen, ja?... Manchmal nachts habe ich große Angst und wünschte mir, Du wärst bei mir, damit ich nicht solche Angst zu haben brauche und Du mir sagen könntest, daß Du mich genauso liebst wie früher, wie im letzten Dezember, auch wenn ich ein »leichtes Ding« bin, nicht wahr, Alex? Leichte Dinge scheinen Dir zu gefallen... Ich möchte gerne noch leichter sein, ein winzig kleines Etwas, das Du einfach in Deiner Tasche herumtragen kannst, immer und überall... Alex, schreib mir bald, und sag mir, daß Du mich sehr liebst und nicht ohne mich leben kannst, selbst wenn es nicht stimmen sollte...
Dein Mädchen, Deine Kleine, Deine Frau oder was immer Du willst.
                        Frieda

Am Samstag bringe ich Dir Deinen Pullover, Deine Bücher und viele Veilchen mit, hier im Haus gibt es nämlich Unmengen davon...

Veröffentlicht in: Hayden Herrera, *Frida: Una biografía de Frida Kahlo*, Mexiko, Editorial Diana 1984.

Brief an Alejandro Gómez Arias

Antworte mir, antworte mir, antworte mir, antworte mir, antworte mir, antworte mir.

" " " " "
" " " " "
" " " " "

Wissen Sie schon das Neueste? Schluß mit den kurzen Haaren.

1. Januar 1925

Mein Alex, heute um elf ist Dein Brief angekommen, aber ich habe nicht sofort geantwortet – Du wirst verstehen, daß man weder schreiben noch sonst etwas tun kann, wenn man von so einer Horde umgeben ist. Aber jetzt ist es zehn Uhr abends, und ich bin ganz für mich alleine, der beste Moment, um Dir meine Gedanken mitzuteilen (auch wenn ich in der linken Hand keine Kopflinie habe. S. Mallén).
Natürlich würde ich mich nicht mal im Traum über das aufregen, was Du über Anita Reyna sagst. Erstens ist es nur die Wahrheit – sie ist wirklich sehr hübsch und sehr reizend –, und zweitens mag ich alle, die Du liebst oder geliebt hast (!), aus dem einfachen Grund, weil Du sie liebst. Das mit den Zärtlichkeiten hat mir allerdings nicht besonders gefallen, denn auch wenn ich verstehe, daß sie wirklich sehr reizend ist, empfinde ich so etwas wie... nun, wie soll ich sagen... so etwas wie Neid, verstehst Du? Aber das ist nur natürlich. Wenn Du sie irgendwann streicheln willst, und sei es nur in Erinnerung an alte Zeiten, dann streichle mich, und stell Dir vor, ich wäre sie, einverstanden, mein Alex? Du wirst sagen, daß ich viel verlange, aber es ist mein einziger Trost. Ich weiß, auch wenn da eine sehr hübsche Anita Reyna sein sollte, gibt es eine nicht minder hübsche

FRIDA KAHLO

Frida Kahlo, vorausgesetzt, daß sie Alejandro Gómez Arias ebenso gefällt. Übrigens hat es mich gefreut, daß Du so ehrlich zu mir warst und mir erzählt hast, daß Du sie schön fandest und sie Dich mit der üblichen Geringschätzung bedacht hat; es ist ja bekannt, daß Du einen Hang zum Leiden hast und voller Liebe an alle die zurückdenkst, von denen Du glaubst, daß sie Dich nicht geliebt haben... Bestimmt wird es mir irgendwann genauso ergehen, denn ich liebe Dich über alles, aber weil Du so ein feiner Kerl bist, wirst Du mich lieben, obwohl Du weißt, wie sehr ich Dich liebe, nicht wahr, Alex?

Hör mal, Bruderherz, in diesem Jahr 1925 werden wir uns sehr lieben, ja? Entschuldige, daß ich so oft das Wort »lieben« wiederhole, gleich fünfmal hintereinander, aber ich bin eben eine dumme Gans. * Findest Du nicht, daß wir die Reise in die *United States* gut vorbereiten sollten? Sag mir doch bitte, was Du davon hältst, wenn wir dieses Jahr im Dezember fahren – bis dahin ist reichlich Zeit, um alles zu regeln, findest Du nicht? Sag mir, was in Deinen Augen alles dafür oder dagegen spricht und ob Du wirklich fahren kannst. Denn sieh mal, Alex, wir sollten etwas aus unserem Leben machen, findest Du nicht? Wir werden doch nicht so blöd sein und unser ganzes Leben in Mexiko verbringen! Für mich gibt es nichts Schöneres, als zu reisen, und der Gedanke, daß ich nicht genug Willenskraft aufbringen könnte, diesen Plan in die Tat umzusetzen, ist eine regelrechte Qual für mich. Du wirst sagen, daß man nicht nur Willenskraft braucht, sondern vor allem Kaufkraft, also Moneten, aber die bekommt man in einem Jahr Arbeit zusammen, und der Rest ist dann einfach, oder? Aber ehrlich gesagt habe ich nicht besonders viel Ahnung von diesen Dingen – es wäre gut, wenn Du mir sagst, wo die Vor- und Nachteile liegen und ob die Gringos wirklich so furchtbar

sind. Du mußt nämlich wissen, daß vieles von dem, was ich von dem Sternchen bis zu *this* Zeile geschrieben habe, reine Luftschlösser sind, und besser, ich werde ein für allemal enttäuscht, als mich in etwas zu verrennen. (Du wirst es nicht glauben, aber ich bin immer noch ein ziemlicher Dickschädel.)
Um Mitternacht habe ich an Dich gedacht, mein Alex. Und Du auch an mich? Ich glaube schon, denn in meinem linken Ohr war so ein Geräusch. Nun, Du weißt ja: »Neues Jahr, neues Glück«, und in diesem Jahr wird Deine Kleine keine Zuckermandel zu sieben Pesos das Kilo sein, sondern die süßeste und leckerste, die es je gegeben hat, damit Du sie ratzeputz vernaschst.
Es verehrt Dich Deine Freundin
     Friduchita

Antworte mir und schick mir einen Kuß.
(Ich wünsche Deiner Mama und Deiner Schwester ein glückliches neues Jahr.)

Veröffentlicht in: Erika Billeter, *The Blue House. The World of Frida Kahlo.* Ausstellung der Kunsthalle Schirn in Frankfurt a. M. (6. März bis 23. Mai 1993) und des Museum of Fine Arts in Houston (6. Juni bis 29. August 1993). – Mit S. Mallén ist Rubén Salazar Mallén (1905–1986) gemeint, ein Anwalt und Schriftsteller, der als Journalist arbeitete und einen Lehrstuhl innehatte. Gómez Arias heiratete später Malléns Schwester Teresa Salazar Mallén.

FRIDA KAHLO

Brief an Alejandro Gómez Arias

8. Januar 1925. Donnerstag

Alex (mein sicheres Eigentum), ich bin mächtig traurig, weil Du krank bist, und wäre gern die ganze Zeit bei Dir. Aber da das nicht geht, muß ich durchhalten, bis Du wieder gesund bist, was sicherlich sehr bald sein wird.
In den vergangenen Tagen bin ich vormittags ins Studio des Chefs gegangen, und nachmittags war ich bei Deiner Freundin Reynilla. Du wirst es Dir bestimmt gedacht haben, als Du das kleine Päckchen bekommen hast, das ich Dir durch Reynis Dienstmädchen oder Perle schicken ließ, stimmt's?
Gestern abend habe ich nur Salas gesehen, der mir erzählte, daß Du ihm eine ganz ausgefallene, lustige Neujahrskarte geschickt hast. Er vermutete sogar, sie wäre von uns beiden, aber da ich von nichts wußte, sagte ich ihm, daß sie mit Sicherheit von Dir sei, denn wer sonst sollte auf die Idee kommen, etwas so Witziges und Originelles zu machen. (Du wirst ja wissen, was das für Grüße waren, deshalb schreibe ich nichts weiter dazu.)
Vorgestern habe ich niemanden getroffen außer der Reyna; wir haben uns nach Dekorationen für das kleine Theater umgesehen, das Teatro-Pello heißen soll, und das folgende ausgefeilte Telegramm an Chole geschickt, weil wir es für die beste Methode hielten, an einen Job zu kommen:
Sehr geehrtes Fräulein,
Studentinnen ersuchen höflichst um ein Gespräch.
Antwort an Pimentel 31. Frl. A. Reyna und F. K.
Ich glaube, daß wir lediglich dem Telegraphenamt unser Geld in den Rachen geworfen haben, aber man darf nichts unversucht lassen. Am Montag um halb neun beginnen wir

an der Oliver mit Stenographie und Schreibmasch…, damit wir in dieser Hinsicht nicht so ahnungslos sind, aber ich bin trotzdem kreuzunglücklich, weil ich auf keinen Fall so bald einen Job finden werde, und die Zeit fliegt nur so dahin. Die blonde Olaguíbel fängt wahrscheinlich im »El Globo« von Palavicini an. Als ich sie neulich im Bus traf, erzählte sie mir, daß man ihr einen Job in der Biblioteca de Educación angeboten hat, aber sie braucht ein Empfehlungsschreiben von einem dieser wichtigen Leute. Wenn ich so ein Empfehlungsschreiben bekommen könnte, würde sie mir die Stelle überlassen, weil ihr die Stelle im »El Globo« so gut wie sicher ist. Deshalb will ich zu Chole oder zu wem in Dreiteufelsnamen auch immer, der mir die Empfehlung schreiben kann. Sie zahlen 4 Pesos oder 4,50, und ich finde, das ist gar nicht so übel, aber zuerst einmal muß ich Maschineschreiben und Steno lernen. Da siehst Du mal, was für ein Dummerchen Deine Freundin ist!

Aber im Augenblick will ich nur, daß Du wieder gesund wirst, alles andere kommt erst an fünfter oder sechster Stelle, denn an erster bis vierter Stelle steht, daß Du wieder gesund wirst, daß Du mich liebst, etc., etc. Wahrscheinlich habe ich Dich mittlerweile mit diesem ganzen Zeugs zu Tode gelangweilt, deshalb verabschiede ich mich, aber ich bin bald zurück (Specht-Musik). Schreib Chong Lee, der mir Grüße an Dich aufgetragen hat. Und schreib mir, oder falls es Dir schon ein bißchen besser geht, sag mir, wann Du rausgehst, damit ich Dich treffen kann – Du weißt ja, daß ich ein Tränchen bin, und wenn ich Dich nicht sehe, weine ich so bitterlich wie der heilige Petrus.

Werd recht bald gesund, und denk ein bißchen an mich. Das wünscht sich Deine Schwester (Geliebte, Freundin, Frau)

Frieda

Antworte mir bald – mit Trauerrand, denn das mag ich sehr.

Veröffentlicht in: Erika Billeter, *The Blue House. The World of Frida Kahlo*. Ausstellung der Kunsthalle Schirn in Frankfurt a.M. (6.März bis 23.Mai 1993) und des Museum of Fine Arts in Houston (6.Juni bis 29.August 1993).

Brief an Alejandro Gómez Arias

15.Januar 1925

[...] Sag mir, wenn Du mich nicht mehr liebst, Alex – ich liebe Dich, selbst wenn Du Dir kein klitzekleines bißchen mehr aus mir machst [...]

Veröffentlicht in: Hayden Herrera, *Frida: Una biografía de Frida Kahlo*, Mexiko, Editorial Diana 1984.

Brief an Alejandro Gómez Arias

25.Juli 1925

[...] Erzähl mir, was es Neues in Mexiko gibt, erzähl mir von Deinem Leben und überhaupt alles, wonach Dir der Sinn steht, denn Du weißt ja, daß es hier nur Felder über

Felder gibt, Indios und noch mehr Indios, Hütten und noch mehr Hütten, denen man nicht entkommen kann. Du wirst es nicht glauben, aber ich langweile mich zu Tode... Wenn Du kommst, bring mir um Himmels willen etwas zu lesen mit, ich werde jeden Tag dümmer. (Entschuldige, daß ich so träge bin.)

Veröffentlicht in: Hayden Herrera, *Frida: Una biografía de Frida Kahlo*, Mexiko, Editorial Diana 1984.

Brief an Alejandro Gómez Arias

1. August 1925

[...] Tagsüber arbeite ich in der Fabrik, von der ich Dir erzählt habe, während ich mich nach etwas Besserem umsehe. Sonst habe ich nichts zu tun – Du kannst Dir vorstellen, wie es mir geht, aber was hilft's. Die Arbeit macht mir überhaupt keinen Spaß, aber ich bekomme im Moment keine andere und muß es nehmen, wie es ist...
Ich bin so furchtbar traurig, aber Du weißt, daß nicht immer alles so ist, wie man es gerne hätte. Was bringt es also, darüber zu reden [...]

Veröffentlicht in: Hayden Herrera, *Frida: Una biografía de Frida Kahlo*, Mexiko, Editorial Diana 1984.

FRIDA KAHLO

Brief an Alejandro Gómez Arias

Dienstag, der 13. Oktober 1925

Alex de mi vida,
Du weißt besser als jeder andere, wie traurig ich in diesem verdammten Krankenhaus bin. Du wirst es Dir denken können, und außerdem werden die Jungs Dir schon davon erzählt haben. Alle sagen, ich soll nicht so verzweifelt sein, aber sie wissen nicht, was es für mich bedeutet, drei Monate im Bett liegen zu müssen – denn das muß ich –, wo ich doch mein Leben lang eine echte Herumtreiberin gewesen bin. Aber was soll's – immerhin hat mich der Sensenmann nicht geholt. Ist doch was, oder?
Stell Dir bloß vor, welche Ängste ich ausgestanden habe, weil ich an diesem und dem nächsten Tag nicht wußte, wie es Dir ging. Nach der Operation sind Salas und Olmedo vorbeigekommen. Ich war so froh, sie zu sehen! Vor allem Olmedo, wenn Du wüßtest. Ich habe mich nach Dir erkundigt, und sie sagten mir, daß Du Schmerzen hast, aber nicht schwer verletzt bist. Du weißt nicht, wie ich Deinetwegen geweint habe, mein Alex, und auch wegen meiner Schmerzen, denn ich sag Dir, bei den ersten Behandlungen wurden meine Hände kalkweiß, und der Schweiß brach mir aus, so weh tat es... Ich wurde völlig durchbohrt von der Hüfte schräg nach vorne; es hätte nicht viel gefehlt, und ich wäre für den Rest meines Lebens ein Krüppel gewesen oder hätte sterben können, aber jetzt ist das alles vorbei. Eine Wunde ist schon verheilt, und der Doktor sagt, daß sich die andere bald schließen wird. Sie haben Dir doch bestimmt erklärt, was ich habe, oder? Es wird lange dauern, bis das gebrochene Becken verheilt, der Ellbogen wieder zusammenwächst und die kleineren Wunden am Fuß vernarben...

Was Besuche betrifft, so ist hier ein wahrer Menschenauflauf gewesen, eine richtige »Rauchwolke«. Sogar Chucho Ríos y Valles hat sich ein paarmal telephonisch nach mir erkundigt. Angeblich ist er einmal hiergewesen, aber gesehen habe ich ihn nicht... Fernández zahlt weiter – mein zeichnerisches Talent scheint in der Zwischenzeit noch größer geworden zu sein, denn er sagt, daß er mir 60 Pesos wöchentlich geben will, wenn ich wieder gesund bin (nichts als leere Versprechungen, aber immerhin). Die ganzen Jungs aus dem Ort kommen alle jeden Tag zu Besuch (Señor Rouaix hat sogar geweint – der Vater, nicht der Sohn, wo denkst Du hin!) und so viele andere, stell Dir nur vor...

Aber ich würde alles darum geben, wenn statt der ganzen Leute aus Coyoacán und der ganzen Damenkränzchen eines Tages Du kämst. Ich glaube, ich muß Dich einfach küssen, wenn Du dann vor mir stehst; jetzt ist mir klarer als je zuvor, wie sehr ich Dich liebe und daß ich Dich niemals hergeben kann. Du siehst, das Leiden hat immer auch etwas Gutes.

Abgesehen davon, daß ich körperlich ziemlich geschwächt bin – allerdings hab ich schon Salas gesagt, daß es wohl nicht so ernst war –, habe ich auch seelisch einiges mitgemacht. Du weißt ja, wie schlecht es meiner Mutter geht, und meinem Vater genauso. Daß ich meinen Eltern diesen Schlag versetzt habe, schmerzt mich mehr als vierzig Wunden; stell Dir nur vor, meine arme Mutter sagt, daß sie drei Tage lang geheult hat wie von Sinnen, und mein Vater, dem es ja schon viel besser ging, hat einen schlimmen Rückfall erlitten. Seit ich hier bin – heute werden es fünfundzwanzig Tage, aber mir kommt es vor wie tausend Jahre –, war meine Mama erst zweimal hier und mein Papa nur ein einziges Mal. Ich möchte so schnell wie möglich nach Hause, aber dazu muß erst die Entzündung ganz abgeklungen sein, und alle Narben müssen verheilt sind, sonst kann es zu einer Infektion kommen, bei der ich draufgehe; was meinst Du? Es wird jedenfalls nicht mehr in dieser Woche sein... Ich zähle die Stunden, bis ich Dich wiedersehe, ob nun hier oder zu Hause, denn wenn ich Dich sehen kann, werden die Monate, die ich das Bett hüten muß, viel schneller vergehen.

Hör zu, Alex, wenn Du noch nicht vorbeikommen kannst, dann schreib mir – Du weißt gar nicht, wie viel besser ich mich nach Deinem Brief gefühlt habe. Ich lese ihn bestimmt zweimal am Tag, und immer kommt es mir vor, als hätte ich ihn noch nie gelesen.

Ich habe Dir so viel zu erzählen – schriftlich geht das nicht, denn ich bin immer noch sehr schwach, mein Kopf und meine Augen schmerzen, wenn ich länger lese oder schreibe, aber bald werde ich Dir alles erzählen.

Jetzt was ganz anderes: Ich habe einen Mordshunger, ich sag's Dir... Und ich kann nichts essen außer einigen widerlichen Sachen, nur damit Du's weißt; wenn Du kommst, bring doch bitte Schokolade und so einen Balero [ein traditionelles Holzspielzeug] mit, wie wir ihn an dem Tag verloren haben.

Deine Freundin, die nur noch ein Strich in der Landschaft ist.

Friducha

(Ich war sehr traurig wegen des Schirmchens.) Das Leben beginnt morgen...!

– Ich bete Dich an –

Veröffentlicht in: Hayden Herrera, *Frida: Una biografía de Frida Kahlo*, Mexiko, Editorial Diana 1984. – Frida schilderte mir ihren Unfall folgendermaßen: »Zu meiner Zeit waren die Busse echte Klapperkisten. Als die ersten fuhren, waren sie sofort ein Erfolg; die Straßenbahnen blieben leer. Ich stieg mit Alejandro Gómez Arias in den Bus. Ich saß am Rand, neben der Haltestange, Alejandro saß neben mir. Augenblicke später stieß der Bus mit einer Straßenbahn aus Xochimilco zusammen. Die Bahn schob den Bus gegen die Mauer. Der Aufprall war merkwürdig, nicht heftig, sondern dumpf und langsam. Alle wurden verletzt, aber meine Verletzungen waren besonders schwer. Ich erinnere mich, daß es der 17. September 1925 war, einen Tag nach den Feiern zum Unabhängigkeitstag... Kurz nachdem wir in den Bus gestiegen waren, kam der Zusammenprall. Wir hatten zuerst in einem anderen Bus gesessen, aber ich hatte ein kleines Schirmchen verloren, und wir stiegen aus, um es zu suchen; so kam es, daß wir in diesen Bus stiegen, der mich verstümmelte. Der Unfall geschah an einer Straßenecke gegenüber dem Markt von San Juan, genau gegenüber... Mein erster Gedanke galt einem hübschen bunten Balero, den ich an diesem Tag gekauft hatte. Ich wollte ihn suchen, in dem Glauben, daß all dies keine Folgen haben würde.« (Raquel Tibol: »Fragmentos para una vida de Frida Kahlo«, in: *México en la Cultura*, Beilage der Zeitung *Novedades*, 7. März 1954) – Der Musikstudent Ángel Salas und der angehende Ingenieur Agustín Olmedo gehörten zum gemeinsamen Freundeskreis von Frida und Alejandro Gómez Arias. Frida malte 1928 ein Porträt von Olmedo. – Kurz vor dem Unfall hatte Frida eine Lehre in der Graphikwerkstatt von Fernando Fernández begonnen.

Brief an Alejandro Gómez Arias

Dienstag, der 20. Oktober 1925

Mein Alex,
am Samstag um ein Uhr bin ich nach Hause gekommen; Salitas hat mich aus dem Krankenhaus kommen sehen und wird Dir davon erzählt haben, oder? Sie haben mich ganz vorsichtig transportiert, aber ich hatte trotzdem zwei Tage lang eine höllische Entzündung. Jetzt bin ich heilfroh, daß ich zu Hause bei meiner Mama bin. Ich erzähle Dir nun

ganz genau, was ich alles habe, jedes einzelne Detail, so wie Du es in Deinem Brief erbeten hast. Doktor Díaz Infante zufolge, der mich im Rotkreuz-Hospital behandelt hat, bin ich soweit außer Gefahr und werde wieder einigermaßen gesund werden; das Becken ist auf der rechten Seite verschoben und gebrochen, ich hatte eine Luxation im Fuß sowie eine Luxation und eine kleine Fraktur im linken Ellenbogen. Die übrigen Verletzungen habe ich Dir ja neulich schon beschrieben: Die größte verläuft von der Hüfte das halbe Bein hinunter – eigentlich waren es zwei, aber die eine ist bereits verheilt, und die andere ist ungefähr zwei Zentimeter lang und anderthalb Zentimeter tief, aber ich denke, daß sie sich bald schließen wird. Der rechte Fuß hat tiefe Kratzer, und außerdem haben wir schon den 20., und F. Luna hat mir noch keinen Besuch abgestattet, und das ist ziemlich schlimm. Doktor Díaz Infante (der sehr, sehr nett ist) wollte mich nicht weiterbehandeln, er sagt, daß Coyoacán sehr weit weg ist, und er kann ja nicht einen Verletzten liegenlassen und herkommen, wenn er gerufen wird. Deshalb hat Pedro Calderón aus Coyoacán die weitere Behandlung übernommen. Erinnerst Du Dich an ihn? Nun sagt ja jeder Arzt etwas anderes, und Pedro meint jetzt natürlich, daß es alles in allem ganz gut aussieht, abgesehen von dem Arm. Er bezweifelt sehr, daß ich ihn wieder strecken kann, denn das Gelenk ist zwar in Ordnung, aber die Sehne ist verkürzt, so daß ich den Arm nicht gerade machen kann – allenfalls mit der Zeit und nach vielen Massagen und heißen Bädern. Es tut so unvorstellbar weh – bei jeder Bewegung kommen mir die Tränen literweise, auch wenn es heißt, daß man dem Hinken eines Hundes und den Tränen einer Frau keinen Glauben schenken soll. Mein Fuß tut auch schrecklich weh – er ist ja zerquetscht worden –, und außerdem habe ich ein furchtbares Stechen im ganzen Bein. Wie Du

Dir denken kannst, mache ich mir ziemlich große Sorgen, aber sie sagen, daß es bald verheilt, wenn ich mich ruhig verhalte, und daß ich mit der Zeit wieder werde gehen können.

Wie geht es Dir? Ich will es auch ganz genau wissen, denn dort im Krankenhaus konnte ich die Jungs nichts fragen, und jetzt ist es viel schwieriger geworden, sie zu sehen. Ich weiß nicht, ob sie zu mir nach Hause kommen wollen... Und Du scheinst auch nicht kommen zu wollen... Du brauchst Dich vor niemandem aus der Verwandtschaft zu fürchten, schon gar nicht vor meiner Mama. Frag Salas, was für nette Mädchen Adriana und Mati sind. Mati kann nicht oft herkommen, denn das ist jedesmal eine Aufregung für meine Mama. Wenn Mati mich besucht, läßt sich meine Mama nicht blicken – die arme Mati, schließlich war sie so gut zu mir. Aber Du weißt ja, die Leute haben so ihre Ideen, da kann man nichts machen. Wie gesagt, es ist nicht nett, daß Du mir nur schreibst und mich nicht besuchst, denn das ist das Schlimmste, was mir im Leben passieren kann. Du könntest sonntags mit den ganzen Jungs kommen oder an jedem anderen Tag. Sei nicht so grausam, und versetz Dich mal in meine Lage: Für fünf (5) Monate bin ich ans Bett gefesselt, und zu allem Überfluß langweile ich mich zu Tode; wären da nicht die vielen alten Damen, die mich besuchen, und die Freunde von hier, die sich ab und zu daran erinnern, daß es mich gibt, wäre ich mutterseelenallein und würde noch mehr leiden. Sieh mal, hier ist nur Kity, die Du ja schon kennst, Mati sage ich, daß sie auch kommen soll, wenn Ihr vorbeischauen wollt – sie kennt die Jungs schon und ist wirklich sehr nett, Adriana genauso, der Blonde ist nicht da, mein Papa auch nicht, und meine Mama sagt nichts. Ich weiß nicht, warum es Dir peinlich ist, Du hast doch nichts verbrochen. Ich werde jeden Tag mit meinem

Bett nach draußen geschoben, denn Pedro Calderas will, daß ich frische Luft und Sonne abbekomme. Ich bin also nicht ganz so eingesperrt wie in diesem verfluchten Krankenhaus.

Gut, mein Alex, wahrscheinlich langweile ich Dich. Ich verabschiede mich in der Hoffnung, Dich recht bald zu sehen, ja? Vergiß den Balero und meine Süßigkeiten nicht; ich möchte etwas zu naschen, weil ich schon viel mehr essen kann als vorher.

Viele Grüße an Deine Leute, und richte bitte den Jungs aus, daß sie nicht so herzlos sein sollen, mich zu vergessen, nur weil ich zu Hause bin.

Deine Freundin

    Friducha

Veröffentlicht in: Raquel Tibol, *Frida Kahlo: una vida abierta*, Mexiko, Editorial Oasis 1983; UNAM 1998. – An die Reaktion ihrer Schwester Matilde auf den Unfall erinnert sich Frida: »Matilde las in den Zeitungen davon. Sie war die erste, die eintraf (im Rotkreuz-Hospital), und wich nicht von meiner Seite ... Sie war Tag und Nacht für mich da.« (Raquel Tibol, »Fragmentos para una vida de Frida Kahlo«, in: *México en la Cultura*, Beilage der Zeitung *Novedades*, 7. März 1954). – Frida schrieb den Brief 33 Tage nach dem Unfall; die fünf Monate beziehen sich auf die Zeit, die sie insgesamt liegen sollte. Mit dem »Blonden« ist wahrscheinlich Alberto Veraza gemeint, der Mann ihrer Schwester Adriana. F. Luna war Fridas Umschreibung für ihre Periode. Pedro Calderas ist Dr. Pedro Calderón.

JETZT, WO DU MICH VERLÄSST

Brief an Alejandro Gómez Arias

Montag, 26. Oktober 1925

Alex, gerade ist Dein Brief angekommen, und auch wenn ich schon so lange darauf warte, hat er mir doch sehr über die Schmerzen hinweggeholfen, die ich ausstehen muß. Stell Dir vor, gestern, am Sonntag, um neun wurde ich zum 3. Mal chloroformiert, um die Sehne im Arm zu dehnen – ich hab Dir ja bereits erzählt, daß sie verkürzt ist. Schon um zehn hörte das Chloroform auf zu wirken, und ich schrie in einem fort, bis man mir um sechs Uhr abends Sedol spritzte. Aber das Mittel half nicht, und ich hatte weiterhin Schmerzen, wenn auch weniger heftig. Dann gaben sie mir Kokain, und damit wurde es ein bißchen besser, aber ich litt den ganzen Tag an Brechreiz, das Erbrochene war ganz grün – reine Galle, denn stell Dir nur vor, nachdem Mati mich am Samstag abend besucht hatte, bekam meine Mutter einen Anfall. Ich war die erste, die sie schreien hörte; im Halbschlaf habe ich für einen Moment vergessen, daß ich krank bin, und wollte aufstehen, aber mir fuhr ein entsetzlicher Schmerz in den Rücken, und ich bekam eine solche Panik – versuch Dir das vorzustellen, Alex, ich wollte aufstehen und konnte nicht, und schließlich habe ich nach Kity gerufen. Das alles hat mich sehr mitgenommen, und meine Nerven liegen blank. Um auf gestern zurückzukommen: Ich mußte mich die ganze Nacht übergeben, und mir war ganz furchtbar übel; Villa wollte mich besuchen, aber sie haben ihn nicht ins Zimmer gelassen, weil ich solche Schmerzen hatte. Verastigué war auch da, aber ihn habe ich genausowenig gesehen. Als ich heute morgen aufwachte, hatte sich der Bruch am Becken (wie ich dieses Wort hasse!) entzündet. Ich wußte mir keinen Rat mehr, weil ich nicht einmal Was-

ser trinken konnte, ohne zu brechen – von der Schreierei gestern war der ganze Magen gereizt. Jetzt hab ich keine Kopfschmerzen mehr, aber ich bin ganz verzweifelt bei der Vorstellung, so lange im Bett bleiben zu müssen, und immer in der gleichen Lage; wenn ich doch wenigstens ein bißchen sitzen könnte, aber ich muß es aushalten.
Was meine Besucher betrifft, so sind es nicht gerade wenige, aber nicht mal ein Drittel von denen, die ich wirklich gerne mag: ein Haufen alte Damen und junge Mädchen, die hauptsächlich aus Neugier und weniger aus Anteilnahme kommen; alle möglichen Freunde ... Aber wenigstens vertreiben sie mir die Langeweile, solange sie da sind. Sie wühlen in sämtlichen Kisten und wollen mir einen Plattenspieler besorgen; stell Dir nur vor, die blonde Olaguíbel hat mir ihren geliehen, und am Samstag ist Lalo Ordóñez aus Kanada zurückgekommen und hat ein paar wirklich nette Schallplatten aus den Vereinigten Staaten mitgebracht. Aber mehr als ein Lied ertrage ich nicht, schon beim zweiten bekomme ich Kopfschmerzen. Die Galáns kommen fast jeden Tag vorbei, außerdem die Campos, die Italiener, die Canets etc., ganz Coyoacán. Zu den zuverlässigen Leuten zählen auch Patiño und Chava, der mir Bücher wie *Die drei Musketiere* etc. vorbeibringt, stell Dir nur vor, wie glücklich ich darüber bin. Ich habe meiner Mama und Adriana schon gesagt, wie sehr ich mir wünsche, daß Ihr vorbeikommt, Du und die Jungs (ich hab's vergessen) ... Hör mal, Alex, sag mir doch bitte, an welchem Tag Du kommst, damit nicht zufällig gerade dann lauter Schwachköpfe hier sind – an dem Tag werde ich dann niemanden empfangen, denn ich will nur mit Dir sprechen. Bitte bestell auch Chong Lee (dem Fürsten der Mandschurei) und Salas, daß ich große Lust habe, sie zu sehen, sie sollen so nett sein und mich besuchen etc. Das gleiche gilt für die Reyna, aber ich möchte nicht,

daß sie am selben Tag kommt wie Du, denn dann muß ich mich mit ihr unterhalten und kann nicht nach Herzenslust mit Dir und den Jungs plaudern. Aber wenn es einfacher ist, mit ihr zusammen zu kommen, so weißt Du ja, daß ich selbst die furchtbare Dolores Ángela ertragen würde, um Dich zu sehen.

Alex, komm bald, sobald Du nur kannst, sei nicht grausam zu Deinem Mädchen, das Dich so sehr liebt.

Frieda

Veröffentlicht in: Hayden Herrera, *Frida: Una biografía de Frida Kahlo*, Mexiko, Editorial Diana 1984. – Über die hysterischen Anfälle ihrer Mutter sagt Frida: »Meine Mutter litt an Hysterie, weil sie unzufrieden war... weil sie meinen Vater nicht liebte... Sie zeigte mir ein in Russischleder gebundenes Buch, in dem sie die Briefe ihres ersten Geliebten aufbewahrt. Auf der letzten Seite stand, daß sich der Verfasser der Briefe, ein junger Deutscher, vor ihren Augen umgebracht hatte. Diesen Mann hat sie nie vergessen... Die Religion trieb meine Mutter in die Hysterie.« (Raquel Tibol, »Fragmentos para una vida de Frida Kahlo«, in: *México en la Cultura*, Beilage der Zeitung *Novedades*, 7. März 1954) – Esperanza Ordóñez und Agustina Reyna gehörten zu Fridas engsten Freundinnen.

Brief an Alejandro Gómez Arias

5. November 1925

Alex, Du wirst sagen, daß ich Dir nicht schreibe, weil ich Dich vergessen habe, aber das stimmt nicht; als Du zuletzt hier warst, hast Du mir gesagt, Du würdest sehr bald wiederkommen, in den nächsten Tagen, nicht wahr? Seither warte ich nur noch auf diesen Tag, aber er ist immer noch nicht gekommen...

Am Sonntag war Pancho Villa da, aber F. Luna läßt sich nicht blicken, ich verliere langsam die Hoffnung. Ich sitze mittlerweile im Sessel, und am 18. darf ich wahrscheinlich aufstehen, aber ich habe keine Ahnung, wie es sein wird, weil ich überhaupt keine Kraft habe. Der Arm ist unverändert (es geht weder vorwärts noch rückwärts), ich bin mittlerweile völlig verzweifelt – mit V wie Visage.

Gib Dir einen Ruck, und komm mich besuchen – ich mag nicht glauben, daß Du Dich jetzt, wo ich Dich so sehr brauche, taub stellst. Sag Chong Lee, er soll an Jacobo Valdés denken, der so schön sagte, auf dem Krankenlager und im Gefängnis lerne man seine Freunde kennen. Und ich warte immer noch auf Dich.

[...] kommst Du nicht, weil Du mich nicht mehr liebst, ja? Dann schreib mir wenigstens, und sei ganz lieb gegrüßt von Deiner Schwester, die Dich anbetet.

Frieda

Veröffentlicht in: Hayden Herrera, *Frida: Una biografía de Frida Kahlo*, Mexiko, Editorial Diana 1984. – Wie auch andere *Cachuchas* hatte Frida ihre Freude daran, Wörter zu erfinden und mit der Sprache zu spielen. Gómez Arias erklärte die Bezeichnung *Cachuchas* (»Schiebermützen«) folgendermaßen: »Der Name *Los Cachuchas* rührte daher, daß wir anstelle von Hüten Schiebermützen trugen. So einfach war das, aber auch ziemlich subversiv, denn nach dem strengen Modediktat der damaligen Zeit hatte man Hut oder ›Kreissäge‹ zu tragen, je nach Jahreszeit; das galt auch für die Schüler der Preparatoria. Die Schiebermützen bekamen wir von José Gómez Robleda, der unter anderem auch Schneider war. Er nähte sie und schenkte sie uns.«

Brief an Alejandro Gómez Arias

12. November 1925

[...] Am Sonntag um sieben Uhr wird wahrscheinlich eine Dankmesse gehalten, weil ich überlebt habe. Dann werde ich zum erstenmal aus dem Haus kommen; danach will ich auf jeden Fall auf die Straße, und sei es nur für ein paar Schritte. Vielleicht hättest Du ja Lust, mit mir einen Spaziergang durch den Ort zu machen... Magst Du?

Veröffentlicht in: Hayden Herrera, *Frida Kahlo. Las pinturas*, Mexiko, Editorial Diana 1997.

Brief an Alejandro Gómez Arias

Donnerstag, der 26. November 1925

Mein geliebter Alex, ich kann Dir gar nicht beschreiben, was hier los ist, denn stell Dir vor, meine Mama hatte einen Anfall, und ich war bei ihr, weil Cristina ausgegangen war. Als Du dann kamst, hat Dir das verflixte Dienstmädchen gesagt, ich sei nicht da – Du kannst Dir nicht vorstellen, wie wütend ich bin. Ich hatte solche Lust, Dich zu sehen und ein Weilchen mit Dir alleine zu sein, wie wir es schon so lange nicht mehr waren. Es hätte nicht viel gefehlt, und ich hätte diesem nichtsnutzigen Hausmädchen sämtliche Beleidigungen an den Kopf geworfen, die ich kenne. Ich bin dann noch auf den Balkon hinaus, um Dich zu rufen, und habe das Mäd-

chen losgeschickt, um nach Dir zu suchen, aber sie hat Dich nicht gefunden, und so blieb mir nichts anderes übrig, als vor lauter Wut und Kummer zu weinen [...]
Glaub mir, Alex, ich möchte, daß Du mich besuchst – es geht mir so verteufelt schlecht, aber ich muß es einfach aushalten, denn zu verzweifeln wäre noch schlimmer, meinst Du nicht? Ich möchte, daß Du wieder mit mir redest wie früher, daß Du alles vergißt – bei der Liebe Deiner Mutter, komm mich besuchen und sag mir, daß Du mich liebst, selbst wenn es nicht wahr sein sollte, ja? (Die Feder schreibt nicht gut wegen der vielen Tränen.)
Ich würde Dir gern so viel erzählen, Alex, aber mir ist nach Weinen zumute. Ich kann nichts weiter tun, als mir einzureden, daß Du kommen wirst [...] Verzeih mir, mein Alex, aber es war wirklich nicht meine Schuld, daß Du umsonst gekommen bist.
Schreib mir bald.

  Deine geliebte Friducha

Veröffentlicht in: Hayden Herrera, *Frida: Una biografía de Frida Kahlo*, Mexiko, Editorial Diana 1984.

Brief an Alejandro Gómez Arias

19. Dezember 1925

Alex, gestern bin ich alleine nach Mexiko gefahren, um ein wenig zu bummeln. Gleich als erstes bin ich zu Eurem Haus (ich weiß nicht, ob das gut war oder nicht), aber ich hatte einfach solche Lust, Dich zu sehen. Das war um zehn, aber Du warst nicht da; ich habe dann bis Viertel nach eins in den Bibliotheken und im Laden gewartet, und als ich um vier Uhr wieder zu Dir nach Hause ging, warst Du immer noch nicht da. Ich weiß nicht, wo Du gesteckt hast. Ist Dein Onkel immer noch krank?

Ich habe den ganzen Tag mit Agustina Reyna verbracht. Sie hat mir gesagt, daß sie nicht mehr viel mit mir zu tun haben will, weil Du zu ihr gesagt hättest, sie sei genauso schlimm wie ich oder noch schlimmer. Sie empfindet das als üble Beleidigung, und ich denke, zu Recht. Wahrscheinlich hatte »Señor Olmedo« recht damit, als er behauptete, ich sei keinen »Centavo« wert – zumindest für die, die sich einmal meine Freunde geschimpft haben, denn ich selbst bin mir natürlich viel mehr wert als einen Centavo. Ich mag mich nämlich so, wie ich bin.

Sie sagt, daß Du ihr gegenüber verschiedentlich einige Dinge ausgeplaudert hast, die ich der Reyna niemals erzählt hätte, weil es keinen Grund gibt, warum sie davon wissen sollte – ich weiß nicht, warum Du ihr davon erzählt hast. Niemand will mehr mit mir befreundet sein, weil ich so einen schlechten Ruf habe, und ich kann nichts dagegen tun. Ich werde mir Freunde suchen müssen, die mich so mögen, wie ich bin [...]

Lira hat herumerzählt, ich hätte ihn geküßt – ich könnte ganze Seiten damit füllen, wenn ich noch mehr solche Dinge aufzählen würde. Zuerst hat mich das alles natürlich sehr mitgenommen, aber dann habe ich gar nichts mehr darauf gegeben (genau das war der Fehler), weißt Du?

Bei niemandem hätte ich mir etwas daraus gemacht, Alex, denn das machen *alle*, verstehst Du? Aber ich werde nie vergessen, daß Du, den ich geliebt habe wie mich selbst oder noch mehr, mich für eine Nahui Olín oder noch Schlimmeres hältst, wo sie doch die Verkörperung solcher Frauen ist. Jedesmal, wenn Du gesagt hast, daß Du nicht mehr mit mir sprichst, wolltest Du Dich einer Last entledigen. Und Du hattest den Mut, Alex, mich zu beleidigen und zu behaupten, ich hätte mit einem anderen gewisse Dinge getan, und das an dem Tag, als ich es zum erstenmal im Leben tat, weil ich Dich so sehr liebte.

Ich bin eine Lügnerin, und niemand glaubt mir, nicht einmal Du, und so wird man allmählich, fast ohne es zu merken, von allen zum Teufel geschickt. Nun, Alex, ich möchte Dir gern alles sagen, alles, weil ich an Dich glaube, aber leider wirst Du niemals an mich glauben.

Am Dienstag bin ich wahrscheinlich in Mexiko. Wenn Du mich sehen willst: Ich bin um elf am Eingang zur Biblioteca de la Secretaría de Educación Pública und werde bis um eins auf Dich warten.

    Deine Frieda

Veröffentlicht in: Hayden Herrera, *Frida: Una biografía de Frida Kahlo*, Mexiko, Editorial Diana 1984. – Nahui Olín (Carmen Mondragón, 1893–1978), Schriftstellerin, Malerin und Künstlermodell, die bei zahlreichen Gelegenheiten in aller Öffentlichkeit ihre Begeisterung für das Konzept der freien Liebe unter Beweis stellte.

JETZT, WO DU MICH VERLÄSST

Brief an Alejandro Gómez Arias

26. Dezember 1925

[...] Am Montag beginne ich zu arbeiten, das heißt, am Montag in acht Tagen [...]

Veröffentlicht in: Hayden Herrera, *Frida: Una biografía de Frida Kahlo*, Mexiko, Editorial Diana 1984.

Brief an Alejandro Gómez Arias

27. Dezember 1925

[...] Um nichts in der Welt kann ich aufhören, mit Dir zu sprechen. Ich mag nicht mehr Deine Novia sein, aber ich werde immer mit Dir sprechen, auch wenn Du mich auf das übelste beleidigst [...] denn jetzt, wo Du mich verläßt, liebe ich Dich mehr denn je [...]

Veröffentlicht in: Hayden Herrera, *Frida: Una biografía de Frida Kahlo*, Mexiko, Editorial Diana 1984.

FRIDA KAHLO

Karte von 1926

LEONARDO

GEBOREN IM ROTKREUZ-HOSPITAL IM JAHR DER
GNADE 1925, IM MONAT SEPTEMBER, GETAUFT
IN DER STADT COYOACÁN IM AUGUST DES
FOLGENDEN JAHRES

SEINE MUTTER
FRIDA KAHLO
SEINE PATEN
ISABEL CAMPOS
UND ALEJANDRO GÓMEZ ARIAS

Veröffentlicht in: Raquel Tibol, *Frida Kahlo. Crónica, testimonios y aproximaciones*, Mexiko, Ediciones de Cultura Popular 1977.

Brief an Alejandro Gómez Arias

19. Februar 1926

[…] bereit, jedes Opfer zu bringen, um Dir diesen Wunsch zu erfüllen und so ein wenig wiedergutzumachen, was ich Dir angetan habe […] anstelle von allem, was ich Dir nicht zu geben vermochte, biete ich Dir das einzige, was ich nur Dir und niemandem sonst geben würde: Ich werde Dir gehören, wann immer Du willst; vielleicht dient Dir das als Beweis, und ich kann mich ein wenig rechtfertigen […]

Veröffentlicht in: Hayden Herrera, *Frida: Una biografía de Frida Kahlo*, Mexiko, Editorial Diana 1984.

Brief an Alejandro Gómez Arias

13. März 1926

[…] Du sagtest am Mittwoch, daß es an der Zeit sei, die ganze Sache zu beenden, und daß ich Dir gestohlen bleiben könne. Du glaubst, daß mich das nicht verletzt, weil Du aus vielerlei Gründen denkst, daß ich keinen Funken Anstand im Leib habe, daß ich nichts wert bin und nichts mehr zu verlieren habe. Aber ich glaube, ich habe Dir schon einmal gesagt, daß ich für Dich nichts wert sein mag, doch in meinen Augen bin ich mehr wert als viele andere Mädchen. Du wirst das so auslegen, daß ich mich für etwas Besonderes halte (so hast Du selbst mich einmal genannt, obwohl ich jetzt nicht mehr weiß, warum), und deshalb ist das, was Du so offen und in guter Absicht zu mir sagst, für mich immer noch eine Beleidigung […]

Veröffentlicht in: Hayden Herrera, *Frida: Una biografía de Frida Kahlo*, Mexiko, Editorial Diana 1984.

FRIDA KAHLO

Brief an Alejandro Gómez Arias

17. März 1926

[...] Ich habe bis um halb sieben im Kloster auf Dich gewartet, und ich hätte ein Leben lang weitergewartet, aber ich mußte rechtzeitig zu Hause sein [...] Du bist so gut zu mir gewesen und der einzige, der mich wirklich geliebt hat, und deshalb bitte ich Dich aus tiefstem Herzen, mich niemals zu verlassen. Denk daran, daß ich nicht behaupten kann, mich auf meine Eltern verlassen zu können – Du weißt ja, wie ich bin. Der einzige, der nach mir sehen könnte, bist Du, und Du verläßt mich, weil Du Dir das Schlimmste vorgestellt hast – es tut mir weh, wenn ich nur daran denke. Du sagst, Du willst nicht mehr mit mir zusammensein [...] Was soll ich denn machen? Wohin soll ich gehen? (Schade, daß Du mich nicht wirklich in der Tasche mit Dir herumtragen kannst, wie ich als junges Mädchen dachte.) Auch wenn Du es nicht aussprichst, so weißt Du doch, daß ich zwar Dummheiten mit anderen Männern gemacht habe, aber daß sie nichts sind gegen Dich [...] Es ist noch lange nicht soweit, daß wir uns vergessen haben, wir können ein gutes Paar sein, gute Eheleute – sag nicht nein, bei allem, was Dir lieb und teuer ist [...] Ich werde jeden Tag bis um sechs in Churubusco auf Dich warten, vielleicht hast Du irgendwann Erbarmen und verstehst mich ebenso gut wie Dich.

Deine Frieda

Veröffentlicht in: Hayden Herrera, *Frida: Una biografía de Frida Kahlo*, Mexiko, Editorial Diana 1984.

JETZT, WO DU MICH VERLÄSST

Brief an Alejandro Gómez Arias

12. April 1926

[…] Wenn wir einmal heiraten, werde ich sehr »gut« sein, fast wie für Dich gemacht, Du wirst sehen […]

Veröffentlicht in: Hayden Herrera, *Frida: Una biografía de Frida Kahlo*, Mexiko, Editorial Diana 1984.

Brief an Alejandro Gómez Arias

25. April 1926

[…] Niemand in diesem Haus glaubt mir, daß ich wirklich krank bin. Ich kann nicht einmal darüber sprechen, denn dann wird meine Mutter krank – die einzige, die sich ein bißchen sorgt –, und dann heißt es, ich sei schuld, ich sei sehr unvernünftig, und so leide ich, und nur ich […]

Veröffentlicht in: Hayden Herrera, *Frida: Una biografía de Frida Kahlo*, Mexiko, Editorial Diana 1984.

FRIDA KAHLO

Brief an Alejandro Gómez Arias

21. August 1926

My Alex,
ich bin nicht schlecht erzogen, wie you gestern abend dachtest, weil ich mich nicht of you verabschiedet habe, aber nach dem falschen Alarm bin ich einfach nicht mehr rausgekommen. Ich hoffe, you verzeihst mir, ja?
Wenn you möchtest, sehen wir uns morgen, Freitag, in the night, in the little tree... um uns zu lieben...
Ruf mich an to vier, he! Non »he« [er], you know.
You mußt mir immer wieder sagen... »don't be a Tränchen« – it's very sweet for me.
Ich liebe to you very much. You glaubst mir?
Well, bitte verzeih mir das von gestern, aber es ging um my mom.
Your for ever
    Frieda
    Gómez Arias' Tränchen
    or die tränenreiche Jungfrau

You schreibst mir nicht wegen der Sache von gestern abend, nicht wahr?
One viento alicio buten de juerte.
May Mund war lange hier
Alex, ich bete Dich an.
Für das Dummerchen v. gr. (ich bekomme 2 $ für das Illustrieren von Briefen)

Aus dem Archiv des Museo Estudio Diego Rivera. – Der letzte Satz bezieht sich darauf, daß der Brief mit zahlreichen Zeichnungen versehen und in stilisierten Großbuchstaben geschrieben ist.

JETZT, WO DU MICH VERLÄSST

Brief an Alejandro Gómez Arias

28. September 1926

[...] Auch wenn ich zu vielen »Ich liebe Dich« gesagt habe, auch wenn ich Verabredungen hatte und andere geküßt habe, im Grunde habe ich immer nur Dich geliebt [...]
Das Porträt wird in ein paar Tagen bei Dir sein. Entschuldige, daß ich es Dir ohne Rahmen gebe. Bitte häng es irgendwo niedrig auf, so daß Du es so siehst, als ob Du mich anschauen würdest [...]

Veröffentlicht in: Hayden Herrera, *Frida: Una biografía de Frida Kahlo*, Mexiko, Editorial Diana 1984. – Die Rede ist von Fridas *Selbstporträt* von 1926.

Brief an Alejandro Gómez Arias

29. September 1926

[...] Warum lernst Du soviel? Nach welchen Geheimnissen suchst Du? Das Leben wird es Dir bald enthüllen. Ich weiß schon alles, auch ohne zu lesen oder zu schreiben. Vor kurzem noch, es ist erst wenige Tage her, da war ich ein Kind, das durch eine bunte Welt voller klarer, greifbarer Formen streifte. In allem lag ein Geheimnis verborgen; es zu entschlüsseln, zu lernen, war wie ein Spiel für mich. Wenn Du wüßtest, wie schrecklich es ist, plötzlich alles zu wissen – als ob ein Blitz die Erde erhellte! Jetzt lebe ich auf einem schmerzensreichen Planeten, durchsichtig wie Eis, der nichts verbirgt; es ist, als hätte ich alles auf einmal gelernt, binnen Sekunden. Meine Freundinnen und Gefährtinnen wurden langsam zu Frauen, ich aber bin in wenigen Augenblicken gealtert, und jetzt ist alles seicht und durchschaubar. Ich weiß, daß nichts dahinter ist; wäre dort etwas, würde ich es sehen [...]

Veröffentlicht in: Adelina Zendejas, »Frida Kahlo«, in: *El Gallo Ilustrado*, Beilage der Zeitung *El Día* vom 12. Juli 1964.

Brief an Alejandro Gómez Arias

8. Januar 1927

[...] Wenn Du kannst, bring mir einen Kamm aus Oaxaca mit, so einen aus Holz. Du wirst sagen, daß ich eine Schnorrerin bin, stimmt's?

Veröffentlicht in: Raquel Tibol, *Frida Kahlo. Crónica, testimonios y aproximaciones*, Mexiko, Ediciones de Cultura Popular 1977.

JETZT, WO DU MICH VERLÄSST

Brief an Alejandro Gómez Arias

10. Januar 1927

Alex, ich wünschte mir so, Du würdest zurückkommen – Du weißt nicht, wie ich Dich in dieser Zeit vermißt habe und daß ich Dich mit jedem Tag mehr liebe.
Ich bin, wie immer, krank – Du siehst, wie langweilig das ist. Ich weiß nicht, was ich noch machen soll, denn jetzt bin ich schon über ein Jahr in diesem Zustand. Es hängt mir zum Hals heraus, so gebrechlich zu sein wie eine alte Frau; ich weiß nicht, wie das mit mir werden soll, wenn ich erst einmal dreißig bin. Du wirst mich in Watte packen und den ganzen Tag mit Dir herumtragen müssen, denn in eine Tasche, wie ich früher dachte, werde ich dann wohl beim besten Willen nicht mehr hineinpassen.
Erzähl mir, wie es in Oaxaca gewesen ist und was Du alles Schönes gesehen hast. Du mußt mir etwas Neues erzählen, denn ich führe ein Leben als Blumentopf und komme nicht über den Balkon hinaus ... Mir ist soooooooo langweilig!!!!!!
Du wirst Dich fragen, wieso ich mich nicht mit etwas Sinnvollem beschäftige etc., aber nicht einmal dazu fühle ich mich aufgelegt. Es ist zum Heulen mit mir, der reinste Blues, das weißt Du ja, und deshalb erkläre ich es Dir nicht weiter. Ich träume schon jede Nacht von diesem Zimmer (das übrigens immer mehr einem Basar gleicht), und sosehr ich mich auch bemühe, es gelingt mir nicht, dieses Bild aus meinem Kopf zu bekommen. Nun, was will man machen! Abwarten, immer nur abwarten ... Die einzige, die noch an mich denkt, ist Carmen Jaimes – und sie hat mir nur einmal einen Brief geschrieben ... sonst niemand, niemand ...
Wo ich doch so oft davon geträumt habe, zur See zu fahren und zu reisen! Patiño würde mir antworten, es sei *one* Ironie

des Schicksals. Hahahaha! (lach nicht). Aber ich sitze ja erst siebzehn Jahre in meinem Dorf fest. Bestimmt werde ich später einmal sagen können […] Ich bin nur auf der Durchreise, ich habe keine Zeit, mit Dir zu reden. Nun ja, letzten Endes ist es zweitrangig, China, Indien und andere Länder zu sehen... Zunächst einmal: wann kommst Du? Es wird doch wohl nicht nötig sein, Dir ein Telegramm zu schikken, um Dir mitzuteilen, daß ich im Sterben liege, oder? Ich hoffe, daß es sehr, sehr bald sein wird, nicht weil es hier etwas Neues gäbe, wohl aber, damit Dich die altbekannte Frida küssen kann...

Hör Dich doch bitte mal um, ob eine Deiner Bekannten ein gutes Rezept zum Blondieren der Haare kennt (vergiß es nicht).

Und denk daran, daß ich in Oaxaca bei Dir bin,

Frieda

Veröffentlicht in: Raquel Tibol, *Frida Kahlo. Crónica, testimonios y aproximaciones*, Mexiko, Ediciones de Cultura Popular 1977. – Frida war damals nicht 17, sondern 19 Jahre alt. – Alejandro Gómez Arias stand kurz vor der Abreise nach Deutschland. Darüber erzählte er Víctor Díaz Arciniegas: »[…] in meiner Erinnerung fallen der Abschluß an der Preparatoria, das gute Abschneiden beim Rhetorikwettbewerb des *El Universal* und mein Busunfall mit Frida zusammen. Obwohl ich mir vorgenommen habe, Versionen von anderen weder zu dementieren noch zu kommentieren, gibt es da etwas, was mich sehr persönlich trifft. In den Studien und Biographien über Frida wird behauptet oder angedeutet, daß ich meine Europareise auf Druck meiner Familie unternommen hätte, die mich von Frida distanzieren wollte. Das entspricht nicht der Wahrheit. Es ist falsch. Meine Familie übte keinerlei Druck auf mich aus. Sie hat meine Entscheidungen stets respektiert. Der Plan zu der Reise war schon viel früher entstanden. Meine Zweifel und meine innere Suche waren schon vorher da. Der Unfall, ich muß es so sagen, fiel auf fatale Weise mit einem Wunsch zusammen, der schon Jahre vorher in mir gereift war.«

JETZT, WO DU MICH VERLÄSST

Brief an Alejandro Gómez Arias

Sonntag, der 27. März 1927

Mein Alex, Du kannst Dir nicht vorstellen, wie sehnsüchtig ich Deinen Besuch am Samstag erwartet habe, denn ich war mir sicher, daß Du kommen würdest und daß ich am Freitag etwas zu tun hätte [...] Um vier Uhr nachmittags bekam ich Deinen Brief aus Veracruz [...] Ich kann Dir meinen Schmerz nicht beschreiben. Ich würde gern stark sein, um es Dir nicht so schwerzumachen, und vor allem wäre ich gerne so zuversichtlich wie Du, aber ich kann es nicht, ich kann mich nicht trösten. Du hast mir nicht gesagt, wann Du fährst, und jetzt habe ich Angst, daß Du mich auch belogen hast, als Du sagtest, daß Du nicht länger als vier Monate wegbleibst [...] Ich kann Dich keinen Augenblick vergessen, Du bist überall, vor allem in meinem Zimmer, in meinen Büchern und in meinen Bildern. Heute um zwölf habe ich Deinen ersten Brief erhalten, wer weiß, wann Du meinen bekommst, aber ich werde Dir zweimal in der Woche schreiben – sag mir doch bitte, ob Dich die Post erreicht oder an welche Adresse ich sie schicken soll [...]
Seit Du gefahren bist, verbringe ich die Tage mit Nichtstun; ich kann nichts tun, gar nichts, nicht einmal lesen [...] denn als Du bei mir warst, habe ich alles nur für Dich getan, damit Du davon erfährst und es siehst, aber jetzt habe ich keine Lust zu gar nichts. Ich weiß ja, daß es nicht so sein sollte, ganz im Gegenteil; ich werde soviel lernen wie nur möglich, und wenn es mir bessergeht, werde ich malen und viele Dinge in Angriff nehmen, damit ich ein bißchen mehr wert bin, wenn Du zurückkommst. Noch 18 Tage, dann liege ich seit einem Monat, und wer weiß, wie lange ich noch in diesem Sarg verbringen muß. Im Augenblick mache ich also

nichts außer weinen. Ich schlafe kaum, denn nachts, wenn ich alleine bin, kann ich am besten an Dich denken; dann reise ich mit Dir...
Alex, am 24. April wirst Du wahrscheinlich in Berlin sein; dann bist Du genau einen Monat aus Mexiko fort. Hoffentlich ist es kein Freitag, so daß Du einen einigermaßen schönen Tag hast. Es ist so schrecklich, von Dir getrennt zu sein! Jedesmal, wenn ich daran denke, daß Dich das Schiff immer weiter von mir fortträgt, würde ich am liebsten losrennen, bis ich wieder bei Dir bin. Aber was immer ich denke und fühle etc., es führt wie bei allen Frauen nur dazu, daß ich bitterlich weine. Was kann ich auch sonst tun? Nichts – ich bin ein echtes »Tränchen«. Also gut, Alex, wenn ich Dir am Mittwoch wieder schreibe, werde ich Dir so ziemlich dasselbe erzählen wie heute, ein bißchen trauriger noch und zugleich weniger traurig, weil es drei Tage mehr und drei Tage weniger ohne Dich sind [...] und so wird, während ich unsäglich leide, der Tag näherkommen, an dem ich Dich wiedersehe [...] und dann wirst Du nie mehr nach Berlin fahren müssen.

[Der Brief ist nicht mit Fridas Namen unterzeichnet, sondern mit einem Dreieck.]

Veröffentlicht in: Hayden Herrera, *Frida: Una biografía de Frida Kahlo*, Mexiko, Editorial Diana 1984. – Frida beschäftigte sich damals bereits mit der Malerei. Als sie im September 1926 erneut ans Haus gefesselt war, beschloß sie, das *Selbstbildnis im Samtkleid* (Öl auf Leinwand, 79,9 × 59,5 cm) zu malen. Es zeigt sie als Halbfigur, den rechten Arm angewinkelt, den Blick stolz auf den Betrachter gerichtet. Im Hintergrund ist eine dunkle Landschaft mit Meer und Bergen zu sehen. Das tiefe Dekolleté unterstreicht ihre Schlankheit und ihre blasse Haut. Auf die Rückseite der Leinwand schrieb sie: »Frieda Kahlo mit siebzehn Jahren. Sept. 1926 – Coyoacán – *Heute ist Immer Noch.*«

JETZT, WO DU MICH VERLÄSST

Brief an Alejandro Gómez Arias

29. März 1927

Alex, Your »Botticelli« ist auch sehr traurig gewesen, aber ich habe ihr gesagt, sie soll die »Schöne Schlafende« geben, bis Du zurückkommst. Trotzdem denkt sie immer an Dich [...]

Veröffentlicht in: Hayden Herrera, *Frida: Una biografía de Frida Kahlo*, Mexiko, Editorial Diana 1984. – Frida nannte ihr *Selbstporträt* »Botticelli«.

Brief an Alicia Gómez Arias

30. März 1927

[...] Bitte denken Sie nicht schlecht von mir, wenn ich Sie nicht zu mir nach Hause einlade, aber zum einen weiß ich nicht, wie Alejandro darüber denken würde, und zum anderen machen Sie sich keine Vorstellung, wie schrecklich es in diesem Haus ist. Ich würde mich in Grund und Boden schämen, wenn Sie kämen, aber ich möchte, daß Sie wissen, daß ich es mir ganz anders wünsche... Seit achtzehn Tagen sitze ich in einem Sessel, und ich werde noch weitere neunzehn Tage in dieser Haltung bleiben müssen (Alejandro wird Ihnen bereits erzählt haben, daß ich bei dem Busunfall einen Wirbelsäulenschaden davongetragen habe). Nach diesen neunzehn Tagen muß ich vielleicht geschient werden oder ein Gipskorsett tragen – Sie können sich vorstellen, wie verzweifelt ich bin. Aber ich werde all diese Qualen auf mich nehmen, wenn dadurch die Aussicht auf Heilung besteht, denn ich bin es so leid, nichts tun zu können, weil ich ständig krank bin.

[…] Ich versuche gerade, die Adresse einer Schwester meines Vaters herauszufinden, die in Pforzheim, Baden, lebt, denn dann wäre es viel einfacher, sich mit Alejandro in Verbindung zu setzen. Wahrscheinlich wird es mir nicht gelingen, denn wegen des Krieges haben wir schon lange nichts mehr von der Familie meines Vaters gehört […]

Veröffentlicht in: Raquel Tibol, *Frida Kahlo. Crónica, testimonios y aproximaciones*, Mexiko, Ediciones de Cultura Popular 1977. – Aus der Ehe von Jakob Heinrich Kahlo, der mit Schmuck und photographischem Zubehör handelte, und der Hausfrau Henriette Kaufmann gingen zahlreiche Kinder hervor, darunter Guillermo (Wilhelm), Marie Henriette und Paula.

Brief an Alejandro Gómez Arias

6. April 1927

[…] Ich sitze nun schon siebzehn Tage in diesem Rollstuhl und verspüre keinerlei Besserung, die Schmerzen sind so stark wie am Anfang, oder gar noch schlimmer. Ich bin mir absolut sicher, daß dieser Arzt mich für dumm verkauft hat, denn seine Behandlung hat mir gar nichts gebracht. Jetzt, nach einem Monat, werde ich deutliche Worte mit ihm sprechen, denn ich werde nicht mein ganzes Leben so ver-

bringen, wie es ihm gerade paßt [...] Wenn sich mein Zustand nicht ändert, wäre es am besten, mich von diesem Planeten zu tilgen. Das einzige, was mir Hoffnung gibt, ist, daß spätestens im Juli [...] Aber der einzige Besuch, dem ich wirklich entgegenfiebere, wird an einem Julitag aus Veracruz kommen – und wie immer ... ein Pfiff – und er ist da ... Obregón ... La Preparatoria! (das ist kein estridentistisches Gedicht) [...]
Wo wir gerade von Malern sprechen: Deinem »Botticelli« geht es gut, aber tief im Innern ist eine gewisse Traurigkeit zu erkennen, die sie natürlich nicht verbergen kann. Die Pflanzen in dem Dreieck im Garten wachsen und gedeihen schon, denn es ist Frühling, aber sie werden erst blühen, wenn Du wiederkommst [...] Und so viele andere Dinge warten auf Dich [...]

Veröffentlicht in: Raquel Tibol, *Frida Kahlo. Crónica, testimonios y aproximaciones*, Mexiko, Ediciones de Cultura Popular 1977. – Gómez Arias kehrte erst im November nach Mexiko zurück.

Brief an Alejandro Gómez Arias

10. April 1927

[...] Neben vielen anderen Dingen, die mir Kummer machen, ist meine Mutter krank, und mein Vater hat kein Geld. Ich leide auch sehr darunter, daß Cristina sich nicht um mich kümmert und mein Zimmer nicht saubermacht; um alles muß man sie bitten, sie bringt mir die Post, wann es ihr gerade paßt, und nimmt mir alles weg, wonach ihr der Sinn steht [...] Die einzige Unterhaltung, die ich habe, ist das Lesen; ich lese gerade zum fünftenmal *John Gabriel Borkman* und zum sechsten- oder siebtenmal *La bien plantada* [von Eugenio d'Ors], außerdem täglich in der Zeitung einen Bericht von Alexandr Kerenski über die »Russische Revolution« (heute erscheint die letzte Folge) und Artikel über die Ereignisse in Schanghai. Ich lerne Deutsch, bin aber noch nicht über die dritte Deklination hinausgekommen, weil es so verteufelt schwer ist [...] Außerdem fragt er mich in dem Schreiben, ob ich ein »modernes« Porträt von ihm malen möchte, aber tut mir leid, das kann ich nicht. Bestimmt hätte er gerne eines mit der Kapelle von Ocotlán im Hintergrund oder etwas rein Tlaxcaltekisches oder Blutrotes. Diesmal wird es nicht nach seinem Kopf gehen [...]

Am kommenden Sonntag wird mich mein Vater mit »Cañita« photographieren, damit ich Dir ein Bild von ihr schicken kann. Wenn Du dort drüben eine hübsche Photographie anfertigen lassen kannst, dann schick sie mir; wenn ich ein bißchen mehr Übung habe, male ich ein Porträt von Dir.

Schreib mir – schreib mir – schreib mir und noch einmal: schreib mir, und vor allem vergiß mich nicht, auch wenn Du die leibhaftige *Venus von Milo* im Louvre siehst.

Vergiß mich nicht, auch wenn Du die wundervollste Architektur siehst.

Vergiß mich nicht, denn das ist mein einziger Trost.

[Frida signiert mit einem Dreieck und schreibt am nächsten Tag weiter.]

Montag, der 11., 1927

Alex, ich wollte Dir diesen Brief nach Spanien schicken, aber heute abend waren die Jungs hier (Salas, Chong, Flaquer und Crispetín) und erzählten mir, Orteguita sei nach Paris abgereist, und gaben mir seine neue Adresse.
Nur Crispetín und ich haben Post von Dir bekommen – na, und Deine Mama natürlich –, aber keiner von den anderen Jungs. Ich warte auf Post aus Havanna, aber ich bin beunruhigt, weil es so lange dauert. (Mein Alex, Du kannst Dir nicht vorstellen, wie traurig ich war, als ich die Jungs sah und Du nicht dabei warst.)

Veröffentlicht in: Raquel Tibol, *Frida Kahlo. Crónica, testimonios y aproximaciones*, Mexiko, Ediciones de Cultura Popular 1977. – Die Anfrage für ein Porträt kam wahrscheinlich von Miguel N. Lira, den Frida etwa drei Monate später malte.

Brief an Alejandro Gómez Arias

Karfreitag, 22. April 1927

Mein Alex, Alicia hat mir geschrieben, aber seit dem 28. März hat weder sie noch sonst jemand das geringste von Dir gehört... Es gibt nichts Trostloseres als einen Monat ohne Nachricht von Dir.
Mir geht es immer noch schlecht, ich bin spindeldürr geworden, und der Arzt ist weiterhin der Meinung, daß ich drei oder vier Monate ein Gipskorsett tragen muß, denn die jetzige Stütze ist zwar nicht so unbequem wie ein Kor-

sett, bringt aber auch schlechtere Resultate. Weil man es monatelang tragen muß, werden die Kranken wund, aber die wunden Stellen sind einfacher zu heilen als die Krankheit. Mit dem Korsett werde ich fürchterlich leiden, denn es muß ganz eng anliegen; um es anzupassen, wird man mich am Kopf aufhängen, bis es getrocknet ist, denn sonst wäre es völlig wirkungslos, weil meine Wirbelsäule so deformiert ist, und durch die hängende Position soll ich mich so gerade wie möglich halten. Aus alldem – und das ist nur die Hälfte – kannst Du ersehen, wie sehr ich leiden werde und was mir fehlt... Der *alte* Doktor sagt, das Korsett bringe sehr gute Ergebnisse, wenn es richtig angelegt wird, aber das muß sich erst einmal zeigen. Wenn mich nicht vorher der Teufel holt, wird man es mir am Montag im Hospital Francés anpassen... Der einzige Vorteil an dieser verflixten Prozedur ist, daß ich laufen kann, aber da mir beim Gehen das Bein so weh tut, ist dieser Vorteil auch eher ein Nachteil. Außerdem werde ich mich in dieser Aufmachung bestimmt nicht auf der Straße zeigen, denn dann bringt man mich mit Sicherheit ins Irrenhaus. Für den unwahrscheinlichen Fall, daß das Korsett nicht hilft, müßten sie operieren. Diesem Arzt zufolge bestünde die Operation darin, ein Stück Knochen aus dem Bein zu entnehmen und es ins Rückgrat einzupflanzen, aber bevor es so weit kommt, habe ich mich mit Sicherheit selbst von diesem Planeten eliminiert [...] Das ist alles, was hier passiert, ich habe Dir keine Neuigkeiten zu berichten. Es ist so todsterbenslangweilig! Meine einzige Hoffnung besteht darin, Dich zu sehen [...]

                Schreib mir
                    "
                    "
                    "

und vor allem lieb mich
"
"
"
"
"
[Ein Dreieck als Unterschrift]

Veröffentlicht in: Raquel Tibol, *Frida Kahlo. Crónica, testimonios y aproximaciones*, Mexiko, Ediciones de Cultura Popular 1977.

Brief an Alicia Gómez Arias

Samstag, der 23. April 1927

Alicia,
ich danke Ihnen von Herzen, daß Sie so liebenswürdig waren, mir sofort mitzuteilen, wie es Alejandro geht. Ich habe mich wirklich sehr gefreut, daß er wohlbehalten in Hamburg eingetroffen ist.
Mein Zustand ist gänzlich unverändert, es ist keinerlei Besserung eingetreten. Denken Sie nur, der Arzt hat seine Meinung geändert; statt dieses Apparats, den man mir am Montag im Hospital Francés anpassen wollte, soll ich jetzt eingegipst werden. Das hat zwar den Vorteil, daß ich wenigstens ein bißchen laufen kann, aber der Arzt sagt, daß es sehr unangenehm ist und daß ich es wahrscheinlich drei oder vier Monate tragen muß. Ich bin sehr verzweifelt, aber ein Gipskorsett ist mir immer noch lieber als eine Opera-

tion; davor habe ich nämlich große Angst, weil sämtliche Eingriffe an der Wirbelsäule sehr gefährlich sind.
Bei alldem können Sie sich vorstellen, wie ich leide.
Entschuldigen Sie bitte meine Schrift, Alicia, aber ich kann mich fast nicht aufsetzen, um vernünftig zu schreiben. Sagen Sie mir doch bitte, wie es Ihrer Mama geht, denn Alex hat mir geraten, mich an Sie zu wenden. Wenn ich mit diesem Korsett wieder laufen kann, werde ich Sie möglichst oft anrufen, um Sie nicht dauernd mit meinen Briefen zu belästigen. Aber ich denke, Sie werden die Störung verzeihen, denn es ist nur, weil ich krank bin, wie immer.
Vielen Dank und herzliche Grüße.

           Frieda

Original im Archiv des Architekten Enrique García Formentí.

Brief an Alejandro Gómez Arias

           25. April 1927

Mein Alex,
gestern ging es mir sehr schlecht, und ich war sehr niedergeschlagen. Du machst Dir keine Vorstellung von der Verzweiflung, die einen überfällt, wenn man so krank ist. Ich empfinde einen unbeschreiblichen Überdruß, und außerdem habe ich manchmal Schmerzen, gegen die nichts hilft. Heute sollte ich das Gipskorsett angepaßt bekommen, aber wahrscheinlich wird es Dienstag oder Mittwoch, weil mein Papa kein Geld hat, und es kostet sechzig Pesos. Aber es ist nicht so sehr wegen des Geldes – denn das wäre sehr

wohl zu beschaffen –, sondern weil mir zu Hause niemand glaubt, daß ich wirklich krank bin. Ich darf nicht einmal davon sprechen, denn dann wird meine Mama krank, die einzige, die sich ein wenig um mich sorgt, und dann heißt es, daß ich mit meiner Unvernunft daran schuld bin. Und so bin ich ganz alleine in meinem Leid und meiner Verzweiflung. Ich kann nicht viel schreiben, weil ich mich kaum vorbeugen kann, ich kann nicht laufen, weil mein Bein so furchtbar weh tut, lesen mag ich auch nicht mehr – ich habe nichts Gutes zu lesen –, ich kann nur weinen und manchmal nicht einmal das. Nichts macht mir Freude, ich habe keine einzige Ablenkung, nur Kummer, und die Leute, die mich gelegentlich besuchen, gehen mir furchtbar auf die Nerven. Wenn Du hier wärst, würde ich das alles ertragen, aber so hätte ich nichts dagegen, wenn ich so schnell wie möglich über den Jordan gehen würde [...] Du kannst Dir nicht vorstellen, wie mich die vier Wände meines Zimmers zur Verzweiflung bringen. Überhaupt alles! Ich kann Dir meine Verzweiflung mit nichts beschreiben [...]

Veröffentlicht in: Raquel Tibol, *Frida Kahlo. Crónica, testimonios y aproximaciones*, Mexiko, Ediciones de Cultura Popular 1977.

Brief an Alejandro Gómez Arias

Sonntag, der 31. April [sic] 1927. Tag der Arbeit

Gerade eben habe ich Deinen Brief vom 13. erhalten, und das war der einzige glückliche Moment in dieser ganzen

Zeit. Auch wenn die Erinnerung an Dich mir immer hilft, nicht so traurig zu sein – Deine Briefe sind besser.

Ich wünschte so sehr, ich könnte Dir mein Leiden Minute für Minute schildern. Seit Du weg bist, hat sich mein Zustand verschlechtert, ich finde keinen Augenblick Trost und kann Dich nicht vergessen.

Am Freitag wurde mir die Gipsapparatur angepaßt, und seither ist es wirklich ein Martyrium ohnegleichen. Es ist ein Gefühl, als würde ich ersticken, ich habe entsetzliche Schmerzen in der Lunge und im ganzen Rücken, das Bein darf ich gar nicht berühren, ich kann kaum gehen und erst recht nicht schlafen. Stell Dir vor, sie haben mich zweieinhalb Stunden am Kopf aufgehängt, und dann habe ich noch über eine Stunde auf Zehenspitzen verbracht, während der Gips mit heißer Luft getrocknet wurde. Aber als ich nach Hause kam, war das Korsett immer noch ganz feucht. Es wurde im Hospital de las Damas Francesas angepaßt, denn im Hospital Francés hätte ich mindestens eine Woche bleiben müssen, anders machen sie es nicht. In dem anderen Krankenhaus haben sie um Viertel nach neun begonnen, und gegen eins waren sie fertig. Sie haben weder Adriana noch sonst jemanden zu mir gelassen, und so war ich ganz alleine, während ich so schrecklich gelitten habe. Drei oder vier Monate muß ich dieses Folterinstrument tragen, und wenn sich mein Zustand dann nicht gebessert hat, will ich wirklich sterben, denn ich kann nicht mehr. Es ist nicht nur wegen der körperlichen Schmerzen, sondern auch, weil ich nicht die geringste Ablenkung habe, ich komme nicht aus diesem Zimmer heraus, ich kann nichts machen, ich kann nicht gehen, ich bin völlig verzweifelt, und vor allem bist Du nicht da. Und zu alldem kommt noch, daß ich nichts als Leid und Klagen höre. Meine Mutter ist immer noch sehr krank – diesen Monat hatte sie sieben Anfälle –, meinem Vater geht es nicht besser, und dann kein Geld. Es ist wirklich zum Verzweifeln, findest Du nicht? Ich werde jeden Tag dünner und habe an nichts mehr Freude. Meine einzige Aufheiterung sind die Besuche der Jungs; am Donnerstag waren Chong, der blonde Garay, Salas und Goch hier. Am Mittwoch kommen sie wieder, aber auch das macht mich traurig, weil Du nicht bei uns bist.

Deiner kleinen Schwester und Deiner Mama geht es gut, aber sicherlich würden sie alles darum geben, Dich hier zu haben; setz alles daran, bald zurückzukommen.

Zweifle keinen Moment daran, daß ich ganz wie früher sein werde, wenn Du wiederkommst.

Du, vergiß mich nicht, und schreib mir oft. Ich fiebere Deinen Briefen regelrecht entgegen, sie tun mir so unendlich gut.

Vergiß nie, mir zu schreiben – wenigstens einmal in der Woche, Du hast es versprochen.

Sag mir, ob ich Dir an die Mexikanische Botschaft in Berlin schreiben soll oder an die übliche Adresse.

Alex, ich brauche Dich so sehr! Komm bald zurück! Du kannst Dir nicht vorstellen, wie sehr ich Dich brauche. Ich bete Dich an.

Veröffentlicht in: Raquel Tibol, *Frida Kahlo. Crónica, testimonios y aproximaciones*, Mexiko, Ediciones de Cultura Popular 1977; vollständige Abschrift im Archiv Martha Zamora. – Über ihren Vater erzählt Frida: »Er litt häufig unter epileptischen Anfällen. Wenn man ihn so sah, mochte man kaum glauben, daß er Epileptiker war. Wenn er mich bei der Hand nahm und mit mir spazierenging, seine Kamera über der Schulter, kam es oft vor, daß er plötzlich zu Boden stürzte. Ich lernte, ihm beizustehen, wenn er auf offener Straße einen Anfall hatte. Zum einen achtete ich darauf, daß er sofort Äther oder Alkohol inhalierte, und zum anderen paßte ich auf, daß man ihm nicht die Kamera stahl.« (Raquel Tibol: »Fragmentos para una vida de Frida Kahlo«, in: *México en la Cultura*, Beilage der Zeitung *Novedades*, 7. März 1954)

FRIDA KAHLO

Brief an Alejandro Gómez Arias

Samstag, der 7. Mai 1927

[...] Wenn ich mich ein wenig an diesen gottverfluchten Apparat gewöhnt habe, werde ich Liras Porträt in Angriff nehmen – und mal sehen, was noch. Ich bin so furchtbar deprimiert [...] Salas hat mir *La lanterne sourde* von Jules Renard geliehen, und ich habe mir den *Jésus* von Barbusse gekauft. Das ist alles, was ich gelesen habe. Als nächstes werde ich *Der Leuchtturm* lesen [...]

Veröffentlicht in: Raquel Tibol, *Frida Kahlo. Crónica, testimonios y aproximaciones*, Mexiko, Ediciones de Cultura Popular 1977.

Brief an Miguel Nicolás Lira

22. Mai 1927

Bruderherz, seit heute, Montag, bin ich wieder in Coyoacán und würde mich sehr freuen, Euch wiederzusehen. Dein Porträt ist so gut wie fertig. Ich erwarte Euch also wie immer am Mittwoch; bitte sag den Jungs Bescheid. Meine Wirbelsäule ist immer noch nicht in Ordnung, es geht mir wirklich besch...eiden. Du kannst Dir nicht vorstellen, wie

ich leide. Nun ja, mir bleibt wohl nichts anderes übrig, als es auszuhalten, nicht wahr?
Viele Grüße von Deiner Schwester
Frieducha

Veröffentlicht 1954 in der Zeitschrift *Huytlale*, die Miguel N. Lira und Crisanto Cuéllar Abaroa in Tlaxcala herausgaben. – Miguel N. Lira (1905–1961), von dem Frida ein Porträt im estridentistischen Stil malte, machte sich später einen Namen als Dichter, Herausgeber und Kulturmäzen. Der Historiker Napoleón Rodríguez wurde auf diesen Brief aufmerksam und veröffentlichte ihn am 3. März 1993 erneut in der Zeitung *La Jornada*.

Widmung an Miguel Nicolás Lira

[Widmung auf der Rückseite des Aquarells *DIE CANTINA »TU SUEGRA«*]

This is my Meisterwerk and nur you mit your Kinderseele weißt es zu würdigen. Deine Wasserschwester Friducha.
18. Juli 1927

Veröffentlicht in: *Frida Kahlo. Das Gesamtwerk*, Verlag Neue Kritik, Frankfurt a.M. 1988. – Das kleine Aquarell, das Frida Miguel N. Lira schenkte, mißt 18,5 × 24,5 cm. Ende der vierziger Jahre schreibt sie zu einem Selbstporträt in Tusche auf Holz an Lira: »Chong Lee, Bruder Mike auf ewig, vergiß nicht die Cachucha Nr. 9 Frida Kahlo.«

FRIDA KAHLO

Brief an Alejandro Gómez Arias

Sonntag, der 27. Mai 1927

[...] Ich möchte nicht, daß Du Dir meinetwegen Sorgen machst; ich bin zwar ziemlich niedergeschlagen, aber die Krankheit, die ich habe, ist nicht gefährlich. Ich leide sehr deswegen – Du weißt ja, wie ich bin –, aber besser, ich bin jetzt krank, wo Du weit weg bist [...]

Veröffentlicht in: Raquel Tibol, *Frida Kahlo. Crónica, testimonios y aproximaciones*, Mexiko, Ediciones de Cultura Popular 1977.

Brief an Alejandro Gómez Arias

Dienstag, der 29. Mai 1927

[...] Mein Papa hat gesagt, daß er mit mir nach Veracruz fährt, wenn ich wieder gesund bin, aber das sind nichts als Träume, weil kein Zaster da ist (auch nichts Neues). Aber mal abwarten, ob er sein Versprechen vielleicht doch einlösen kann. Ich langweile mich schon sooo lange, und wenn das so weitergeht, ende ich noch »in der Klapse«. Aber wenn *you* zurückkommst, wird *tute this* Langeweile wie weggeblasen sein... Manche werden unter einem guten Stern geboren, und andere stehen im Dunkeln – Du magst es nicht glauben, aber ich gehöre zu denen, für die es stockfinster aussieht [...]

Veröffentlicht in: Raquel Tibol, *Frida Kahlo. Crónica, testimonios y aproximaciones*, Mexiko, Ediciones de Cultura Popular 1977.

Brief an Alejandro Gómez Arias

Letzter Mai 1927

[...] Das Porträt von Chong Lee ist schon fast fertig, ich werde Dir eine Photographie davon schicken [...] Mir geht es jeden Tag schlechter, und ich muß mich wohl damit abfinden, daß eine Operation unumgänglich ist – die Zeit vergeht, und das zweite Korsett, das mir angepaßt wurde, bringt keinen Erfolg. Dafür haben wir diesen Dieben – denn das sind die meisten Ärzte – fast hundert Pesos in den Rachen geworfen, und die Schmerzen sind noch genauso schlimm wie vorher, auch in dem kranken Bein. Manchmal tut sogar das gesunde Bein weh, und so geht es mir immer schlechter, ohne daß die geringste Aussicht auf Heilung bestünde, denn dazu fehlt es am Nötigsten: Geld. Der Ischiasnerv ist verletzt, dann noch ein anderer, dessen Bezeichnung ich nicht kenne, der mit den Geschlechtsorganen in Verbindung steht, außerdem zwei Wirbel – was genau mit ihnen ist, weiß ich nicht – und eine Menge anderer Dinge, die ich Dir nicht erklären kann, weil ich sie nicht verstehe. Ich weiß also nicht, was das für eine Operation sein soll, und niemand kann es mir erklären. Aus allem, was ich Dir hier erzähle, kannst Du ermessen, wie groß meine Hoffnungen sind, daß es mir wenn schon nicht gut-, so doch wenigstens bessergeht, wenn Du wiederkommst. Ich weiß, daß man ganz fest daran glauben muß, aber Du hast ja keine Ahnung, wie ich leide, denn eigentlich glaube ich nicht, daß ich wieder gesund werde. Wenn ein Arzt ein wenig Interesse an mir zeigen würde, könnte es sein, daß sich mein Zustand zumindest bessert, aber alle Ärzte, die mich behandelt haben, sind nichts weiter als Quacksalber, denen ich völlig gleichgültig bin und die nur aufs Kassieren aus sind. Ich weiß nicht, was ich tun soll, und Verzweifeln nützt nichts [...] Weißt Du schon, daß Lupe Vélez gerade ihren ersten Film mit Douglas Fairbanks dreht? Wie sind die Kinos in Deutschland? Was hast Du noch über Malerei gelernt? Was hast Du Dir angeschaut? Wirst Du nach Paris fahren? Wie ist der Rhein? Die deutsche Architektur? Alles [...]

Veröffentlicht in: Raquel Tibol, *Frida Kahlo. Crónica, testimonios y aproximaciones*, Mexiko, Ediciones de Cultura Popular 1977.

Brief an Alejandro Gómez Arias

Samstag, der 4.Juni 1927

Alex, mi vida, heute nachmittag habe ich Deinen Brief bekommen [...] Ich habe keine Hoffnung mehr, daß Du im Juli zurücksein wirst, Du bist begeistert [...] hingerissen vom Kölner Dom und all den anderen Dingen, die Du gesehen hast! Ich hingegen zähle die Tage, bis Du irgendwann zurückkehrst. Es macht mich traurig, wenn ich daran denke, daß ich dann immer noch krank sein werde, denn am Montag wird zum drittenmal das Korsett gewechselt, und diesmal wird es durch ein festes ersetzt. Ich werde zwei oder drei Monate nicht gehen können, bis die Wirbelsäule völlig in Ordnung ist – und ob danach doch noch eine Operation notwendig ist, weiß ich nicht. Jedenfalls langweile ich mich, und oft denke ich, es wäre besser, wenn mich... der alte Gevatter endlich holen würde, glaubst Du nicht auch? Mit dieser beschissenen Krankheit werde ich nie etwas machen können, und ich bin doch erst siebzehn. Wie soll das erst später einmal werden? Ich werde jeden Tag dünner – wenn Du wiederkommst, wirst Du die Flucht ergreifen, wenn Du siehst, wie furchtbar ich in dieser Höllenapparatur aussehe. Danach wird es mir noch tausendmal schlechter gehen – Du kannst Dir ja vorstellen, was es bedeutet, einen Monat zu liegen (damals bist Du abgereist), dann noch einen Monat in zwei verschiedenen Korsetts, jetzt weitere zwei Monate im Gipsbett, und dann noch sechs mit dem kleinen Apparat, damit ich gehen kann, und das mit der wunderbaren Aussicht auf eine Operation, die mich zum Krüppel machen kann [...] Es ist zum Verzweifeln, oder? Du wirst wahrscheinlich sagen, daß ich sehr pessimistisch bin, eine Heulsuse – besonders jetzt, wo Du so euphorisch bist und Rembrandts Elbe gesehen hast, sämtliche Lucas Cranachs und Dürers und vor allem Bronzino und die Kathedralen. So könnte ich mir auch meinen kindlichen Optimismus bewahren. Du weißt nicht, wie ich mich gefreut habe, daß Du das wundervolle Porträt der *Eleonora von Toledo* und all die anderen Dinge gesehen hast, von denen Du mir erzählt hast [...] Mein Zustand ist unverändert schlecht. Bestimmt muß ich später doch noch operiert werden, denn diese Gipsapparatur mag zwar für die Wirbelsäule gut sein, aber gegen

die zerstörten Nerven im Bein kann sie nichts ausrichten. Nur eine Operation oder die mehrmalige Anwendung von elektrischem Strom (dem Arzt zufolge recht problematisch und nicht unbedingt wirksam) könnte mir Linderung verschaffen. Ich kann beides nicht machen lassen, weil ich kein Geld habe – Du kannst Dir vorstellen, wie niedergeschlagen ich bin. Ich arbeite an dem Porträt von Lira, wirklich häßlich. Ich wollte einen Hintergrund im Stil von Gómez de la Serna [...]
Aber wenn Du rasch zurückkommst, verspreche ich Dir, daß es mir jeden Tag bessergeht.
      Ich bin Dein
Vergiß mich nicht...
  [Ein Dreieck als Unterschrift]

Veröffentlicht in: Raquel Tibol, *Frida Kahlo. Crónica, testimonios y aproximaciones*, Mexiko, Ediciones de Cultura Popular 1977. – Der spanische Schriftsteller und Kritiker Ramón Gómez de la Serna (1888–1963) war ein begeisterter Befürworter der Avantgardisten. In jenen Jahren wurden seine Artikel und Essays in Mexiko bekannt.

Brief an Alejandro Gómez Arias

15. Juli 1927

[...] Ich kann immer noch nicht behaupten, daß es mir bessergeht, aber ich bin viel ausgeglichener als vorher. Ich habe so große Hoffnung, gesund zu werden, bis Du wiederkommst, daß Du Dich keinen Augenblick mehr meinet-

wegen grämen mußt. Ich bin so gut wie nie verzweifelt und nur ganz selten ein »Tränchen«. Am 9. August werde ich zwei Monate in dieser Lage verbracht haben. Der Doktor sagt, daß sie mich röntgen wollen, um zu sehen, wie die Wirbel aussehen, und es ist so gut wie sicher, daß ich den Gipsapparat nur bis zum 9. September tragen muß. Was sie danach mit mir machen, weiß ich nicht. Die Röntgenaufnahme wird hier bei mir zu Hause gemacht, weil ich mich absolut nicht bewegen darf. Ich liege auf einer Pritsche mit Rädern darunter, damit man mich an die frische Luft schieben kann – Du kannst Dir überhaupt nicht vorstellen, wie unangenehm das ist, denn ich kann mich schon seit über einem Monat überhaupt nicht rühren, aber ich bin bereit, sechs Monate so dazuliegen, wenn es mir nur bessergeht [...]
Du kannst Dir nicht vorstellen, wie wunderbar es ist, so gelassen auf Dich zu warten wie auf dem Porträt [...]

Veröffentlicht in: Raquel Tibol, *Frida Kahlo. Crónica, testimonios y aproximaciones*, Mexiko, Ediciones de Cultura Popular 1977.

Brief an Alejandro Gómez Arias

22. Juli 1927, Magdalenentag

Mein Alex [...] Trotz der vielen Schmerzen glaube ich, daß sich mein Zustand allmählich bessert – mag sein, daß es nicht stimmt, aber ich *will einfach daran glauben*. Das ist auf jeden Fall besser, findest Du nicht? Diese vier Monate

waren eine ständige Qual für mich, jeder einzelne Tag. Jetzt schäme ich mich beinahe dafür, nicht zuversichtlich gewesen zu sein, aber niemand kann sich vorstellen, wie ich gelitten habe. Deine arme kleine Freundin! Du hättest mich in eine Deiner Taschen stecken können, wie ich zu Dir sagte, als ich noch kleiner war – wie das Goldkörnchen in dem Gedicht von Velarde... Aber jetzt bin ich sooo groß! Ich bin ordentlich gewachsen seither [...]
Ach, Alex, der Louvre muß so wundervoll sein! Wieviel werde ich lernen, wenn Du wieder hier bist!
Nizza mußte ich im Atlas suchen, weil ich nicht mehr wußte, wo es liegt (ich bin immer ein bißchen dumm gewesen, *sometimes*), aber jetzt werde ich es nie mehr vergessen... glaub mir.
Alex, ich muß gestehen, daß es Momente gibt, in denen ich glaube, daß Du mich allmählich vergißt, aber das stimmt nicht, oder? Du wirst Dich doch nicht mehr in die Mona Lisa verlieben [...]

»Neuigkeiten von mir zu Hause«

– Maty kommt wieder in *this* Haus. Sie haben Frieden geschlossen. (Die ganzen katholischen Damen – Veladora, Abuelita, Pianista etc. – sind wegen dieser unchristlichen Geschichte beinahe tot umgefallen.)
– Mein Papa ist nicht mehr im »La Perla«, sondern in der Uruguay 51.

»Neuigkeiten von außerhalb«

– Chelo Navarra hatte *one* »Mädchen«.
– Jack Dempsey hat Jack Sharkey in New York besiegt. Große Sensation!

JETZT, WO DU MICH VERLÄSST

– Die mexikanische Revolution*: Reelektionisten/Antireelektionisten

»*Neuigkeiten aus meinem Herzen*«
– nur Du –

Du

–

–

–

–

–

–

–

Frieda

* Interessante Kandidaten: José Vasconcelos (?)
Luis Cabrera

Veröffentlicht in: Hayden Herrera, *Frida: Una biografía de Frida Kahlo*, Mexiko, Editorial Diana 1984. – In seinen Memoiren, die er Víctor Díaz Arziniega diktierte, macht Gómez Arias eine Bemerkung, die den tatsächlichen Gegebenheiten zu widersprechen scheint: »Ich würde nicht sagen – und ich glaube, bei Frida wäre es nicht anders –, daß wir ein festes Paar waren.« – Frida bezieht sich auf den Dichter Ramón López Velarde (1888–1921). – Seit 1922 hatte Guillermo Kahlo (1872–1941) sein Photoatelier in dem Juweliergeschäft »La Perla« an der Ecke Madero/Motolinía. 1927 entschied er sich, ein eigenes Studio zu eröffnen.

FRIDA KAHLO

Brief an Alejandro Gómez Arias

23. Juli 1927

Mein Alex, gerade habe ich Deinen Brief bekommen [...] Du schreibst, daß Du später mit dem Schiff nach Neapel reist und höchstwahrscheinlich auch noch in die Schweiz fährst. Ich habe eine Bitte an Dich: Sag Deiner Tante, daß Du nach Hause möchtest und auf keinen Fall länger als bis August bleiben willst [...] Du kannst Dir nicht vorstellen, was jeder Tag, jede Minute ohne Dich für mich bedeuten [...]
Cristina ist unverändert hübsch, aber sie ist *hundsgemein* zu mir und meiner Mama.
Ich habe ein Bild von Lira gemalt, denn er hat mich darum gebeten, aber es ist so schlecht, daß ich gar nicht weiß, wie er behaupten kann, daß es ihm gefällt. Ganz entsetzlich. Ich schicke Dir keine Photographie davon, weil mein Vater wegen des Umzugs noch nicht alle Platten geordnet hat. Aber es lohnt sich auch nicht: Der Hintergrund ist sehr überladen, und Lira sieht aus wie aus Karton ausgeschnitten. Nur ein Detail finde ich gut (*one* Engel im Hintergrund), aber Du wirst schon sehen. Mein Vater hat auch die anderen Bilder abgelichtet, das von Adriana, das von Alicia mit dem Schleier (sehr schlecht) und das andere, das Ruth Quintanilla darstellen soll und das Salas so gut gefällt. Sobald mein Vater mir *more* Abzüge macht, schicke ich sie Dir. Er hat nur jeweils einen Abzug gemacht, aber die hat Lira mitgenommen. Er sagt, daß er sie in einer Zeitschrift veröffentlichen will, die im August erscheinen soll (er hat Dir bestimmt schon davon erzählt, oder?). Sie soll *Panorama* heißen, und an der ersten Ausgabe arbeiten unter anderem Diego und Montenegro (als Dichter) mit, und

was weiß ich, wer noch alles. Ich glaube nicht, daß es etwas wird.

Das Porträt von Ríos habe ich bereits vernichtet – Du kannst Dir nicht vorstellen, wie entsetzt ich darüber war. Den Hintergrund wollte *Flaquer* behalten, aber das Porträt endete wie Jeanne d'Arc.

Morgen ist Cristinas Namenstag. Die Jungs werden kommen und die Söhne von Rechtsanwalt Cabrera. Sie haben keine Ähnlichkeit mit ihm (sie sind sehr dumm) und sprechen kaum Spanisch, weil sie schon seit zwölf Jahren in den Vereinigten Staaten leben und nur in den Ferien nach Mexiko kommen. Die Galants kommen ebenfalls, die Pinocha etc. Nur Chelo Navarro kommt nicht, weil sie nach der Geburt ihrer Tochter noch im Kindbett liegt; die Kleine soll sehr niedlich sein.

Mehr gibt es von hier nicht zu berichten, aber das alles interessiert mich nicht.

Morgen bin ich seit anderthalb Monaten eingegipst und habe Dich seit *vier* Monaten nicht gesehen. Ich wünschte, im nächsten Monat würde das Leben beginnen, und ich könnte Dich küssen. Ob es wahr wird?

                    Deine Schwester
                    Frieda

Veröffentlicht in: Raquel Tibol, *Frida Kahlo. Crónica, testimonios y aproximaciones*, Mexiko, Ediciones de Cultura Popular 1977. – In seinen Erinnerungen *(Memoria personal...)* erwähnt Gómez Arias keine Tante, die ihn auf seiner Europareise begleitet hätte, wohl aber eine Frau Mosser. Ihr gehörte eine Pension in Wiesbaden, von der aus Gómez Arias Reisen nach Wien, Prag, Belgrad, Rom, Florenz und Venedig unternahm. Im Gegensatz zu anderen Deutschen behandelte sie ihn sehr zuvorkommend. – Flaquer und Pinocha waren die Spitznamen der gemeinsamen Freunde Eduardo Bustamante und Esperanza Ordóñez. – Von den erwähnten Porträts existieren heute noch zwei, und man kann sie in Anbetracht der damaligen körperlichen Einschränkungen, unter denen Frida litt, als großformatig bezeichnen: das von Miguel N. Lira (99,2 × 67,5 cm) und das von Alicia Galant (107 × 93,5 cm). – Frida bezieht sich auf den Maler Roberto Montenegro (1885–1968).

Brief an Alejandro Gómez Arias

Coyoacán, den 2. August 1927

Alex, der August hat begonnen ... und auch vom Leben könnte man das sagen, wenn ich sicher wäre, daß Du Ende des Monats zurückkommst. Aber gestern erzählte mir Bustamante, daß Du wahrscheinlich nach Rußland fährst und deswegen länger bleibst [...] Gestern war der Namenstag von Esperanza Ordóñez (Pinocha), und bei mir stieg eine kleine Party, weil sie kein Klavier haben. Die Jungs waren da (Salas, Mike, Flaquer), meine Schwester Matilde und noch andere Jungs und Mädchen. Ich wurde in meinem Wägelchen ins Wohnzimmer geschoben und habe den anderen beim Tanzen und Singen zugeschaut. Die Jungs waren ziemlich guter Laune (glaube ich). Lira machte one Gedicht auf die Pinocha, und die drei haben sich im Eßzimmer unterhalten. Miguel erzählte Anekdötchen und rezitierte Heliodoro Valle, Tsiu Pau, López Velarde *und verschiedene andere*. Ich glaube, den dreien gefällt die Pinocha ziemlich gut (ästhetisch gesehen), und sie sind mittlerweile gute Freunde geworden.

Ich war wie immer ein echtes »Tränchen«. Obwohl ich jetzt jeden Morgen an die Sonne gebracht werde (für vier Stunden), habe ich nicht das Gefühl, daß es viel besser geworden ist, denn die Schmerzen sind unverändert, und ich bin ziemlich dünn. Aber wie ich Dir neulich schrieb, will ich trotzdem zuversichtlich sein. Wenn Geld da ist, wird diesen Monat eine weitere Röntgenaufnahme gemacht, und ich werde größere Gewißheit haben. Aber auch wenn nicht, werde ich auf jeden Fall am 9. oder 10. September aufstehen, und dann werde ich wissen, ob diese Apparatur mir hilft oder ob die Operation doch notwendig ist (ich habe Angst davor). Aber ich muß mich noch ziemlich lange gedulden, bis ich weiß, ob die völlige Ruhigstellung in diesen drei Monaten (man kann es fast ein Martyrium nennen) etwas gebracht hat oder nicht.

Wie Du mir erzählst, ist das Mittelmeer herrlich blau. Ob ich es jemals sehen werde? Ich glaube nicht, denn ich bin ein Pechvogel, und mein größter Wunsch seit langem ist es, zu reisen. Mir wird nur die Sehnsucht derer bleiben, die Reiseberichte gelesen haben.

Zur Zeit lese ich nichts. Ich mag nicht. Ich lerne kein Deutsch, und ich tue auch sonst nichts, außer an Dich zu denken. Anscheinend halte ich mich für mächtig schlau. Abgesehen von den Ankunfts- und Abfahrtszeiten der Dampfer lese ich in der Zeitung nur den Leitartikel und die Nachrichten aus Europa.

Über den Aufstand hier erfährt man nichts. Im Augenblick scheint Obregón die Oberhand zu haben, aber keiner weiß etwas Genaues.

Davon abgesehen gibt es nichts Interessantes. Alex, hast Du viel Französisch gelernt? Auch wenn mein Ratschlag überflüssig sein sollte... Versuch, soviel wie möglich zu lernen, ja?

In welchen Museen bist Du gewesen?

Wie sind die Mädchen in den Städten, die Du besucht hast?

Und die Jungs? Flirte nicht soviel mit den Mädchen in den Bädern […] Nur in Mexiko sagt man zu den Mädchen, die so schön sind wie ein Botticelli, mit tollen Beinen, »Medea« oder »Meche«, und nur hier darf man zu ihnen sagen: »Señorita (Sorita), wollen Sie die Meine sein?« Aber nicht in Frankreich, auch nicht in Italien und schon gar nicht in Rußland, wo es so viele ungehobelte Kommunistinnen gibt […] Mit Freuden würde ich mein ganzes Leben geben, nur um Dich zu küssen.
Ich finde, ich hätte es verdient, nachdem ich wirklich gelitten habe, nicht wahr?
Wird das mit August so sein, wie Du sagst? Ja?

Deine Frieda
(Ich bete Dich an)

Veröffentlicht in: Raquel Tibol, *Frida Kahlo. Crónica, testimonios y aproximaciones*, Mexiko, Ediciones de Cultura Popular 1977.

Brief an Alicia Gómez Arias

2. August 1927

[…] Es geht mir nach wie vor schlecht, ich spreche von nichts anderem mehr, und neben dem Kranksein selbst ist das am schlimmsten für mich. Morgen habe ich diesen Apparat seit zwei Monaten, und ich bemerke noch immer keinerlei Besserung […] Entschuldigen Sie, daß ich Ihnen auf diesem Papier schreibe, aber ich habe gerade kein anderes zur Hand, und man muß mir alles bringen [...]

Veröffentlicht in: Raquel Tibol, *Frida Kahlo. Crónica, testimonios y aproximaciones*, Mexiko, Ediciones de Cultura Popular 1977.

Brief an Alejandro Gómez Arias

8. August 1927

[...] Ich kann Dir nicht sagen, ob sich mein Zustand gebessert hat oder nicht, weil keine Röntgenaufnahme gemacht wurde, aber die Schmerzen sind immer noch da. Vorgestern ging es mir richtig schlecht. Lira war so nett und hat seinen Vater zu mir geschickt, damit er mich gründlicher untersucht, als es die anderen getan haben. Es würde zu lange dauern, Dir alles aufzuzählen, was mir seiner Ansicht nach fehlt; aber ich glaube, er hält die Sache mit dem Bein für ziemlich schlimm, weil der Ischiasnerv verletzt wurde. Er sagt, daß man eine Kauterisation machen müsse – warum, weiß ich nicht. Es gibt zwanzig verschiedene Meinungen, aber Tatsache ist, daß es mir nach wie vor schlechtgeht und jeder etwas anderes sagt [...] Mein Optimismus ist verflogen, und ich beginne wieder zu verzweifeln, aber mittlerweile habe ich auch allen Grund dazu, oder?

Veröffentlicht in: Raquel Tibol, *Frida Kahlo. Crónica, testimonios y aproximaciones*, Mexiko, Ediciones de Cultura Popular 1977.

FRIDA KAHLO

Brief an Alejandro Gómez Arias

9. September 1927

[...] In Coyoacán ist alles so wie immer, vor allem der klare Nachthimmel. Venus und Arktur. Venus und Venus. Am 17. jährt sich unser Unglück zum zweitenmal, und ich werde ganz besonders viel daran denken, auch wenn es dumm ist, nicht wahr? Ich habe nichts Neues gemalt – nicht, bevor Du zurückkommst. Die Septembernachmittage sind jetzt grau und trist. Du mochtest die wolkenverhangenen Tage in der Preparatoria so gerne, erinnerst Du Dich? Ich habe so sehr gelitten, daß ich fast den Verstand verloren habe, und zudem bin ich völlig verblödet, glaub mir, aber [...] ich lese gerade *Städte und Jahre* von Fedin, ein wunderbares Talent. Er ist der Vater aller modernen Schriftsteller [...]

Veröffentlicht in: Raquel Tibol, *Frida Kahlo. Crónica, testimonios y aproximaciones*, Mexiko, Ediciones de Cultura Popular 1977.

Brief an Alejandro Gómez Arias

17. September 1927

[...] Ich bin immer noch krank und habe die Hoffnung fast verloren. Wie immer glaubt mir niemand. Heute ist der 17. September, der schlimmste Tag von allen, denn ich bin alleine. Wenn Du zurückkommst, kann ich Dir nichts von dem bieten, was ich möchte. Statt ungezogen und hübsch, werde ich nur ungezogen und nutzlos sein, und schlimmer geht es nicht. All diese Dinge lassen mir keine Ruhe. Du bist das ganze Leben, aber ich werde es nicht besitzen [...] Ich bin eine dumme Gans und leide mehr, als ich sollte. Ich bin noch jung und kann gesund werden. Ich kann nur nicht daran glauben, obwohl ich es sollte, nicht wahr? Bestimmt wird es im November sein [...]

Veröffentlicht in: Raquel Tibol, *Frida Kahlo. Crónica, testimonios y aproximaciones*, Mexiko, Ediciones de Cultura Popular 1977.

Brief an Alejandro Gómez Arias

[undatiert]

[...] Du magst es für eine Lüge halten, aber manchmal habe ich das Gefühl, die unglücklichste aller Frauen zu sein (es ist ein bißchen trivial, den Märtyrer zu spielen), doch dann denke ich nach und komme zu dem Schluß, daß etwas Wahres daran ist, aber es fehlt doch viel, um eine von Gott Vergessene zu sein.
Heute morgen bin ich schon ins Becken gesprungen (beglückwünsche mich).
Mein Alex, ich bete Dich an, wirklich, nicht daß Du glaubst, es sei eine optische Täuschung; wenn Du wiederkommst, werde ich es Dir selbst sagen, ja? Vergiß mich bitte nicht, jetzt, wo Du mich nicht siehst. Ich bitte Dich bei allem, was Dir lieb ist, sag mir, daß Du mich genauso liebst, als ob Du

mich sehen würdest, und daß Du mir Briefe schreiben wirst, so dick wie die Sonntagszeitung.
Deine Freundin, die Dich mehr liebt, als Du Dir vorstellen kannst.

F.

Veröffentlicht im Ausstellungskatalog *Frida Kahlo* der Galerie Arvil, Mai 1994.

Brief an Alejandro Gómez Arias

15. Oktober 1927

Mein Alex, der vorletzte Brief! Alles, was ich Dir sagen könnte, weißt Du schon.
Wir waren in jedem Winter glücklich, aber noch nie so sehr wie jetzt. Das Leben liegt vor uns – unmöglich, Dir zu erklären, was das bedeutet.
Es kann sein, daß ich krank bleibe, aber ich weiß nicht mehr. Die Nächte in Coyoacán sind so dunkel wie 1923, und das Meer, ein Symbol in meinem Porträt, verkörpert das *Leben*, mein Leben.
Du hast mich doch nicht vergessen?
Das wäre wirklich ungerecht, findest Du nicht?

Deine Frieda

Veröffentlicht in: Raquel Tibol, *Frida Kahlo. Crónica, testimonios y aproximaciones*, Mexiko, Ediciones de Cultura Popular 1977.

JETZT, WO DU MICH VERLÄSST

Brief an Alejandro Gómez Arias

14. Juni 1928

[...] Ich spüre mehr als je zuvor, daß Du mich nicht mehr liebst, aber ehrlich gestanden glaube ich nicht daran, ich bin zuversichtlich... Es darf nicht sein. Im Grunde verstehst Du mich. Du weißt, warum ich das gemacht habe! Außerdem bete ich Dich an, das weißt Du! Du bist nicht nur ein Teil von mir, Du bist mein ganzes Ich! [...] Unersetzlich!

Veröffentlicht in: Hayden Herrera, *Frida: Una biografía de Frida Kahlo*, Mexiko, Editorial Diana 1984.

Brief an Guillermo Kahlo

San Francisco, Kalif., 21. November 1930

Mein liebster Papacito,
wenn Du wüßtest, wie ich mich über Deinen Brief gefreut habe, würdest Du mir jeden Tag schreiben. Du kannst Dir gar nicht vorstellen, wie glücklich ich war. Mir gefällt nur nicht, daß Du mir erzählst, daß Du immer noch so aufbrausend bist, aber weil ich genauso bin, verstehe ich Dich sehr gut; ich weiß, wie schwer es ist, sich zu beherrschen. Aber gib Dir alle Mühe, wenigstens Mama zuliebe, die so gut zu Dir ist. Diego hat sehr gelacht über das, was Du von den

Chinesen gesagt hast, aber er meint, daß er gut auf mich achtgeben wird, damit sie mich nicht kidnappen.

Mir geht es gut – ich bekomme zur Zeit Spritzen bei einem gewissen Doktor Eloesser, einem gebürtigen Deutschen, der aber besser Spanisch spricht als jemand aus Madrid, so daß ich ihm ganz genau erklären kann, wie ich mich fühle. Ich lerne jeden Tag ein kleines bißchen Englisch und kann zumindest das Wichtigste verstehen, einkaufen gehen etc., etc.

Wenn Du mir antwortest, erzähl mir, wie es Dir, Mama und allen anderen geht. Ich vermisse Dich so sehr – Du weißt ja, *wie sehr ich Dich liebe*. Aber im März sind wir ganz bestimmt wieder zusammen und können ausgiebig miteinander plaudern.

Vergiß nicht, mir zu schreiben, und zögere nicht, Dich an mich zu wenden, falls Du Geld brauchst.

Diego läßt Dich ganz herzlich grüßen; er kann Euch nicht schreiben, weil er viel zu tun hat.

Alles Liebe und tausend Küsse von Deiner Dich liebenden Tochter

                                     Frieducha

Schreib mir alles, was Du so machst und erlebst.

Kopie im Archiv Martha Zamora. – Frida Kahlo und Diego Rivera (1886–1957) heirateten am 21. August 1929. Im November 1930 reisten sie nach San Francisco, wo Diego mehrere Aufträge für Wandmalereien ausführte.

JETZT, WO DU MICH VERLÄSST

Corrido für Antonio Pujol und Ángel Bracho

San Francisco, 1. Januar 1931

Für Pujol und Bracho

Söhne eines großen Morgens!
Ich schicke Euch Grüße hier
auf Tehuana-Art,
damit sie Euch dort oben erreichen.

Arbeitet hart, Jungs,
und malt viele Schinken!!!!,
um sie den Gringos zu verkaufen,
die Euch viele Pesos zahlen.

Feiert bis zum Umfallen
mit den hübschen Tehuanas,
wenn Ihr die Gelegenheit nicht nutzt,
seid Ihr wirklich dumme Trottel.

Einen Gruß sende ich Euch
und verabschiede mich zugleich,
damit Ihr an das Mädchen denkt,
die Euch von Herzen mag. [*]

Eure Freundin
Frieda

Manuskript aus dem Nachlaß B. Wolfe in den Hoover Institution Archives, Stanford, Kalifornien. – Bracho und Pujol waren zwei junge mexikanische Künstler, 1911 bzw. 1914 geboren. Sie studierten an der Escuela de Artes Plásticas der Universidad Nacional, deren Direktor Diego damals war. –

* Spanisches Original: »Hijos de la gran mañana! / los saludo desde aquí / a la manera tehuana / pa' que les llegue hasta allí // Trabajen mucho muchachos / y hagan hartos cuadrotes!!!! / pa' vender a los gringachos / y les den hartos pesotes // Vacilen hasta cansarse / con las tehuanas tan chulas / si no saben abusarse / serán purititas mulas // Un saludo yo les mando / y me despido también / pa' que se queden pensando / en la que los quiere bien«

Brieffragmente

San Francisco, den 24. Januar 1931

[...] Diego hat schon vor drei Tagen mit dem Malen begonnen; der Ärmste kommt abends hundemüde nach Hause, denn das ist eine Arbeit für Maultiere und nicht für Menschen. Stell Dir nur vor, gestern hat er um halb neun morgens angefangen und ist am nächsten Morgen um neun Uhr wieder nach Hause gekommen; er hat über 24 Stunden am Stück gearbeitet, ohne etwas zu essen oder dergleichen. Der Ärmste war völlig am Ende. Er ist sehr gut zu mir – ich bin es, die sich manchmal das Kahlosche in den Kopf setzt und heftige Wutanfälle bekommt, aber er ist so gutmütig –, es scheint, als würde er mich lieben. Ich liebe ihn soooo sehr. Ich male – hoffentlich klappt die Sache mit der Ausstellung. (?)

Das Leben hier ist recht interessant, denn es gibt viel zu sehen. Die Leute sind wie überall geschwätzig und auf Klatsch aus etc., etc., aber wenn man sich mit niemandem anlegt, kann man in Ruhe arbeiten und gut leben. Gestern hat Diego einen Vortrag in einem Klub für alte Damen gehalten. Es waren etwa vierhundert Gespenster versammelt, alle so um die zweihundert Jahre alt, mit festgezurrten, da faltenwelligen Hälsen. Alte Schreckschrauben also, aber allesamt sehr reizend – ich muß auf sie gewirkt haben wie ein seltsamer Vogel, denn abgesehen von zwei oder drei späten Mädchen von Dreißig aufwärts, war ich die einzige junge Frau. Deswegen waren sie sehr angetan von mir und haben mich schier um den Verstand gebracht mit ihrem Geplapper. Die meisten spucken beim Sprechen, so wie Señor Campos, und alle haben falsche Zähne, die im Mund hin und her rutschen. Also, ich sag Dir, da waren Dinosaurier, daß einem die Luft wegblieb – die schöne Carmen Jaimes konnte da nicht mithalten.

4. Februar 1931

[...] Ganz, ganz liebe Grüße – Du weißt ja, ich mag Dich von hier bis zum Neptun, oder sogar noch weiter.

Deine Frieducha

12. Februar 1931

[...] Ich male – ich habe schon sechs Bilder fertig, die ziemlich gut angekommen sind. Die Leute hier sind sehr nett zu uns, aber die Mexikaner in San Francisco sind echte Hohlköpfe, Du kannst es Dir nicht vorstellen. Aber Idioten gibt es überall, und hin und wieder findet man richtige Armleuchter unter den Gringos, aber im großen und ganzen haben sie viele Vorzüge. Sie sind nicht so unverschämt wie in unserem geliebten Mexiko.

FRIDA KAHLO

16. Februar 1931

[...] Heute hat Diego nicht gearbeitet, und wir haben den ganzen Tag gefaulenzt; er ist nur kurz zu einem Festchen gegangen, das im Haus des Börsendirektors für ihn gegeben wurde. Ich wollte nicht mit, weil ich eine Entzündung habe, und wenn man ausgeht, wird es schlimmer, meinst Du nicht? Vor ein paar Tagen habe ich im Theater eine wunderbare Inszenierung mit Schwarzen gesehen, das hat mir am besten gefallen.

Maschinenschriftlich, ohne Empfänger. Alle Briefe wurden in San Francisco aufgegeben. Archiv des Centro Nacional de Investigación de Artes Plásticas/INBA-CENIDIAP.

Spruchband auf dem Gemälde
Frieda und Diego Rivera

Hier seht ihr mich, Frieda Kahlo, neben meinem geliebten Ehemann Diego Rivera. Ich malte dieses Bildnis im April 1931 in der schönen Stadt San Francisco, Kalifornien, für unseren Freund Mr. Albert Bender.

Albert Bender, ein Bewunderer Riveras, sorgte dafür, daß die Regierung der Vereinigten Staaten dem Maler ein Visum ausstellte, als dieser 1930 die Einladung erhielt, Wandgemälde in San Francisco zu gestalten. – Das Porträt mißt 100 × 79 cm (Öl auf Leinwand).

Brief an Isabel Campos

San Francisco, Kalif., 3. Mai 1931

Liebe Freundin,
ich habe Deinen Brief schon vor Ewigkeiten bekommen, aber ich konnte nicht antworten, weil ich nicht in San Francisco war, sondern weiter im Süden, und ich hatte eine Menge Dinge zu erledigen. Du kannst Dir nicht vorstellen, wie ich mich darüber gefreut habe. *Du bist die einzige Freundin, die an mich gedacht hat.* Ich bin sehr glücklich, nur daß ich meine Mama sehr vermisse. Du glaubst gar nicht, wie schön die Stadt ist. Ich schreibe Dir jetzt nicht so viel darüber, damit ich Dir, wenn wir uns sehen, viel zu berichten habe.

Ich komme schon bald in das große »Dorf« – Mitte des Monats, denke ich, und dann werde ich ausführlich erzählen. Lange Gespräche ...

Ganz liebe Grüße an Tante Lolita, Onkel Panchito und Deine Brüder und Schwestern, ganz besonders an Mary.

Die Stadt und die Bucht sind »Spitzenklasse«. Die Gringos mag ich überhaupt nicht, sie sind furchtbar fade und haben allesamt Gesichter wie ungebackene Brötchen (besonders die alten Frauen). Ganz klasse hier ist das Chinesenviertel, all diese Massen von Chinesen sind schrecklich nett. Und ich habe noch nie in meinem Leben so niedliche Kinder gesehen. Wirklich zuckersüß – ich würde gern eins stehlen, damit Du es sehen kannst.

Von meinem Englisch will ich lieber gar nicht sprechen, ich bin nämlich eine ausgemachte Versagerin. Ich radebreche das Allernötigste, aber es ist höllisch schwer, es richtig gut zu sprechen. Wenigstens kann ich mich verständlich machen, und sei es nur bei den verflixten Verkäufern.

Freundinnen habe ich bisher nicht. Ein oder zwei Bekannte, die man nicht als Freundinnen bezeichnen kann. Also vertreibe ich mir die Zeit mit Malen. Im September habe ich eine Ausstellung in New York (die erste). Hier hatte ich keine Zeit dazu und konnte nur ein paar Bilder verkaufen. Aber es war auf jeden Fall sehr wichtig für mich hierherzukommen, denn es hat mir die Augen geöffnet, und ich habe so viele neue, schöne Dinge gesehen.
Erzähl mir von meiner Mama und Kitty – Du kannst sie ja sehen. Ich wäre Dir wirklich sehr dankbar. Du hast noch genug Zeit, mir *einen* Brief zu schreiben (wenn Du möchtest). Ich bitte Dich darum, denn es würde mich sehr freuen. Wäre das zuviel verlangt?
Grüße alle von mir, die Du siehst – Dr. Coronadito, Landa und Sr. Guillén. Alle, die mich nicht vergessen haben. Und Dir, meine liebste, beste Isabel, sendet wie immer die herzlichsten Grüße Deine Freundin, die Dich sehr liebt.

Frieducha

Küsse an Deine Mama, Deinen Papa und Deine Geschwister.
Meine Adresse lautet: 716 Montgomery St.

Diesen Brief ließ Isabel Campos Raquel Tibol durch ihr Patenkind Marco Antonio Campos zukommen. – Fridas erste Ausstellung fand 1938 in New York statt.

JETZT, WO DU MICH VERLÄSST

Brief an Nickolas Muray

Coyoacán, der 31. Mai 1931

Nick,
Szeretlek ugy mint egy angyalt.
Gyöngy virag vagy drágan.
Soha nem foglak téged el felejtni soha, soha.
Te vagy a tejes eletem.
Remelem hogy soha est te el nem fogod felejteni. [*]
Frida

Bitte komm nach Mexiko, wie Du es mir versprochen hast! Wir werden zusammen nach Tehuantepec fahren, im *August*.

[Hier fügt Frida einen Lippenabdruck ein.] Das ist ganz besonders für Deinen Nacken.

Original ungarisch und englisch. Aus dem Nachlaß von Nickolas Muray, Archives of American Art der Smithsonian Institution, Washington, D.C. – Nickolas Muray (Ungarn 1892 – 1965 USA), Photograph, Tanzkritiker, Flieger und Fechter, wurde Frida von Rosa Rolando und Miguel Covarrubias in Mexiko vorgestellt. Aus einer ersten Affäre wurde mehr, als Frida anläßlich ihrer ersten Einzelausstellung in der Galerie Julien Levy vom 1. bis 15. November 1938 nach New York reiste. Da Frida kein Ungarisch sprach, muß ihr jemand beim Verfassen dieses – orthographisch fehlerhaften – Briefes geholfen haben. – * »Ich liebe Dich wie einen Engel. / Du bist ein Maiglöckchen, mein Liebster. / Ich werde Dich nie vergessen, nie, nie. / Du bist mein ganzes Leben. / Ich hoffe, daß Du dies niemals vergessen wirst.« (Übersetzung aus dem Ungarischen: Iris Rosar-Komora)

FRIDA KAHLO

Brief an Dr. Leo Eloesser

Coyoacán, der 14.Juni 1931

Lieber Doktor,
Sie können sich nicht vorstellen, wie leid es uns tat, Sie vor unserer Abreise nicht mehr gesehen zu haben, aber es war unmöglich. Ich habe dreimal in Ihrer Praxis angerufen, Sie aber nicht erreicht, weil niemand abhob. Daraufhin habe ich Clifford gebeten, mir den Gefallen zu tun und es Ihnen zu erklären. Außerdem hat Diego am Tag vor unserer Abreise aus San Francisco bis zwölf Uhr nachts gearbeitet, stellen Sie sich das vor! Uns blieb keine Zeit mehr, für gar nichts. Deshalb möchte ich mich mit diesem Brief vor allem tausendmal entschuldigen und Ihnen sagen, daß wir wohlbehalten im Land der Enchiladas und der gebackenen Bohnen angekommen sind. Diego arbeitet bereits im Nationalpalast. Er hatte ein bißchen Probleme mit dem Mund, und außerdem ist er sehr erschöpft. Wenn Sie ihm schreiben, sagen Sie ihm doch bitte, daß er um seiner Gesundheit willen ein wenig ausruhen muß, denn wenn er so weiterschuftet, wird es sein Tod sein. Verraten Sie ihm nicht, daß ich Ihnen erzählt habe, daß er so viel arbeitet – sagen Sie ihm, daß Sie davon gehört haben und daß er sich unbedingt ein wenig erholen muß. Ich wäre Ihnen außerordentlich dankbar.
Diego ist nicht glücklich hier, er vermißt die Liebenswürdigkeit der Leute in San Francisco und die Stadt selbst. Er wünscht sich nichts sehnlicher, als in die Vereinigten Staaten zurückzukehren, um zu malen. Ich bin gut angekommen, dünn wie eh und je und ohne Antrieb, aber ich fühle mich viel besser. Ich weiß nicht, wie ich Ihnen meine Behandlung und Ihre Liebenswürdigkeit Diego und mir gegenüber vergelten soll. Mir ist klar, daß Geld der schlechteste Weg ist, aber so groß meine Dankbarkeit auch sein mag, sie

könnte niemals Ihre Liebenswürdigkeit aufwiegen. Deshalb bitte ich Sie inständig, so freundlich zu sein und mich wissen zu lassen, wieviel ich Ihnen schulde, denn Sie können sich nicht vorstellen, wie sehr es mich bedrückt, abgereist zu sein, ohne Ihnen Ihre Güte vergolten zu haben. Wenn Sie mir antworten, berichten Sie mir, wie es Ihnen geht, was Sie so machen, alles, und grüßen Sie bitte alle Freunde, ganz besonders Ralph und Ginette.

In Mexiko herrscht wie immer ein einziges Durcheinander, alles geht zum Teufel, nur die immense Schönheit des Landes und der Indios ist geblieben. Jeden Tag stehlen die Vereinigten Staaten ein Stückchen davon, es ist ein Trauerspiel, aber die Leute müssen essen, und es ist unvermeidlich, daß der große Fisch den kleinen schluckt. Diego läßt Sie ganz herzlich grüßen, und ich sende Ihnen all meine Zuneigung, deren Sie gewiß sein dürfen.

Frieda

Veröffentlicht in: Hayden Herrera, *Frida: Una biografía de Frida Kahlo*, Mexiko, Editorial Diana 1984. – Frida lernte den Chirurgen und Traumatologen Leo Eloesser (1881–1976) bereits 1926 in Mexiko kennen, aber erst während ihres Aufenthalts in San Francisco 1930 wurde daraus eine immer engere Freundschaft. 1931, vor der Rückkehr nach Mexiko, wo Diego an den Fresken im Treppenaufgang des Nationalpalasts weiterarbeiten wollte, malte Frida in Eloessers Haus in der Leavenworth Street ein Porträt des Arztes. – Mit Ralph ist der nordamerikanische Bildhauer Ralph Stackpole gemeint; Ginette war seine Frau. 1930 war Stackpole Riveras Gastgeber und Mitarbeiter in San Francisco.

FRIDA KAHLO

Brief an Dr. Leo Eloesser

New York, der 26. November 1931

[...] Ich kann die *high society* hier nicht ausstehen – ich empfinde ein wenig Haß auf diese ganzen reichen Säcke, denn ich habe Tausende von Menschen gesehen, die im schlimmsten Elend leben, nichts zu essen und keinen Platz zum Schlafen haben, und das hat sich mir am stärksten eingeprägt. Es ist furchtbar, wenn man sieht, wie die Reichen Tag und Nacht *parties* feiern, während Abertausende von Menschen verhungern [...]
Ich interessiere mich zwar sehr für den industriellen und maschinellen Fortschritt in den Vereinigten Staaten, aber ich finde, daß die Leute keinerlei Einfühlungsvermögen und Geschmack haben.
Sie leben wie in einem schmutzigen, unbequemen Hühnerstall. Die Häuser sind wie Backöfen, und der ganze Komfort, von dem sie sprechen, ist nur ein Mythos. Ich weiß nicht, ob ich mich irre; ich sage Ihnen nur, was ich emp finde [...]

Veröffentlicht in: Hayden Herrera, *Frida: Una biografía de Frida Kahlo*, Mexiko, Editorial Diana 1984. – Frida reiste mit Diego nach New York, wo er im Dezember 1931 eine Retrospektive im kurz zuvor eröffneten Museum of Modern Art präsentieren sollte.

JETZT, WO DU MICH VERLÄSST

Brief an Matilde Calderón de Kahlo

New York, der 20. Januar 1932

Liebste Mamacita,
es geht mir endlich besser, ich habe nur noch ein wenig Halsschmerzen und Husten, aber das ist nicht der Rede wert. Schlimm war bloß, daß ich mich ein paar Tage zu Tode gelangweilt habe; ich saß in diesem dreckigen Hotel fest, habe auf den kahlen Central Park geschaut, der wie eine Müllhalde aussieht, und das Heulen der Löwen, Tiger und Bären aus dem Zoo gegenüber vom Hotel gehört. Abends habe ich Detektivgeschichten gelesen, und wenn ich dann todmüde ins Bett gefallen bin, haben mich furchtbare Alpträume gequält.

Acht Tage habe ich mit Grippe im Bett gelegen. Gestern bin ich ein Weilchen nach draußen gegangen, aber ich will mir nicht zuviel zumuten, das Klima ist nämlich eine Katastrophe, und ein Rückfall würde mich noch mehr mitnehmen, denkst Du nicht auch? Also langweile ich mich lieber und fange Fliegen im Hotel. Außerdem kommen tagsüber Unmengen von Leuten, und abends warte ich nur noch auf Diego.

Wir essen hin und wieder unten im Hotelrestaurant, und wenn nicht, bringt man uns das Essen aufs Zimmer.

Es gibt hier eine Dame, die Schwester einer Bekannten aus San Francisco, die mich häufig besucht. Sie sagt, daß sie mich sehr gern mag. Die gute alte Dame ist wirklich reizend zu mir, aber ich ertrage die Leute nicht lange, ich weiß nicht, warum.

Manchmal schauen auch die Blochs vorbei; sie sind Jüdinnen, die Töchter des besten Komponisten moderner Musik, Ernest Bloch. Sie sind sehr nett zu mir. Die Ältere spielt Laute (ein uraltes Instrument aus dem Mittelalter); die

Ärmste schleppt ihre Laute mit hierher, um für mich zu spielen und zu singen. Neulich hat sie für mich gekocht, damit ich ein wenig Abwechslung beim Essen habe: eine Gemüsesuppe, die ganz abscheulich schmeckte, aber ich mußte sagen, daß sie köstlich ist, und dann eine Schokoladencreme mit Biskuits, die ganz in Ordnung war. Aber ich bin ihr trotzdem sehr dankbar, weil sie so nett zu mir ist, denn schließlich hat sie keinerlei Grund dazu, findest Du nicht? Sie sind sehr arm; obwohl sie arbeiten, reicht es gerade für das Allernötigste. Ihr Vater lebt in Europa, zudem ist er ein Weiberheld und bereitet ihrer Mutter großen Kummer. Deshalb wollen sie nichts mit ihm zu tun haben und leben bei ihrem verheirateten Bruder, einem Elektroingenieur, auch er sehr arm und ein netter Kerl.
Es gibt die unterschiedlichsten Leute, die sehr freundlich zu mir waren. Ein anderes Mädchen, Ella Wolfe heißt sie, hat drei Jahre in Mexiko gelebt und spricht sehr gut Spanisch. Sie mag mich sehr gern, und als ich jetzt krank war, ist sie vorbeigekommen, um mich zu besuchen und mir Medizin zu bringen, obwohl sie arbeitet und sehr weit weg wohnt; sie besorgt mir Bücher und alles, wonach mir der Sinn steht. Sie ist eine dunkelhaarige, rundliche Russin und erinnert mich sehr an Mati, nur daß Mati hübscher ist.
Auch Malú Cabrera ist sehr nett zu mir gewesen; trotz der Vorfälle in der Vergangenheit – die Du ja kennst – und der Freundschaft zu Guadalupe Marín behandelt sie mich gut und wollte Freundschaft mit mir schließen.
Du siehst, ich habe genug Leute, die sich um mich kümmern. Außerdem weißt Du ja, daß Diego mich sehr liebt und ein ganz feiner Kerl ist, auch wenn es den Anschein hat, als wäre ich ihm manchmal egal, und er interessiere sich nur für das Malen. Ich glaube, alle Männer sind nicht zu gebrauchen, wenn man krank ist, was meinst Du? Aber er ist wun-

dervoll zu mir – ich bin es, die manchmal zu weit geht und hundsmiserable Laune hat, aber mit der Zeit werde ich mir das schon noch abgewöhnen.

Ich werde an Hortensia Muñoz schreiben, denn ich habe große Lust, sie zu sehen, bevor wir nach Detroit reisen.

Was gibt es bei Dir Neues, liebe Mama? Was machst Du, womit verbringst Du die Tage? Ich vermisse Dich so sehr, Du machst Dir gar keine Vorstellung. Manchmal, wenn ich an Dich und Papa denke, kann ich gar nicht glauben, daß ich so weit von Euch weg bin, und wenn mir dann klar wird, daß es wirklich so ist, würde ich am liebsten loslaufen, immer weiter, bis nach Coyoacán. Ich denke, im August oder September wird Diego mit allem fertig sein.

Die Covarrubias sagen, ich soll im März mit ihnen nach Mexiko fahren, aber ich glaube nicht, daß ich Diego allein lassen kann. Er sagt, wenn er dieses Jahr ein bißchen was verdient, können wir für immer in Mexiko leben, aber damit er erreicht, was er will, müsse ich das Gequatsche, die alten Damen, Festchen etc. über mich ergehen lassen. Ich denke, er hat völlig recht, aber ich bin sehr ungeduldig und verzweifelt und hätte am liebsten, daß sich alles wie durch Zauberei löst. Ich kann einfach nicht glücklich sein ohne Euch und finde alles schrecklich und langweilig und lästig, aber in Wirklichkeit leide ich nur an Coyoacanitis.

Liebste Mama, wenn Du kannst und ein wenig Zeit findest, dann schreib mir – wenn ich Post von Dir bekomme, bin ich überglücklich und sehe alles in besserem Licht.

Ich habe an Papa geschrieben. In seinen Briefen sagt er, daß er keine Muße zum Malen hat, wie ich ihm geraten habe, denn er macht sich Sorgen wegen der Arbeit. Er hat das Gefühl, ausgehalten zu werden und Dir nicht alles bieten zu können, was er Dir bieten möchte. Ich sage ihm, er soll nicht albern sein und sich das Leben nicht so schwermachen; es

fehlt Euch doch jetzt an nichts, nicht wahr? Und er könnte kleinere Gelegenheitsaufträge annehmen, nur damit er sich nicht langweilt und sich seine Zigarren und Süßigkeiten leisten kann. Wenn ich ein Bild verkaufen sollte, werde ich ihm etwas schicken, damit er seine Schulden bei Foto Supply bezahlen kann und beruhigt ist. Und wenn ich wiederkomme, werden wir alles in Ordnung bringen, und wir drei werden glücklich und zufrieden leben, Du wirst sehen. Diesmal ist die Reihe an mir, bei Dir zu wohnen, denn in den Monaten, die ich in Mexiko war, habe ich Dich nur selten gesehen, ich konnte mich nicht zwischen meinem und Deinem Zuhause teilen. Du wirst sehen, wie gut es uns geht, wenn wir drei zusammen sind, und ich werde der glücklichste Mensch der Welt sein.
Liebste Mama, mach Dir keine Sorgen, ich könnte ernstlich krank gewesen sein, oder was auch immer Du Dir ausmalst. Ich hatte lediglich eine Grippe, aber jetzt bin ich wieder völlig gesund, ich habe nur noch ein bißchen Husten.
Gib gut auf Dich acht, denk oft an mich, und schreib mir, sooft Du kannst.
Gib Papa, Cristi und der Kleinen viele, viele Küsse von mir, und Grüße an Antonio. Großmama habe ich schon geschrieben. Ich warte nur auf einen Brief von Dir.
Ist das Päckchen für Isoldita schon angekommen?
Ich schicke Dir mein ganzes Herz,

       Deine Frieducha

Die fünf Dollar sind für Dich und Papa – kauft Euch etwas Schönes davon.

Kopie im Archiv Ignacio M. Galbis, Galerist in Santa Monica, Kalifornien. – Fridas Mutter Matilde Calderón y González war das älteste von zwölf Kindern der Eheleute Isabel, Tochter eines spanischen Soldaten, und Antonio, eines Indios aus Morelia, Michoacán. – Ella Goldberg Wolfe (1896–2000) wurde in der Ukraine geboren und emigrierte mit ihrer Familie in die Vereinigten Staaten. In den zwanziger Jahren lebte sie für längere Zeit in Mexiko, wo sie für die sowjetische Nachrichtenagentur TASS arbeitete. Sie war Mitglied der Kommunistischen Partei Nordamerikas, doch nach der Unterzeichnung des Hitler-Stalin-Paktes brachen Ella und ihr Mann Bertram Wolfe mit der Partei. Nach ihrer Begegnung in New York wurden Ella und Frida enge Freundinnen.

Brief an Abby Aldrich Rockefeller

New York, der 22. Januar 1932

Meine liebe Mrs. Rockefeller,
ich danke Ihnen für das schöne Buch, das Sie mir vergangene Woche geschickt haben. Ich hoffe, daß ich es trotz meines furchtbaren Englisch lesen kann. Ihre Blumen sind wundervoll, Sie können sich nicht vorstellen, wie hübsch sie in diesem Zimmer aussehen. Das Hotel ist so häßlich, aber durch die Blumen habe ich das Gefühl, in Mexiko zu sein.
Mittlerweile geht es mir viel besser, und ich hoffe, Sie recht bald zu sehen.
Nach diesen acht Tagen im Bett bin ich sehr häßlich und mager, aber ich hoffe, daß es bald besser wird.
Bitte grüßen Sie Mr. Rockefeller und Ihre Kinder ganz herzlich von mir.
Diego sendet Ihnen alles Liebe.
Viele Küsse von
        Frieda Rivera

Bitte entschuldigen Sie mein grauenvolles Englisch.

Original (in englischer Sprache) im Archiv des Rockefeller Center, Kopie im Archiv Martha Zamora.

FRIDA KAHLO

Brief an Abby Aldrich Rockefeller

New York, der 27. Januar 1932

Meine liebe Mrs. Rockefeller,
Diego entschuldigt sich vielmals, daß er Ihnen nicht schreiben kann, aber er hütet immer noch das Bett.
Er dankt Ihnen für die wundervollen Blumen und Ihren reizenden Brief.
Er langweilt sich sehr, wenn er nicht arbeiten kann, aber Sie wissen ja, daß er wie ein Kind ist und Ärzte nicht ausstehen kann. Ich habe trotzdem einen Arzt gerufen, und jetzt ist er sehr böse mit mir, weil der Arzt ihm gesagt hat, er müsse noch ein paar Tage im Bett bleiben.
Er vermißt das Baby Ihrer Tochter sehr und sagte mir, daß er es mehr liebt als mich.
Ich hoffe, daß es ihm bald schon bessergeht und er Ihnen selbst schreiben und vor allem wieder arbeiten kann. Er ist sehr glücklich, daß Ihnen und Mr. Rockefeller sein Bild von Mrs. Milton gefällt, und dankt Ihnen dafür.
Bitte entschuldigen Sie mein Englisch.
Unsere besten Wünsche

Diego Rivera. Frieda Rivera

Original (in englischer Sprache) im Archiv des Rockefeller Center, Kopie im Archiv Martha Zamora. – Abby Aldrich Rockefeller setzte sich, zusammen mit Lille P. Bliss und Mary Quinn Sullivan, für die Gründung des Museum of Modern Art in New York ein, das am 8. November 1929 eröffnet wurde. 1931 wurde Diego Rivera eingeladen, dort auszustellen. Er fertigte vor Ort vier Fresken eigens für das Museum an.

JETZT, WO DU MICH VERLÄSST

Brief an Clifford und Jean Wight

New York, der 12. April 1932

Lieber Cliff, liebe Jean,
vor einer Woche habe ich Jeans Brief bekommen; ich konnte nicht sofort antworten, weil ich *schon wieder* mit einer Grippe im Bett lag und mich sehr elend fühlte. Ich hoffe, Ihr verzeiht mir. Mein Gott, dieses New Yorker Klima ist wirklich furchtbar für mich! Aber ... was will man machen? Ich hoffe, daß es in Detroit besser ist, sonst bringe ich mich um.
Es ist wirklich schön zu hören, daß Cristina und Jack schon angekommen sind, und ich bin sicher, daß wir alle eine herrliche Zeit miteinander haben werden. Es wäre sehr schön, wenn wir in demselben Hotel wohnen könnten. Findet Ihr nicht auch?
Diego möchte, daß Ihr Euch gleich nach einem Apartment für uns umseht, weil wir nächste Woche aus New York abreisen wollen. Diego findet, daß die Wohnung, die Ihr in Eurem Brief beschrieben habt, zu klein ist, weil es dort keinen Raum zum Arbeiten oder Malen gibt, und das ist der wichtigste Punkt überhaupt. Diego braucht ihn unbedingt, und ich ebenfalls (ich will dort wieder mit dem Malen beginnen, denn ich bin es leid, nur untätig auf der Kautsch zu liegen – ich weiß nicht, wie Ihr dieses Wort schreibt).
Falls es nicht zuviel Aufwand für Euch ist, wären wir sehr froh, wenn Ihr ein Apartment finden könntet, in dem es einen Raum gibt, der hell genug zum Malen ist, außerdem ein Schlafzimmer mit zwei Betten oder *einem* breiten Bett (das wäre natürlich netter), eine kleine Küche und ein Bad. Vielleicht gibt es in den oberen Stockwerken des Hotels Wardell etwas in der Art, auch wenn es ein wenig teurer sein sollte; sonst irgendwo in der Nähe des Museums.
Falls es möglich ist, könnt Ihr vielleicht auch ein Atelier fin-

den, das nicht allzu teuer ist; in diesem Fall würden wir das Apartment im Wardell nehmen, das Ihr beschrieben habt. Ich weiß, daß so etwas nicht so leicht zu finden ist, aber ich wäre Euch sehr dankbar, wenn es Euch gelingen würde. Ihr wißt ja, wie schwierig es ist, im Hotelzimmer zu arbeiten und alles in einem Raum machen zu müssen – essen, Leute treffen, überhaupt alles. Das ist der Grund, warum ich entweder ein Atelier haben möchte oder einen größeren Raum im selben Apartment.

Diego hat die letzte Lithographie vollendet, aber ich bin gespannt, ob er noch weitere machen wird. Deshalb können wir nicht diese Woche abreisen, aber es steht fest, daß wir nächste Woche den Zug nach Detroit nehmen. Ich schicke Euch ein Telegramm mit dem genauen Datum, wann wir abreisen.

Hier aus New York gibt es keine interessanten Neuigkeiten. Ihr werdet bereits wissen, daß Lindberghs Sohn noch nicht wieder zu Hause ist. Die Kämpfe zwischen Chinesen und Japanern dauern an... etc. etc. Universelle Nachrichten. Die einzige Neuigkeit ist, daß wir im Zirkus waren und großen Spaß hatten. Es ist ein großer Zirkus in Madison Garden mit vielen Tieren, Kuriositäten, schönen Frauen und 100 Clowns. Du meine Güte, ich habe noch nie zuvor so herrliche Sachen gesehen!

Die Blanchs sind bei uns gewesen. Arnold hat eine sehr interessante Ausstellung. Sie waren auf einer Party, die Malú Cabrera anläßlich unserer Abreise und meiner »Wiedertaufe« gegeben hat. Ich heiße jetzt nicht mehr »Frieda«, sondern »Carmen«. Es war eine sehr nette Party. Ich war als Baby verkleidet, Diego war der Priester, Malú die Patin und Harry der Pate. Diego war umwerfend. Ihr hättet Euch totgelacht.

Außerdem hat Concha Michel aus Mexiko (vielleicht erinnert sich Cliff an sie) hier im Barbizon Plaza ein Konzert

mit mexikanischen Liedern gegeben. Sie singt wunderbar, und es war ein großartiger Erfolg. Zuerst war sie als Indianerin gekleidet, dann als Tehuana und schließlich als »china poblana«. Alle waren begeistert von ihr. Sie hat mir die Liedtexte gegeben, und wenn ich eine Gitarre kaufe, können wir sie in Detroit singen.
Ella Wolfe und Bert lassen Cliff ganz herzlich grüßen, ebenso die Blocks und die Blochs (Suzanne und Lucienne – ja, Luci!).
Bitte sagt Cristina, daß sie mir unbedingt schreiben soll. Diego und ich senden ihnen alles Liebe, und viele Grüße auch an Niendorff und Dr. Valentiner.
Euch alles Liebe von
    Diego und la Chicuita.
       Adiós.
Ich werde Euch ein Telegramm schicken, damit Ihr wißt, wann wir in Detroit ankommen.
Laßt es mich wissen, wenn Ihr ein Apartment gefunden habt, und vielen vielen vielen vielen vielen Dank.
       Chicua

Cliff,
ich habe Dein Bandmaß gefunden. Oder Bandwurm? wie heißt das auf Englisch? Ojemine, mein Englisch! Aber Du weißt, was ich meine. Auf Spanisch heißt es *metro metálico*. Ach ja, dann Bandmaß.
Schreib mir bald, ja?
Die Erkältung ist viel besser, aber jetzt habe ich Magenschmerzen. Arme Chicua! Sie will zurück nach Mexiko, das ist alles. Wir sollten direkt von Detroit nach Coyoacán fahren. Sollen wir? ... JA! Clifford und Jean.

Kopie (Original in englischer Sprache) im Archiv Martha Zamora. – Clifford Wight, ein englischer Bildhauer, war Riveras Assistent in San Francisco und Detroit. Wie seine übrigen Assistenten stellte Diego ihn auf dem Fresko in der California School of Fine Arts auf einem Gerüst stehend dar. Im Januar 1931 malte Frida ein Porträt von Cliffords Frau Jean Wight (Öl auf Leinwand, 65,5 × 46 cm). Ebenfalls 1931 fertigte sie eine Bleistiftzeichnung (40 × 30 cm) von Lady Cristina Hastings an, der Ehefrau des Vicomte und Lord John Hastings, genannt Jack. Dieser war ebenfalls Riveras Assistent in San Francisco. – Das Malerpaar Lucile und Arnold Blanch schloß in New York Freundschaft mit Frida, ebenso wie Malú Cabrera (die Tochter des Schriftstellers, Journalisten und Politikers Luis Cabrera) und deren Ehemann Harry Block, der Journalist und Schriftsteller Bertram D. Wolfe und seine Frau Ella, ferner die Töchter des Komponisten Ernest Bloch. – Dr. William R. Valentiner war Direktor am Detroit Institute of Arts, als Rivera 1932 dort an seinen Wandmalereien arbeitete.

Brief an Dr. Leo Eloesser

Detroit, der 26. Mai 1932

[...] Diese Stadt kommt mir vor wie ein armseliges altes Dorf, sie gefällt mir überhaupt nicht. Aber ich bin zufrieden, weil Diego mit Feuereifer arbeitet und viel Material für seine Fresken gefunden hat, die er hier im Museum malt. Er ist ganz begeistert von den Fabriken, den Maschinen etc., wie ein Kind über ein neues Spielzeug. Tatsächlich ist die Industrie das Interessanteste an Detroit, der Rest ist wie überall in den Vereinigten Staaten: häßlich und stumpfsinnig [...]
Von mir gibt es viel zu berichten, wenn auch wahrlich nichts Angenehmes. Zunächst einmal geht es mir gesundheitlich überhaupt nicht gut. Ich behellige Sie nur höchst ungern damit, denn mir ist klar, daß es Sie langweilen muß, sich dauernd Klagen von allen möglichen Leuten anzuhö-

ren, bei den vielen Kranken natürlich vor allem über Krankheiten, aber ich glaube, mir einbilden zu dürfen, daß mein Fall ein bißchen anders liegt, weil wir befreundet sind und sowohl Diego als auch ich Sie sehr gerne haben. Sie wissen das.

Zunächst einmal bin ich bei Doktor Pratt gewesen, weil Sie ihn den Hastings empfohlen hatten. Das erste Mal mußte ich ihn aufsuchen, weil ich nach wie vor Probleme mit dem Fuß und infolgedessen mit dem Zeh habe, der naturgemäß in einem schlimmeren Zustand ist als bei Ihrer Untersuchung damals, denn seither sind fast zwei Jahre vergangen. Aber das macht mir keine allzu großen Sorgen, denn ich weiß genau, daß es keine Heilung gibt und Heulen auch nicht weiterhilft. Im Ford Hospital, wo Doktor Pratt arbeitet, hat irgendein Arzt – ich weiß nicht mehr, wer es war – eine *trophische Ulzera* diagnostiziert. Was ist das? Ich war wie vor den Kopf geschlagen, als ich erfuhr, daß ich so etwas in meinem Bein habe. Aber die allerwichtigste Frage im Augenblick – und darüber möchte ich vor allem mit Ihnen sprechen – ist, daß ich im *zweiten* Monat schwanger bin. Aus diesem Grund bin ich erneut zu Doktor Pratt gegangen. Er sagte, daß er meinen Allgemeinzustand kenne, da er in New Orleans mit Ihnen über mich gesprochen habe, und daß ich ihm die Sache mit dem Unfall, der erblichen Veranlagung usw. usw. nicht noch einmal erläutern müßte. Da ich es wegen meines Gesundheitszustands für besser hielt, die Schwangerschaft abzubrechen, sagte ich ihm das, und er gab mir eine Dosis *Chinin* und stark abführendes Rizinusöl. Am Tag nach der Einnahme hatte ich eine ganz schwache Blutung, *fast nichts*. Fünf oder sechs Tage lang kam ein bißchen Blut, aber nur sehr wenig. Jedenfalls glaubte ich, daß die Schwangerschaft beendet sei, und ging wieder zu Doktor Pratt. Er untersuchte mich und sagte mir, daß er absolut sicher sei, daß ich *keinen Abgang* hatte; seiner Meinung nach sei es wesentlich besser, das Kind zu behalten, statt die Schwangerschaft operativ zu unterbrechen. Er meinte, daß ich trotz meiner schlechten körperlichen Voraussetzungen – der kleinen Beckenfraktur, der Wirbelsäule etc. etc., ohne größere Schwierigkeiten per Kaiserschnitt ein Kind bekommen könne. Er würde mich sorgfältig betreuen, falls wir in den nächsten sieben Monaten der Schwangerschaft in Detroit bleiben. Ich möchte, daß Sie mir ganz offen und ehrlich Ihre Meinung sagen, denn *ich weiß nicht, was ich in dieser Sache tun soll.* Ich bin selbstverständlich bereit, das zu tun, was Ihrer Meinung nach für meine Gesundheit am besten ist. *Diego sagt dasselbe.* Halten Sie es für gefährlicher, die Schwangerschaft zu unterbrechen, als das Kind zu bekommen? Vor zwei Jahren hatte ich in Mexiko unter ähnlichen Umständen wie jetzt eine operative Unterbrechung im dritten Schwangerschaftsmonat. Diesmal bin ich ja erst im zweiten Monat, und ich denke, daß es einfacher sein müßte – *ich verstehe nicht, weshalb* Doktor Pratt glaubt, daß es richtiger für mich wäre, das Kind zu bekommen. Sie wissen besser als jeder andere, wie es um mich steht. Zunächst einmal glaube ich nicht, daß das Kind bei dieser erblichen Belastung besonders gesund sein könnte. Zweitens bin ich nicht sehr kräftig, und die Schwangerschaft würde mich noch mehr schwächen. Zudem befinde ich mich im Augenblick in einer ziemlich schwierigen Situation, weil ich nicht genau weiß, wie lange Diego für das Fresko brauchen wird. Sollte er, wie ich vermute, im September fertig sein, und sollte das Kind im Dezember zur Welt kommen, müßte ich drei Monate vor der Geburt nach Mexiko fahren. Wenn Diego später fertig wird, könnte ich die Geburt am besten hier abwarten. Aber dann würde es auf jeden Fall furchtbar schwierig sein, mit einem wenige Tage alten Kind die Heimreise

anzutreten. Hier habe ich niemanden von meiner Familie, der mir während und nach der Schwangerschaft beistehen könnte, und Diego ist dazu nicht in der Lage, selbst wenn er es wollte; der Ärmste hat genug mit seiner Arbeit und tausend anderen Dingen zu tun. Auf ihn könnte ich also überhaupt nicht zählen. In diesem Fall bliebe mir nichts anderes übrig, als im August oder September nach Mexiko zu fahren und das Kind dort zu bekommen. Ich glaube nicht, daß Diego großes Interesse daran hat, ein Kind zu bekommen, denn ihm liegt vor allem an seiner Arbeit, und das ist auch ganz richtig so. Kinder kämen an dritter oder vierter Stelle. Ob es für mich gut wäre, ein Kind zu haben, weiß ich nicht zu sagen, denn Diego ist ständig unterwegs, und ich möchte ihn auf gar keinen Fall allein lassen und in Mexiko bleiben; das würde nur zu Schwierigkeiten und Spannungen zwischen uns führen, glauben Sie nicht? Aber wenn Sie tatsächlich Doktor Pratts Ansicht teilen sollten, daß es für meine Gesundheit besser wäre, die Schwangerschaft nicht abzubrechen und das Kind zu bekommen, lassen sich alle diese Probleme irgendwie lösen. Ich lege ganz großen Wert auf Ihre Meinung, weil Sie meine Situation kennen, und wäre Ihnen von Herzen dankbar, wenn Sie mir ganz offen sagen würden, was Sie für besser halten. Sollte ein Schwangerschaftsabbruch empfehlenswerter sein, möchte ich Sie bitten, an Doktor Pratt zu schreiben, denn vielleicht sind ihm die Umstände nicht so klar. Womöglich hat er auch Angst, weil Abtreibung gesetzlich verboten ist, aber nachher wäre es dann zu spät für den Eingriff.
Sollten Sie hingegen der Ansicht sein, daß es besser für mich wäre, das Kind zu bekommen, möchte ich Sie bitten, mir mitzuteilen, ob es empfehlenswerter wäre, im August nach Mexiko zu fahren und das Kind dort mit Unterstützung meiner Mutter und meiner Schwestern zur Welt zu bringen,

oder ob ich die Geburt hier abwarten soll. Ich will Ihnen keine weiteren Umstände machen – Sie wissen gar nicht, mein lieber Doktor, wie unangenehm es mir ist, Sie mit diesen Dingen zu behelligen, aber ich wende mich weniger an Sie als Arzt denn als besten Freund. Sie können sich nicht vorstellen, wie sehr mir Ihre Meinung helfen wird, denn hier habe ich *keine Menschenseele*. Diego ist wie immer herzensgut zu mir, aber ich will ihn nicht mit solchen Dingen ablenken, wo er doch jetzt so viel Arbeit hat und vor allem Ruhe und Muße braucht. Zu Jean Wight und Cristina Hastings habe ich nicht genügend Vertrauen, um sie in einer Angelegenheit von so großer Tragweite um Rat zu fragen. Eine falsche Entscheidung könnte meinen Tod bedeuten! Deshalb möchte ich jetzt, wo noch Zeit genug ist, wissen, was Sie davon halten, und das tun, was besser für meine Gesundheit ist. Ich denke, das ist das einzige, was Diego interessieren wird, denn ich weiß, daß er mich liebt, und ich würde alles in meiner Macht Stehende tun, um es ihm recht zu machen. Ich esse gar nicht gut, ich habe keinen Appetit und bringe nur mit Mühe zwei Glas Vollmilch täglich und etwas Fleisch und Gemüse hinunter. Aber jetzt ist mir dauernd speiübel wegen dieser unseligen Schwangerschaft. Ich bin es so leid! *Alles* strengt mich an, die Wirbelsäule schmerzt, und die Sache mit dem Fuß macht mir auch ziemlich zu schaffen, denn durch die mangelnde Bewegung ist die Verdauung völlig hinüber. Aber ich habe mir trotzdem vieles vorgenommen und bin niemals *des Lebens überdrüssig* wie die Damen in diesen russischen Romanen. Ich bin mir über meine Situation völlig im klaren, und trotzdem bin ich einigermaßen glücklich, vor allem weil ich Diego habe, meine Mama und meinen Papa, die ich sehr liebe. Ich finde, das genügt – ich erhoffe mir keine Wunder vom Leben. Von all meinen Freunden sind Sie mir der liebste, und darum wage

ich es, Sie mit diesem ganzen Kram zu belästigen. Verzeihen Sie, und wenn Sie diesen Brief beantworten, erzählen Sie mir, wie es Ihnen ergangen ist. Diego und ich senden Ihnen alles Liebe. Es umarmt Sie
     Frieda

Falls Sie der Ansicht sind, daß ich mich dem Eingriff sofort unterziehen sollte, wäre ich Ihnen dankbar, wenn Sie mir dies in einem Telegramm mitteilen würden – in verschlüsselter Form, damit Sie keine Schwierigkeiten bekommen. Tausend Dank und meine besten Wünsche. *F.*
Da Sie nach dem Ballett von Carlos Chávez und Diego gefragt haben: Es war ein absoluter Reinfall, nicht wegen der Musik oder der Ausstattung, sondern wegen der Choreographie, denn da sprangen haufenweise blasse Blondinen herum und taten so, als seien sie Indiofrauen aus Tehuantepec, und wenn sie eine Sandunga tanzen sollten, sah es aus, als hätten sie Blei in den Adern anstelle von Blut. Kurzum, ein echtes Fiasko.

Veröffentlicht in: Hayden Herrera, *Frida: Una biografía de Frida Kahlo*, Mexiko, Editorial Diana 1984. – Rivera arbeitete damals bereits an dem aus 26 Bildfeldern bestehenden Fresko *Mensch und Maschine* im zentralen Innenhof des Detroit Institute of Arts. – Zu den Analysen, die Dr. Eloesser 1931 in San Francisco durchführen ließ, gehörte auch ein Syphilistest, der schwach positiv ausfiel. – Vor ihrem Eintreffen in Detroit waren Kahlo und Rivera nach Philadelphia gereist, um der Aufführung des Balletts *HP* mit Musik von Carlos Chávez und Bühnenbildern von Rivera beizuwohnen. Das Orchester stand unter der Leitung von Leopold Stokowski.

FRIDA KAHLO

Brief an Dr. Leo Eloesser

Detroit, der 29. Juli 1932

Lieber Doctorcito,
schon lange habe ich Ihnen schreiben wollen, glauben Sie mir, aber hier ist so viel passiert, daß ich erst heute dazu komme, mich in Ruhe hinzusetzen, zur Feder zu greifen und Ihnen diese Zeilen zu schicken.

Zunächst einmal danke ich Ihnen für Ihren lieben Brief und Ihr Telegramm. Ich war ganz begeistert von der Idee, das Kind zu bekommen, nachdem ich zuerst nur die Schwierigkeiten gesehen hatte, die auf mich zukommen würden. Aber das war sicher nur eine biologische Reaktion. Ihr Brief hat mir Mut gemacht, weil Sie der Ansicht waren, daß ich das Kind austragen könne. Ihren Brief für Doktor Pratt habe ich gar nicht weitergegeben, da ich so gut wie sicher war, daß ich die Schwangerschaft durchstehen, rechtzeitig nach Mexiko fahren und das Kind dort bekommen könnte. Fast zwei Monate lang hatte ich keinerlei Beschwerden, ich habe ständig gelegen und mich möglichst viel geschont. Aber etwa zwei Wochen vor dem 4. Juli bemerkte ich beinahe täglich eine Art blutigen Ausfluß. Ich war beunruhigt und ging zu Doktor Pratt, aber er sagte, das alles sei ganz natürlich, und er glaube, daß ich das Kind ohne weiteres per Kaiserschnitt entbinden könne. Am 4. Juli hatte ich dann plötzlich eine Fehlgeburt. Der Fötus hat sich nicht entwickelt, er war ganz zersetzt, obwohl ich bereits im vierten Schwangerschaftsmonat war. Doktor Pratt hat mir nicht gesagt, woran es gelegen hat, sondern lediglich versichert, daß ich irgendwann doch ein Kind bekommen könnte. Ich weiß bis heute nicht, weshalb ich eine Fehlgeburt hatte und warum sich der Fötus nicht entwickelt hat – wer weiß, was da in mir los ist, denn das ist schon sehr merkwürdig, fin-

JETZT, WO DU MICH VERLÄSST

den Sie nicht? Ich habe viel geweint, weil ich mich so darauf gefreut hatte, einen kleinen Dieguito zu bekommen, aber jetzt ist es nun einmal passiert und ich muß mich damit abfinden... Schließlich gibt es Tausende von Dingen, die sich nie aufklären lassen. Jedenfalls bin ich wie eine Katze – mich bringt so schnell nichts um, und das ist ja immerhin schon etwas...!
Machen sie einen kleinen Ausflug, und besuchen Sie uns! Wir haben uns viel zu erzählen, und wenn man mit guten Freunden zusammen ist, vergißt man, daß man in diesem elenden Land ist! Schreiben Sie mir, und vergessen Sie nicht Ihre Freunde, die Sie sehr gern haben.
Diego und Frieda

Ehrlich gesagt: Ich bin fremd hier, wie die Dienstmädchen sagen, aber ich muß mich zusammenreißen und hierbleiben, denn ich kann Diego nicht allein lassen.

Veröffentlicht in: Hayden Herrera, *Frida: Una biografía de Frida Kahlo*, Mexiko, Editorial Diana 1984.

Brief an Diego Rivera

Coyoacán, der 10. September 1932

[...] Du sagst, daß Du Dich im Spiegel sehr häßlich findest mit Deinem kurzen, dünnen Haar, aber das stimmt nicht; ich weiß, wie schön Du bist. Ich bedaure nur, daß ich nicht bei Dir sein kann, um Dich zu küssen und zu verwöhnen,

auch wenn Dir mein Gekeife manchmal lästig fällt. Ich bete Dich an, mein Diego. Es tut mir leid, daß ich meinen Kleinen ganz allein gelassen habe, obwohl Du mich brauchst... Ich kann nicht leben ohne meinen süßen Jungen... Ohne Dich ist das Haus leer. Alles ist schrecklich für mich ohne Dich. Ich liebe Dich mehr als je zuvor, und jeden Tag noch ein bißchen mehr.
Ich sende Dir meine ganze Liebe.

                                                   Deine kleine Chicuititita

---

Veröffentlicht in: Hayden Herrera, *Frida: Una biografía de Frida Kahlo*, Mexiko, Editorial Diana 1984.

Brief an Abby Aldrich Rockefeller

                        Detroit, Dienstag, der 24. Januar 1933

Meine liebe Mrs. Rockefeller,
ich weiß gar nicht, wie ich Ihnen für die wundervolle Photographie von den Kindern danken soll. Das ist wirklich ganz reizend von Ihnen, und ich wünschte, mein Englisch wäre gut genug, um Ihnen sagen zu können, wie sehr ich Ihre Freundlichkeit zu schätzen weiß.
Die Kleinen sehen einfach himmlisch aus – ich kann mir vorstellen, wie stolz Sie auf diese wunderbaren Enkelkinder sind. Das niedliche Gesichtchen von Nelsons Baby geht mir nicht aus dem Kopf, und das Photo, das Sie mir geschickt haben, hängt jetzt in meinem Schlafzimmer. Sie können Sich Diegos glückliches Gesicht nicht vorstellen, als ich

JETZT, WO DU MICH VERLÄSST

den Umschlag öffnete und er das Photo von Mrs. Miltons Babys sah. Es sind wirklich die niedlichsten Kinder, die wir kennen.
Hier in Detroit ist alles in Ordnung. Diego arbeitet wie immer Tag und Nacht. Manchmal mache ich mir Sorgen um ihn, weil er so müde aussieht, aber nichts in der Welt kann ihn dazu bewegen, sich auszuruhen. Er ist nur glücklich, wenn er arbeitet, und ich will ihm keine Vorhaltungen machen, aber ich hoffe nur, daß er nicht krank wird und alles in Ordnung ist. Das Fresko im Institute of Arts ist wirklich wundervoll, ich halte es für das beste, was er je gemalt hat. Ich hoffe, Sie werden es irgendwann sehen.
Ich male auch ein wenig. Nicht weil ich mich für eine Künstlerin oder so etwas halte, sondern weil ich hier sonst nichts zu tun habe und beim Arbeiten ein wenig alle Sorgen vergessen kann, die ich letztes Jahr hatte. Ich male in Öl auf kleinen Aluminiumtäfelchen, und gelegentlich besuche ich eine Kunstschule. Ich habe auch zwei Lithographien gemacht, die absolut mißraten sind.
Sollte ich noch ein paar bessere zustande bringen, werde ich Sie Ihnen in New York zeigen.
Ich denke, daß wir schon sehr bald nach New York kommen werden. Diego ist mit dem Ausmalen der letzten großen Wand beschäftigt. In zwei Wochen wird er damit fertig sein, und dann werden wir Detroit für eine Weile adieu sagen.
Nächste Woche kommt Dr. Valentiner – ich denke, Sie werden ihn in New York sehen. Finden Sie es nicht sehr nett von ihm, daß er zurückkommt?
Was gibt es Neues in New York? Diskutieren die Leute unentwegt über Technokratie? Hier spricht jeder darüber, wie überall. Was ist nur mit diesem Planeten los?
Noch einmal vielen Dank für Ihr reizendes Präsent. Bitte grüßen Sie Mrs. Milton, Nelson und seine Frau. Viele

Küsse an die Kinder, und Ihnen meine besten Wünsche und ein glückliches neues Jahr. Diego läßt Sie herzlich grüßen.
Herzlich Ihre
    Frieda

Photokopie (Original in englischer Sprache) im Archiv Martha Zamora.

Brief an Abby Aldrich Rockefeller

Detroit, 6. März 1933

Liebe Madame Rockefeller,
Sie können sich nicht vorstellen, wie ich mich über Ihren Brief gefreut habe. Es tat uns sehr leid zu hören, daß Sie krank waren, aber Ihr Brief brachte gute Neuigkeiten, und wir sind so froh, daß es Ihnen wieder besser geht.
Wie Sie wahrscheinlich wissen, wird die phantastische Ausstellung mit italienischer Malerei des 15. und 16. Jahrhunderts, die Dr. Valentiner organisiert hat, am 8. März im Detroit Institute of Arts eröffnet. Es wäre wundervoll, wenn Sie sich gut genug fühlten, um zu kommen und Sie sich anzuschauen.
Diego ist mit den Fresken fast fertig – wenn Sie kämen, könnten Sie sie ebenfalls sehen.
Die Vernissage für die Fresken wird zu einem späteren Zeitpunkt stattfinden, weil im Hof noch einige Änderungen vorgenommen werden müssen; unter anderem soll der Brunnen in der Mitte entfernt werden.

Wir werden nächsten Montag nach New York fahren; wir hoffen, daß Sie nach Detroit kommen können, bevor wir abreisen. Bitte richten Sie Mr. und Mrs. Milton aus, daß wir sehr glücklich wären, wenn sie ebenfalls kommen könnten; das gilt auch für Nelson und Mrs. Nelson. Wie geht es den Kindern? Ich hoffe, daß ich sie sehen kann, wenn ich in New York bin. Ich werde nie vergessen, wie reizend es von Ihnen war, mir die Photographien zu schicken.

Ich war in den letzten Tagen so träge, daß mir nicht nach Malen oder überhaupt irgend etwas zumute war; aber sobald ich in New York bin, fange ich wieder an. Ich werde Ihnen die Bilder zeigen, die ich hier gemalt habe, auch wenn ich sie furchtbar finde.

Bitte entschuldigen Sie, daß ich Ihnen nicht früher geantwortet habe, aber als ich Ihren Brief bekam, lag ich mit Grippe im Bett und bin noch nicht lange genesen.

Ich hoffe, bald von Ihnen zu hören. Bis dahin sende ich Ihnen viele Küsse.

Diego läßt Sie ganz herzlich grüßen.

Frieda

Photokopie (Original in englischer Sprache) im Archiv Martha Zamora. – William R. Valentiner war Direktor des Detroit Institute of Arts. Von den Lithographien, die Frida in Detroit anfertigte, ist nur *Die Fehlgeburt* bekannt.

FRIDA KAHLO

Brief an Clifford Wight

New York, der 11. April 1933

– Barbizon Plaza –

Cliff,
ich habe Deine beiden Briefe bekommen, aber wie immer finde ich so viele Ausreden für meine Faulheit, daß ich sie erst jetzt beantworte. Ich hoffe, Du verzeihst mir. Ja?
Zunächst einmal muß ich Dir sagen, daß New York schlimmer ist als letztes Jahr. Die Menschen sind traurig und päsimistisch (wie schreibt man das?), aber die Stadt ist trotzdem immer noch in vielerlei Hinsicht schön, und ich fühle mich wohler hier. Diego arbeitet wie ein Wahnsinniger, die Hälfte der großen Wand ist schon fertig. Sie ist sehr schön geworden, und er ist sehr glücklich (ich auch).
Ich habe dieselben Orte besucht und dieselben Leute getroffen wie letztes Mal. Außerdem war *Lupe Marín* zwei Wochen hier. Sie war sehr nett und freundlich, wie ich es niemals erwartet hätte, und das heißt in diesem Fall wirklich etwas.
Wir waren zusammen im Theater, in Varietés, Kinos, Ramschläden, wo es Dinge für 5 und 10 Cents gibt, Drugstores, billigen Restaurants, in China Town, Harlem etc....
Oh, Mann, sie war völlig aus dem Häuschen!
Gleich als erstes ist sie die Rolltreppe bei Macy's runtergefallen und hat einen Riesenskandal verursacht – sie sei doch keine Akrobatin! Sie hat mit allen spanisch gesprochen, sogar mit den Polizisten, und die haben natürlich gedacht, sie sei völlig durchgedreht. Beim Einkaufen hat sie alle Mädchen auf spanisch angeplöfft (ich weiß nicht, wie man dieses Wort schreibt, aber Du weißt schon, was ich meine), als ob sie auf dem Markt »La Merced« wäre. Ich

kann Dir gar nicht sagen, was sie alles angestellt hat, aber es grenzt wirklich an ein Wunder, daß man sie nicht ins Irrenhaus gesteckt hat.
Wir haben Nelson R. und seine Frau gesehen und Mr. und Mrs. R., seine Eltern. Nelson läßt Dich herzlich grüßen.
Malú bekommt in einem Monat ihr Baby, und ich werde die Patin sein.
Viele Grüße von Ella und Bert; sie sind wie immer sehr nett zu mir.
Hideo Noda arbeitet jetzt für Diego, außerdem Ben Shahn und Lou Block, Harrys Bruder.
Lucienne ist verliebt und hat sich sehr verändert; sie ist menschlicher geworden, nicht mehr so »wichtig«. Suzanne hat sich in einen Mathematiker verliebt, ein netter Kerl.
Rosa und Miguel Covarrubias fahren nach Mexiko und von dort wieder für ein Jahr nach Bali. Ich habe die Blanchs gesehen, sie gehen dieses Jahr mit dem Guggenheim-Stipendium nach Europa. Alle gehen fort, und New York wird ganz leer sein (für mich jedenfalls), aber das ist schon in Ordnung.
Barbara Dunbar hat ein Baby bekommen und lag vier Monate krank im Bett. Die Ärmste! O'Keeffe war drei Monate im Krankenhaus und ist jetzt auf die Bermudas gefahren, um sich zu erholen. In der Zeit haben wir uns nicht geliebt – weil sie so schwach war, denke ich. Schade.
Das ist alles, was ich Dir für den Moment erzählen kann.
Diego möchte Deine Fragen beantworten:
1. Er wird der Vereinigung beitreten, sobald er in Chicago ist, und natürlich zahlt er den geforderten Betrag.
2. Er sagt, wenn die Leute von der Vereinigung die Rahmen machen wollen, gibt es daran nichts zu rütteln, und Du mußt sie gewähren lassen.

3. Er möchte wissen, ob Du Ernest wirklich brauchst; andernfalls wäre es besser, ihm das zu sagen und ihm die Fahrt nach Boston zu bezahlen. Er sagt, Du kannst das übernehmen, weil Mr. Kahn Dir 74 oder 72 Dollar die Woche gibt. 42 für Dich, 18 für Ernest, und der Rest ist für Ernests Reisekosten.
4. Sag mir Bescheid, was Mr. Kahn mit den Leuten aus der Vereinigung ausgemacht hat, die die Leinwand spannen wollen.
5. Wenn sie 17 Dollar am Tag fürs Aufziehen haben wollen: Wie viele Tage werden sie brauchen?
Diego findet, daß der Arbeiter, der Dir sagte, die meisten Künstler und Maler in den Museen seien Schund, völlig recht hatte, und er [...]
Also gut, Cliff, ich denke, das ist alles, was Diego mir aufgetragen hat. Und jetzt erzähl mir von Dir und Jean, von Cristina und Jack, von »Pu-Waddle« (wie schreibt man diesen Namen?) und Ernest.
Wie fühlst Du Dich? Wie ist es in Chicago? Glaubst Du, es wird mir gefallen?
Ich habe neulich einen Film mit dem Titel *M* gesehen, er ist gut. Schau ihn Dir an, wenn Du kannst. Es ist ein deutscher Film. Außerdem *Potemkin* und *Gabriel im Weißen Haus* – ein mieser Propagandastreifen, aber einige Passagen sind hervorragend.
Okay, Cliff, mach's gut und benimm Dich. Bleib immer im Schatten! Die Sonne ist gefährlich.
Viele Küsse an Jean und Cristina (mit Jacks Erlaubnis) und eine Umarmung für Dich und Jack – auch ohne Erlaubnis.
    Frieda
Diego läßt Euch alle ganz herzlich grüßen.
Diego bedankt sich für die ganzen Zeitungsausschnitte, die Du ihm geschickt hast, und läßt ausrichten, daß in Detroit

jetzt alles okay ist. Burroughs hat ihm geschrieben und einen sehr guten Artikel mitgeschickt, den er veröffentlicht hat. Wir wohnen jetzt im 35. Stock. Die Aussicht ist phantastisch.
In New York wird es richtig warm. Zum Teufel mit dem Klima in diesem Land. Mein Gott, was ist das für ein Sommer dieses Jahr! Ich wäre ja für »Nudismus«, aber dann wird's noch schlimmer ... für die Öffentlichkeit.

Kopie (Original in englischer Sprache) im Archiv Martha Zamora. – Diego und Frida wohnten damals im Barbizon Plaza. – Lupe Marín (1897–1981) war Riveras zweite Frau. Die Ehe dauerte von 1922 bis 1927. Mit den »R.« sind Nelson Rockefeller und seine Eltern gemeint. – Der angesehene Maler Ben Shahn und sein Kollege Hideo Noda zählten zu Diegos Assistenten bei der Arbeit an dem Fresko im Gebäude Nr. 1 des Rockefeller Center. – Miguel Covarrubias (1904–1957) hatte in New York die Tänzerin Rosa Rolando geheiratet. – Georgia O'Keeffe war eine bedeutende amerikanische Malerin mit bisexuellen Tendenzen. – Albert Kahn war der Architekt eines neuen Gebäudes für General Motors in Chicago, für das Rivera ein großes Gemälde anfertigen sollte. Der Auftrag wurde ihm nach dem Skandal um die Wandgemälde im Rockefeller Center entzogen.

Brief an Clifford Wight

New York, der 29. Okt. 1933

Liebe Jean, lieber Cliff,
was in drei Teufels Namen habt Ihr in Arizona gemacht? Ich könnte wetten, daß Ihr eine mächtig gute Zeit hattet, die Photos beweisen es. Aber ... wenn Ihr nach MEXIKO kommt, werdet Ihr noch tausendmal glücklicher sein, und

vor allem werdet Ihr dort die nettesten Menschen der Welt treffen, die Riveras und die Hastings. Was haltet Ihr davon? Wir verlassen New York in der ersten Dezemberwoche, und wenn Ihr Euch entschließen könntet, Euch auf den Weg in dieses Land zu machen, dann würden wir... Menschenskind, dann würden wir alle zusammen sein!!! Glücklich!!!!

Diego hat mich gebeten, hier auf Cliffords Brief zu antworten. Ich tu's, aber Ihr müßt natürlich entschuldigen, wenn meine Antwort nicht so ausfällt, wie er es mir aufgetragen hat – Ihr wißt ja, er [...] und ich kann mich nicht an alles erinnern, was er gesagt hat. Aber kurz gesagt, er dankt Euch für den Brief, die Photos, die Puppen – für alles, was Ihr uns netterweise geschickt habt, und erinnert Euch daran, daß Ihr ein Stück Land in Mexiko habt, wo Ihr jederzeit, wenn Euch danach ist, ein kleines Häuschen für Euch und Wieauchimmererheißt [hier zeichnet Frida einen kleinen Hund] bauen könnt. Diego würde sich sehr über Euren Besuch freuen, wenn wir wieder dort sind. Außerdem ist er sehr froh, daß sich Cliff mit dem Kommunismus beschäftigt. Schade, daß Ihr nicht hier in New York gewesen seid, als die ganze Rockefeller-Sache passierte, und auch jetzt, wo Diego an der New Worker's School malt.

Ich habe hier so vieles gelernt und bin mehr und mehr der Überzeugung, daß der Kommunismus der einzige Weg ist, Mensch zu werden – im Gegensatz zum Tier, meine ich. Lacht Ihr über mich? Bitte lacht nicht, es ist die reine Wahrheit.

Diego ist mit den Fresken in der New Worker's School fast fertig, sie sind großartig geworden. Ich schicke Euch ein paar Photos mit, die Lucienne gemacht hat. Sie sind nicht besonders, aber so habt Ihr wenigstens einen Eindruck. Lucienne hat photographiert wie verrückt, aber sie... sie ist

selbst nicht zufrieden mit den Photos. Aber das in Radio City hat sie ganz prima gemacht; ihre Photos haben ganz entscheidend dazu beigetragen, die ganze Sache publik zu machen.
Sánchez hat vor ein paar Wochen ein Mädchen aus Texas geheiratet, sie wiegt 76 Pfund, ist also sehr zierlich. Ein nettes Mädchen, jedenfalls sind sie sehr glücklich... Sánchez sieht blaß aus... Ich weiß gar nicht, warum????????
Lucienne und Dimitroff sind wie immer sehr, sehr glücklich. Sie sind jetzt beide in der Partei und gehen zu den Streiks, um mit den Arbeitern zu sprechen, sie halten Reden in den Versammlungen und haben eine prima Zeit.
Im Moment arbeiten nur Sánchez und Dimitroff für Diego. Außerdem hilft Lucienne ein wenig mit.
Ich habe ein bißchen gemalt, gelesen und herumgelungert, wie immer. Jetzt habe ich alles gepackt und will nur noch zurück.
Wie geht's Euch, Kids? Erzählt mir alles, was Ihr so macht, Eure Pläne, Zukunftspläne, einfach alles. Habt Ihr Dr. Eloesser gesehen? Und Ralph? Ganz liebe Grüße an all Eure Freunde: Emily, Joseph, Ginnette, Ralph, Doktor Eloesser, Pflueger etc., etc., etc., etc., etc.
Meine neue Adresse lautet: Hotel Brevoort, 5th Ave / 8th Street. Die Adresse in Mexiko kennt Ihr: Ave. Londres 127, Coyoacán, D.F., Mexiko, Luftpost.
Bitte schreibt mir sobald wie möglich, bevor ich nach Mexiko abreise.
Noch einmal vielen Dank für alles, was Ihr mir geschickt habt. Ich hoffe, Euch manchmal in meinen Träumen zu sehen, bis wir in Mexiko wieder zusammensein werden. Good-bye.
  La Chicua

FRIDA KAHLO

Habt Ihr den Zeichentrickfilm *Die drei kleinen Schweinchen – Wer hat Angst vorm bösen Wolf* gesehen? Und *Ich bin kein Engel* mit Mae West? Ich finde sie phantastisch. Für Cliff schicke ich kommunistische Literatur mit.

Kopie (Original in englischer Sprache) im Archiv Martha Zamora. – Stephen Dimitroff, der Lucienne Bloch heiratete, war Riveras Assistent in New York. Antonio Sánchez Flores war viele Jahre lang Diegos technischer Assistent. – Emily Joseph war Simultandolmetscherin bei den französischen Vorträgen, die Rivera in San Francisco hielt. – Ginnette war die Frau des Bildhauers Ralph Stackpole aus San Francisco. Stackpole hatte Rivera in Paris kennengelernt und wurde sein begeisterter Fürsprecher in Kalifornien. – Timothy Pflueger war der Architekt der Börse in San Francisco. Rivera malte ein Fresko für das Treppenhaus des Gebäudes.

Brief an Ella Wolfe

New York, der 30. Oktober 1933

Liebste Ella,

sei so gut, und nimm Pacas Geld. Weshalb solltest Du für Bücher zahlen, von denen Du nichts hast?

Ich schick es Dir mit der Post, weil ich weiß, daß Du es sonst nicht annehmen würdest.

Gestern haben wir uns den Vortrag von Roger Baldwin angehört; es war okay, aber in der Frage des »free speech« kommt man nicht an ihn ran. Welch hat sehr gut gesprochen und Baldwin ordentlich »was gegeigt«. Verstehst Du? Nein? Gut, dann werde ich es Dir erklären.

Ich sehe Dich heute in der Schule, deshalb: adiós adiós adiós

La Chicua

Peel me a grape!
Danke, daß Du an Sra. Mathias und Burroughs geschrieben hast.
Eine Umarmung für Bertrancito Wolfe von der Chicua.

Manuskript aus dem Nachlaß B. Wolfe. – Diego Riveras Freundschaft mit dem amerikanischen Schriftsteller Bertram D. Wolfe (1896–1977) entstand in den zwanziger Jahren in Mexiko. Während der New Yorker Zeit in den dreißiger Jahren schloß Frida enge Freundschaft mit ihm und seiner Frau Ella. – Mit Paca ist Frances Toor gemeint, mit der Schule die New Worker's School, wo Rivera die 21 Tafeln des *Porträts von Nordamerika* malte.

Brief an Isabel Campos

New York, der 16. November 1933

Liebste Chabela,

seit einem Jahr habe ich nichts mehr von Dir und den anderen gehört. Du kannst Dir vorstellen, was das für ein Jahr für mich war – aber ich will nicht länger darüber reden, denn das führt zu nichts, und nichts auf der Welt kann mich trösten.

In einem Monat kommen wir nach Mexiko, dann kann ich Dich sehen und Dir eine Menge erzählen. Ich schreibe Dir, damit Du mir antwortest und mir viel erzählst, denn auch wenn es so aussieht, als hätten wir uns vergessen, denke ich doch tief drinnen immer an Euch. Ich glaube, daß auch Ihr Euch dann und wann daran erinnert, daß es mich gibt, auch wenn ich weit weg bin. Sag mir, wie Du die eintönigen Tage

in Coyoacán verbringst, die einem doch so schön vorkommen, wenn man in der Ferne ist.
Ich verbringe mein Leben hier in Gringolandia damit, von der Rückkehr nach Mexiko zu träumen, aber für Diegos Arbeit war der Aufenthalt hier unbedingt nötig. New York ist sehr schön, und ich bin viel glücklicher als in Detroit, aber trotzdem habe ich Heimweh nach Mexiko. Diesmal werden wir fast ein Jahr bleiben, und dann ... Vielleicht gehen wir nach Paris; aber fürs erste will ich nicht an später denken.
Hier hat es gestern zum erstenmal geschneit, und bald wird es dermaßen kalt sein, daß man sich den Tod holt. Es bleibt einem nichts anderes übrig, als dicke Wollunterhosen anzuziehen und den Schnee zu ertragen. Mit meinen berühmtberüchtigten langen Röcken macht mir die Kälte nicht so viel aus, aber dann wird mir plötzlich so eisekalt, daß nicht einmal zwanzig Röcke etwas ausrichten. Ich bin so verrückt wie eh und je und trage immer noch diese Trachten von anno dazumal. Ein paar Gringofrauen imitieren mich sogar und wollen sich »à la Mexicana« kleiden, aber sie sehen aus wie Runkelrüben, und um die Wahrheit zu sagen, erinnern sie an Schießbudenfiguren – nicht daß ich mich besonders schön fände, aber doch wenigstens passabel (lach nicht).
Erzähl mir, wie geht es Mari und Anita, Marta und Lolita? Von Pancho und Chato weiß ich durch Carlitos, der mir hin und wieder schreibt, aber ich möchte, daß Du mir von allen erzählst. Ich habe neulich einen der López-Jungs hier getroffen – ich weiß nicht, ob es Heriberto oder sein Bruder war, aber wir haben voller Sehnsucht von Euch gesprochen. Er studiert an der Universität von New Jersey und fühlt sich wohl hier.
Cristi schreibt mir nur selten, weil sie mit den Kindern beschäftigt ist, und so erzählt mir niemand von Euch. Ich weiß

nicht, ob Ihr manchmal Mati trefft, wo sie doch jetzt in Coyoacán wohnt; sie erwähnt jedenfalls nichts davon. Was ist aus den Canets geworden? Chabela muß schon ein großes Mädchen sein, genau wie Deine Schwester Lolita; ich werde sie gar nicht mehr erkennen, wenn ich sie wiedersehe. Sag mir, ob Du immer noch Englisch lernst – falls nicht, werde ich es Dir beibringen, wenn ich zurück bin. Ich »stammle« nämlich schon ein bißchen besser als letztes Jahr.
Ich würde Dir gern *tausend Dinge* in diesem Brief schreiben, aber dann würde ein Roman daraus. Also hebe ich sie mir lieber auf, bis ich zurück bin, und packe dann damit aus.
Sag mir, was ich Dir von hier mitbringen soll, denn es gibt so viele schöne Dinge, daß ich überhaupt nicht mehr weiß, was am besten für Euch wäre. Aber wenn Du einen besonderen Wunsch hast, sag mir einfach Bescheid, und ich bringe es Dir mit.
Wenn ich zurückkomme, mußt Du das große Abendessen mit Kürbisblüten-Quesadillas und Pulque für mich ausrichten – schon bei dem bloßen Gedanken läuft mir das Wasser im Mund zusammen. Nicht daß Du denkst, ich würde mich aufdrängen und schon von hier aus das Abendessen bei Dir einfordern. Ich erinnere Dich lediglich daran, damit Du Dich nicht ahnungslos stellst, wenn ich komme.
Hast Du etwas von den Rubís und all den Leuten gehört, mit denen wir früher befreundet waren? Erzähl mir ein bißchen Klatsch, denn hier habe ich niemanden zum Plaudern, und ein bißchen Tratsch dann und wann tut den Ohren gut.
Viele Küsse an Onkel Panchito, Lolita, Tante Chona (denn mich mag sie schon). An Euch alle, aber ganz besonders an Dich, gehen tausend Tonnen von Küssen, damit Du sie verteilen und die meisten für Dich behalten kannst.
Vergiß nicht, mir zu schreiben. Meine Adresse lautet: Hotel Brevoort, 5th Ave. und 8th Street, N.Y.C., New York.

FRIDA KAHLO

Deine Freundin, die Dich nicht vergißt
        Frieda
Vergeßt mich nicht.

Diesen Brief ließ Isabel Campos Raquel Tibol durch ihr Patenkind Marco Antonio Campos zukommen.

Brief an Ella und Bertram D. Wolfe

        New York, 1933
Bert und Ella, meine lieben Freunde,
Diego hat mir gesagt, ich soll Euch diesen Scheck schicken, als Beitrag für die Auslagen – Einladungen etc. – an der New Worker's School.
Ich schicke Euch die beiden »Scheinchen«, die Ihr für das Abendessen mit den Claudes ausgegeben habt. Sei nicht böse, liebste Ella, aber es ist nicht in Ordnung, daß Du für Claudes Essen zahlst, denn er hat jede Menge Zaster und Du nicht.
Ich lasse Euch heute den Schlüssel hier, damit Bert lernen kann.
Ich sehe Euch heute abend.
Viele Küsse von Eurer spindeldürren Freundin, die Euch von ganzem Herzen liebt.
        Friedita
Der Tag kommt näher, und ich bin sehr traurig, weil Diego

mir die ganze Schuld an der verfluchten Reise nach Mexiko gibt. Ich habe heute viel geweint.

Manuskript aus dem Nachlaß B. Wolfe.

Brief an Ella Wolfe

Mexiko, der 11. Juli 1934

Allerliebste Ella,
wie kann ich es wagen, Dir diesen Brief zu schreiben? Ich sage lieber nichts mehr und mache auch keinerlei Ausflüchte – Tatsache ist, daß ich Dir nicht geschrieben habe. Mein Verhalten war schoflig, mistig, schuftig, lumpig, erbärmlich etc., etc. Du kannst gar nicht schlecht genug von mir denken. Aber wenn Du das alles für einen Moment vergessen würdest, werde ich Dir in diesem Brief anvertrauen, was ich Dir in keinem Brief zuvor erzählt habe (natürlich deshalb, weil ich keinen geschrieben habe).
In Deinem letzten Brief hast Du mich gefragt, wie Diego und ich das Buch fanden. Ich für meinen Teil kann Dir sagen, daß ich es wundervoll finde, und auch Diego gefiel es sehr gut. Das mit dem unvollständigen Vorwort hat ihn ein bißchen geärgert, aber ihm ist schon klar, wie es dazu gekommen ist. Sein Ärger war schnell verflogen, als er Berts Text las und die Reproduktionen sah, die wir hervorragend fanden. Die Aufmachung des Buches ist wunderbar, und überhaupt ist es *sehr schön* geworden. Weder ich noch Diego haben an Harry geschrieben – er wird uns für die größten Flegel

unter der Sonne halten, aber ich bin sicher, oder ich habe doch wenigstens die Hoffnung, daß er uns verzeihen wird und nicht länger verärgert ist, wenn wir ihm schreiben. Sei so lieb und sag auch Bert, daß er sich sämtlicher Flüche, Beleidigungen etc., etc. bedienen kann, weil sich die Riveras so schweinemäßig benommen und ihm nicht einmal zwei Zeilen zu dem Buch und seinem wunderbaren Text geschrieben haben. Aber wenn er uns dann zur Genüge beschimpft hat, möge er uns vergeben, und alles wird wieder seinen normalen Lauf gehen. Wir werden zusammen einen Ausflug nach Water Gap machen, auch wenn man mich wieder aus dem Hotel werfen sollte, weil ich gegen die Moral der Beleidigten Staaten verstoße, wenn ich im Blaumann im Speisesaal erscheine. Nein, im Ernst, sag Boit, er soll nicht böse auf uns sein; er kennt doch seine beiden Pappenheimer in Mexiko, mit Namen Diego und Die mächtige Chicua. Er soll für diesmal nachsichtig mit uns sein, und Du natürlich auch, denn sonst wäre alles umsonst.

Stell Dir vor, neulich traf ich bei den Misrachis diesen Widerling von Siqueiros. Er besaß die Frechheit, mich zu grüßen, nachdem er diesen unverschämten Artikel in der *New Masses* geschrieben hat. Ich habe ihn einfach stehenlassen, ohne seinen Gruß zu erwidern. Diego war noch schlimmer. Als Siqueiros ihn fragte: »Na, Diego, wie geht's?«, zog Diego sein Taschentuch hervor, spuckte hinein und steckte es wieder ein. Er hat ihm nicht ins Gesicht gespuckt, weil viele Leute dabeistanden und es einen Skandal gegeben hätte, aber Siqueiros sah aus wie ein geprügelter Hund und schlich mit eingezogenem Schwanz von dannen. Was hältst Du von diesem Artikel? Also, es ist eine Schande für seine Erzeuger, man sollte diesem Lümmel eine Tracht Prügel verpassen, findest Du nicht? Diego konnte sich noch nicht dazu entschließen, eine Erwiderung zu schreiben, weil man damit diesem Spinner zuviel Bedeutung beimessen würde. Aber ich werde ihm sagen, daß er sie schreiben soll, um die Sache klarzustellen – es ist nicht richtig, daß dieser Sch... kerl damit durchkommt. Wie denkst Du darüber?

Meine Schöne, es hat mich riesig gefreut zu hören, daß Jim nach Mexiko kommt. Als ich Deinen Brief las, konnte ich es kaum glauben, aber als ich merkte, daß es tatsächlich stimmt, war ich ganz aus dem Häuschen. Offen gestanden, war ich auch ein bißchen traurig, denn ich hätte mich so gefreut, wenn Du und Boit mitgekommen wärt. Ich habe Paca gesagt, daß ich alles tun würde, was in meiner Macht steht, damit Du kommst, aber sie erklärte mir, daß Du den ganzen Sommer arbeiten müßtest, wie Du ihr geschrieben habest. Ich habe die Flügel ganz schön hängenlassen, denn Du kannst Dir gar nicht vorstellen, was ich darum geben würde, Euch hierzuhaben, wenigstens für einen Monat, mit Euch auszugehen, lange Gespräche zu führen, uns zu amüsieren und, und, und... Nun ja, eben alles, was man in Mexiko unternehmen kann. Aber ich gebe die Hoffnung nicht auf, daß wir uns irgendwann wiedersehen und so glücklich sein werden wie in New York.

Stell Dir vor, Diego ist in den letzten beiden Wochen sehr krank gewesen. Er hatte über zehn Tage lang ein nervöses Fieber, die Temperatur ging rauf und runter, ich wußte mir keinen Rat mehr. Nacho Millán hat ihn behandelt, und da Diego, wie Du weißt, eine hohe Meinung von Nacho als Arzt hat, befolgte er alles, was Nacho anordnete, und in weniger als zwei Wochen hat sich sein Zustand einigermaßen gebessert. Nacho zufolge leidet Diego an einer schweren nervösen Erschöpfung; jetzt gibt er ihm Spritzen und hat ihm eine neue Diät verordnet, damit er wieder auf die Beine kommt. Ich finde trotzdem, daß Diego sehr kraftlos und abgemagert ist, seine Haut ist gelblich, aber am meisten Sorge macht mir, daß er keine Lust zum Arbeiten hat und immer bedrückt ist, so als ob ihn nichts interessierte. Manchmal ist er verzweifelt, und er hat immer noch kein neues Gemälde in Angriff genommen. Die Wände im Nationalpalast und in der Medizinischen Fakultät sind bereits präpariert, aber weil er sich nicht gut fühlt, hat er noch nicht mit dem Malen begonnen. Ich bin so traurig wie noch nie zuvor, denn wenn er nicht glücklich ist, finde ich keine Ruhe. Seine Gesundheit macht mir größere Sorgen als meine eigene. Ich will ihn nicht noch mehr quälen, und nur deshalb behalte ich für mich, wie sehr mir sein Zustand zu schaffen macht. Ich weiß, daß er sich noch mehr Sorgen macht, wenn ich ihm sage, daß es mir weh tut, ihn so zu sehen. Er ist so sensibel im Moment, daß ihn die kleinste Kleinigkeit entmutigt und bedrückt. Ich weiß wirklich nicht, was ich noch tun soll, damit er so begeistert arbeitet wie früher, denn er glaubt, daß ich an allem schuld bin, weil ich ihn dazu gebracht habe, nach Mexiko zurückzugehen. Aber ich weiß, daß er nicht nur meinetwegen zurückgegangen ist, und das ist mein einziger Trost. Du kannst Dir nicht vorstellen, wie ich darunter leide, daß er denkt, er sei meinetwegen hier und das sei der Grund für seinen Zustand. Manchmal würde ich gern über so vieles mit Dir sprechen, was man in einem Brief nur schlecht ausdrücken kann, und ich verzweifle darüber, so weit von Euch weg zu sein. Aber man kann nur abwarten und hoffen, daß er einsieht, daß ich nie die geringste Absicht hatte, ihm zu schaden – ich wußte ganz genau, was es für ihn bedeutet, nach Mexiko zurückzugehen. In New York habe ich sogar einige Male versucht, es ihm klarzumachen (ich weiß nicht, was mit der Schreibmaschine los ist; sie schreibt unmöglich).

Ihr seid meine Zeugen, daß ich *überhaupt nicht gern* zurückgegangen bin, und auch wenn es jetzt nichts mehr nützt, ist es mir ein Trost, daß zumindest Ihr wißt: Ich sage die Wahrheit. Ich weiß nicht, ob Diegos Zustand auf den rapiden Gewichtsverlust in Detroit oder auf eine Fehlfunktion der Drüsen zurückzuführen ist. Jedenfalls befindet er sich in einem schrecklichen Zustand seelischer Erschöpfung, und ich leide noch mehr als er – falls das möglich ist –, wenn ich sehe, daß er sich durch nichts von seiner Überzeugung abbringen läßt. Ich könnte mein Leben für ihn geben, damit er wieder gesund wird – es würde nichts nützen. Ich sag Dir, was ich Dir hier erzähle, ist nichts im Vergleich zu dem, was ich in den letzten Monaten durchgemacht habe; Diego gegenüber lasse ich mir nichts anmerken, um ihn nicht zu belasten, aber manchmal bin ich zutiefst verzweifelt. Das Ganze hat natürlich auch Auswirkungen auf Diegos finanzielle Situation, da er nicht arbeitet, seine Ausgaben aber unverändert horrend hoch sind. Ich weiß nicht, wo das noch enden wird, wenn sich sein Zustand nicht ändert. Ich tue alles, um ihn aufzumuntern und ihm die Dinge so leicht wie möglich zu machen, bislang allerdings vergeblich. Du kannst Dir gar nicht vorstellen, wie sehr er sich verändert hat, seit Ihr ihn in New York gesehen habt. Er hat zu nichts Lust und hat absolut kein Interesse daran, hier zu malen. Ich verstehe ihn ja sehr gut, weil ich weiß, woran es liegt – es sind die Leute hier, die stumpfsinnigsten und ignorantesten Menschen, die Du Dir vorstellen kannst. Aber ich weiß nicht, wie man diese Leute ändern sollte, ohne die Mißstände auf der ganzen Welt zu ändern, die voll von solchen Arschlöchern ist. Es liegt also nicht an Mexiko oder China oder den Vereinigten Staaten – Du und ich und jeder kennt das eigentliche Problem. Natürlich würde ich mir wünschen, daß Diegos Kreativität hier oder wo auch immer auf der Welt genauso stark wäre wie damals in New York, und eigentlich denke ich, daß es auch so ist, aber traurigerweise nimmt er Mexiko oder alle möglichen anderen äußeren Umstände zum Vorwand, während seine Krankheit vielmehr ein innerer Zustand ist, durch den er nicht mehr der ist, der er einmal war. Oder was meinst Du? Jedenfalls bin ich in ständiger Sorge, wenn ich ihn so sehe, und weiß einfach keine Lösung, verstehst Du?

Ich möchte auf keinen Fall, daß er davon erfährt, daß ich Dir das erzählt habe, denn, wie gesagt, er regt sich im Moment furchtbar über jede Kleinigkeit auf, bei der er irgendeinen Zusammenhang mit seinem Zustand vermutet. Aber ich bitte Dich, ihm zu schreiben, als ob ich Dir nichts erzählt hätte, und ihn aufzumuntern. Bert soll ihm auch schreiben, denn er sagt, daß ihm *nichts* mehr von dem gefällt, was er gemacht hat, daß seine Gemälde in Mexiko und teilweise auch in den Vereinigten Staaten *furchtbar* sind, daß er sein Leben erbärmlich vergeudet und daß er zu nichts mehr Lust hat. Es ist sehr schwirig, Dir in einem Brief die seelische Verfassung zu schildern, in der er sich befindet, aber Du wirst mich auch mit wenigen Worten verstehen und begreifen, wie schmerzlich es für mich ist, ihn so zu sehen. Wenn irgend jemand auf der Welt mit seiner ganzen Energie und seiner ganzen Kraft gearbeitet hat, dann Diego. Ich kann Dir mit nichts den Kummer beschreiben, den ich empfinde, wenn ich ihn so niedergeschlagen und antriebslos sehe.

Ich will Dich nicht langweilen, indem ich Dir nur von meinem Kummer erzähle, aber irgendwie ist es ein so großer Trost für mich, Dir sagen zu können, wie es mir geht – vielleicht, weil Du mich ein bißchen liebhast und ich die Bürde mit Dir teilen kann, die auf mir lastet. Aber glaub mir, wenn ich nicht wirklich todtraurig wäre, würde ich Dich nicht mit diesem langen, langweiligen Brief belästigen.

Sag Boit, mein Brief an Dich sei genauso für ihn bestimmt, auch wenn ich ihm nicht direkt schreibe. Richte ihm viele, viele Grüße aus, auch allen anderen bei Dir zu Hause, den Jungs in der Schule und ganz besonders Jay – Du weißt ja, wie gerne ich ihn mag. Wenn Du die »Turteltäubchen« Lucienne und Dimi siehst, dann grüß sie ebenfalls herzlich von mir, genau wie all unsere Freunde dort oben. Viele Küsse an Maluchita, Harry und die kleine Maluchititita. Erzähl ihnen nichts von der Sache mit Diego, sie wissen nämlich nichts davon, und es gäbe bestimmt Anlaß zu Gerede.
Jetzt wirst Du ein bißchen verstehen, warum ich manchmal nicht einmal Lust zum Schreiben habe. Aber da weder Paca noch sonst jemand von der Sache weiß, hetzen sie bei Dir gegen mich und sagen, daß ich eine lahme Schildkröte sei. Aber glaub ihnen nicht – ich liebe Dich genauso wie früher, als wir uns jeden Tag gesehen haben; das muß man nur nicht dauernd in Briefen betonen.
Ich schicke Dir Tausende von Küssen – gib ein paar davon, so viele Du willst, an Boit ab, und viele Küsse auch an Deine Mama und Deinen Papa.
Du mußt mir bald schreiben, damit ich kein trauriges, unausstehliches Mädchen werde.
Mach's gut, meine Schöne.
Frieda

Ich habe Dir auf diesem Universitätspapier geschrieben, weil mir das weiße ausgegangen ist und ich kein anderes zur Hand habe. Entschuldige bitte.

Maschinenschriftliches Original aus dem Nachlaß B. Wolfe. – Frida nannte Bertram D. Wolfe Bert oder Boit. Jay war der Sohn der Wolfes, und Jim war Ellas Bruder. – Lucienne Bloch, die Tochter des Komponisten Ernest Bloch, und Stephen Dimitroff, Riveras Assistent in New York, hatten geheiratet. – Bei dem erwähnten Buch handelt es sich um Diego Riveras *Portrait of America*, mit einem einführenden Text von Bertram D. Wolfe (New York, Covici, Friede Publishers 1934). – David Álvaro Siqueiros veröffentlichte am 29. Mai 1934 in der New Yorker Zeitschrift *New Masses* den Artikel »Der konterrevolutionäre Weg Riveras«. Rivera erwiderte 1935 mit dem Aufsatz »Verteidigung und Angriff auf die Stalinisten«. – Mit Maluchita und Harry sind Malú Cabrera und ihr Ehemann Harry Block gemeint. – Frida schrieb diesen Brief auf Papier der Universidad Nacional Autónoma de México.

Text auf Briefpapier der nationalen Studentenpartei »Pro-Cárdenas«

Aber nein, das kann nicht sein, dieses Ende ist nicht gut […] Ich kenne den Roman, werter Leser. Dieser Trottel von Raskolnikow, Dein Held, verschmachtete in Sibirien, verschmachtete für immer, und seine Hoffnung, bereit, ihm überallhin zu folgen, Sonja, starb mit ihm.

Sein Schicksal war erfüllt, das Schicksal des Schurken, des Gefallenen, des Verlierers, der auf ewig dazu verdammt ist, zu leiden und von Gott und den Menschen verflucht zu sterben.

[…] Aber es gibt noch einen anderen Raskolnikow, jenen, der aus dem Gefängnis freikam, um ein neues Leben zu beginnen; dieser Raskolnikow ist eine Fiktion, er lebte nur im Bewußtsein eines gewöhnlichen Mannes, der sich nicht damit abfinden konnte, zu sterben und in Vergessenheit zu geraten.

Aber die Realität ist anders, sie ist bestialisch, sie ist furchtbar, sie ist schmerzlich – das ist die Realität, von der ich bereits sprach [...] Leser.

ENDE

Frida Kahlo

Schadhafte Kopie im Archiv Martha Zamora, wahrscheinlich Anfang 1934.

Brief an Alejandro Gómez Arias

12. Oktober 1934

Alex.

Das Licht ist weg, und ich konnte nicht länger an den Figürchen malen. Ich habe weiter über die Gestaltung der Wand nachgedacht, die durch *another wall of* Weisheit abgetrennt ist. Mein Kopf ist voll von mikroskopisch kleinem Spinnengetier und einer Unmenge winzigen Ungeziefers. Ich glaube, wir müssen auch die Wand mikroskopisch klein machen, denn sonst wird das Gekleckse kaum täuschend echt aussehen. Meinst Du außerdem, daß die ganze stille Weisheit auf so begrenztem Raum Platz finden wird? Und was für Büchlein sollten *such* Verse auf fast *non* existenten Seiten enthalten? *That is the big* Problem, und es liegt an Dir, eine architektonische Lösung zu finden, denn wie Du sagst, bin ich unfähig, etwas in dieser *big realité* anzuordnen, ohne geradewegs zu scheitern – entweder muß ich Kleider in die Luft hängen oder das Abseitige in gefährliche, unheilvolle Nähe rücken. Du wirst alles mit Lineal und Zirkel retten.

Weißt Du nicht, daß ich noch nie einen Dschungel gesehen habe? Wie sollte ich einen Dschungelhintergrund mit wilden Tieren malen können? Nun, ich werde tun, was ich kann, und wenn es Dir nicht gefällt, kannst Du zur gründlichen, effizienten Vernichtung des bereits Errichteten und Gemalten schreiten. Aber bis es fertig ist, wird es so lange dauern, daß wir nie die Zeit haben werden, auch nur an den Zusammenbruch zu denken.

Ich habe es noch nicht geschafft, die Parade der Taranteln und der anderen Tiere zu gliedern, weil ich denke, daß es aussehen wird, als wäre alles auf der obersten der unendlich vielen Schichten aufgeklebt, die eine solche Wand haben sollte.

Es hat mir so gut getan, Dich zu sehen, daß ich nicht in der Lage war, es Dir zu sagen. Jetzt traue ich mich, es Dir zu schreiben, weil Du nicht hier bist und weil ich diesen Brief in dem üblichen Winter schreibe. Ich weiß nicht, ob Du mir glaubst, aber es ist so, und ich kann Dir nicht schreiben, ohne es Dir zu sagen.

Ich rufe Dich morgen an. Bitte schreib mir gelegentlich, selbst wenn es nur drei Wörter sind. Ich weiß nicht, warum ich Dich darum bitte, aber ich weiß, daß Du mir einfach schreiben mußt. Wirst Du?

Veröffentlicht in: Raquel Tibol, *Frida Kahlo: una vida abierta*, Mexiko, Editorial Oasis 1983; UNAM 1998. – Auf Anregung von Gómez Arias begann Frida nach ihrer Rückkehr aus den Vereinigten Staaten über den Entwurf eines Wandgemäldes nachzudenken. – Alejandro Gómez Arias selbst schickte mir 1978 eine Kopie dieses Briefes, begleitet von einer kurzen Notiz: »Hoffentlich interessiert es Sie. Herzliche Grüße.«

Brief an Ella und Bertram D. Wolfe

Donnerstag, der 18. Oktober 1934

Ella und Boit,
ich habe Euch so lange nicht geschrieben, daß ich gar nicht weiß, wo ich diesen Brief beginnen soll. Aber ich will keine langen, langweiligen Ausflüchte vorbringen oder endlose Geschichten erzählen, warum ich Euch so viele Monate nicht geschrieben habe. Ihr wißt, was alles vorgefallen ist, und ich denke, Ihr versteht meine Lage, auch wenn ich nicht ins Detail gehe. Ich habe noch nie so gelitten, und ich hätte nie geglaubt, daß ich einen derartigen Schmerz ertragen würde. Ihr könnt Euch nicht vorstellen, in was für einer Verfassung ich bin, und ich weiß, daß es mich Jahre kosten wird, diesem Durcheinander in meinem Kopf zu entkommen. Anfangs dachte ich, daß es noch eine Lösung gibt, habe ich mir doch eingebildet, daß das, was da passierte, nur von kurzer Dauer und ohne Bedeutung wäre, aber mit jedem Tag wird mir klarer, daß ich mir Illusionen gemacht habe. Es ist eine ernste Sache, und wie Ihr Euch denken könnt, hat sie ernsthafte Konsequenzen.

Vor allem ist es ein doppelter Schmerz, wenn ich es einmal so ausdrücken darf. Ihr wißt besser als jeder andere, was Diego mir bedeutet, in jeder Hinsicht, und sie war die Schwester, die ich am meisten liebte und der ich zu helfen versuchte, wo ich nur konnte. So hat sich die Situation furchtbar zugespitzt, und sie wird mit jedem Tag schlimmer. Ich wünschte, ich könnte Euch alles erzählen, damit Ihr eine klare Vorstellung davon bekommt, was es für mich bedeutet; aber wahrscheinlich langweile ich Euch mit diesem Brief, weil ich nur von mir spreche. Wenn ich Euch Einzelheiten über die Sache schreiben wollte, würdet Ihr davonrennen, ohne den Brief zu Ende zu lesen. Außerdem möchte ich nicht, daß Ihr mich für ein Klatschmaul haltet, dem es Spaß macht, Briefe mit sinnlosem Getratsche zu füllen. Aber ich wollte Euch schon lange schreiben, um zu berichten, was vorgefallen ist, weil ich weiß, daß niemand so gut wie Ihr versteht, warum ich es erzähle und warum ich so leide.

Ich liebe Euch sehr und habe so viel Vertrauen zu Euch, daß ich Euch den größten Schmerz meines Lebens nicht verheimlichen möchte. Deshalb habe ich mich entschlossen, Euch alles zu erzählen.

Natürlich ist die Geschichte nicht nur eine Gefühlsduselei meinerseits, sondern sie betrifft mein ganzes Leben. Ich fühle mich verloren, und nichts kann mir dabei helfen, vernünftig zu reagieren. Hier in Mexiko habe ich niemanden – ich hatte *nur Diego* und meine Familie, die das Ganze aus katholischer Sicht betrachtet. Ihre Schlußfolgerungen sind mir so fremd, daß ich auf sie überhaupt nicht zählen kann. Mein Vater ist ein wunderbarer Mensch, aber er liest Tag und Nacht nur Schopenhauer und ist mir nicht die geringste Hilfe.

Ich bin so krank gewesen, daß ich erst nach der Entlassung aus dem Krankenhaus wieder ein bißchen malen konnte, aber ohne Begeisterung und ohne daß mir die Arbeit etwas gegeben hätte. Freunde habe ich hier nicht. Ich bin völlig alleine. Anfangs habe ich die Tage damit verbracht, vor Schmerz und Wut auf mich selbst zu heulen; mittlerweile kann ich nicht einmal mehr weinen, weil ich begriffen habe, daß es dumm und sinnlos war. Ich habe darauf vertraut, daß Diego sich ändert, aber jetzt sehe ich ein, daß es unmöglich ist, daß es albern von mir war – mir hätte von Anfang an klar sein müssen, daß ich ihn nicht dazu bringen werde, auf diese oder jene Weise zu leben, erst recht nicht, wenn es um so etwas geht. Daß er jetzt wieder arbeitet, hat nichts

verändert. Dabei war es meine ganze Hoffnung, daß er das alles über der Arbeit vergessen würde, aber im Gegenteil – nichts kann ihn von dem abbringen, was er für gut und richtig hält.
Letzten Endes ist jeder Rettungsversuch meinerseits lächerlich und dumm. Er will völlige Freiheit – eine Freiheit, die er immer hatte und die er auch diesmal gehabt hätte, wenn er offen und ehrlich zu mir gewesen wäre. Aber was mich am traurigsten macht, ist, daß wir nicht einmal mehr Freunde sind. Er belügt mich unentwegt und verbirgt jede Kleinigkeit seines Lebens vor mir, als ob ich seine ärgste Feindin wäre.
Wir leben ein falsches Leben voller Torheiten, das ich nicht länger ertragen kann. Er hat zum einen seine Arbeit, die vieles von ihm fernhält, und dann seine ganzen Liebschaften, mit denen er sich zerstreut. Die Leute wollen zu ihm und *nicht zu mir*. Ich weiß, daß er wie immer Ärger und Sorgen wegen seiner Arbeit hat, aber trotzdem führt er ein ausgefülltes Leben, ohne die stumpfsinnige Leere, die ich ertragen muß. Ich habe nichts, weil ich ihn nicht habe. Ich hätte nie gedacht, daß er mir *alles* bedeutet und daß ich ohne ihn nur ein Stück Dreck bin. Ich war der Meinung, daß ich ihn in seinem Leben unterstütze, so gut ich kann, und daß ich jederzeit mein Leben problemlos allein meistern könnte. Doch jetzt merke ich, daß ich nicht mehr habe als jedes andere betrogene Mädchen, das von seinem Mann verlassen wird. Ich bin nichts wert, ich kann nichts, ich genüge mir selbst nicht. Meine Situation kommt mir so lächerlich und idiotisch vor – Ihr könnt Euch nicht vorstellen, wie sehr ich mich hasse und verabscheue. Ich habe meine besten Jahre damit vergeudet, auf Kosten eines Mannes zu leben und nichts anderes zu machen als das, was ihm nützen und helfen würde. Nie habe ich an mich gedacht, und nach diesen

sechs Jahren besteht seine Antwort darin, daß Treue eine bürgerliche Tugend sei und nur dazu diene, andere auszubeuten und sich einen finanziellen Vorteil zu verschaffen. Glaubt mir, ich habe es niemals von diesem Standpunkt aus betrachtet. Ich weiß, daß ich so blöd war, wie man nur sein kann, aber ich war aufrichtig dabei. Ich glaube oder hoffe vielmehr, daß ich mich allmählich damit abfinden werde. Ich muß versuchen, ein neues Leben anzufangen und mich mit etwas zu beschäftigen, was mir hilft, einigermaßen vernünftig aus dieser Sache herauszukommen. Ich dachte daran, nach New York zu gehen, um bei Euch zu leben, aber mir fehlte das Geld, und mittlerweile halte ich es für besser, mir etwas zu überlegen und hier zu arbeiten, bis ich Mexiko verlassen kann. Von dem Geld, das Diego mir zur Aufbewahrung gegeben hat, habe ich ziemlich preiswert ein Haus in Mexiko gekauft. Ich wollte nicht zurück nach San Ángel, wo ich so unvorstellbar gelitten habe. Jetzt lebe ich in der Insurgentes 432 (schreibt an diese Adresse). Diego kommt gelegentlich zu Besuch, aber wir haben uns nichts mehr zu sagen, zwischen uns ist keinerlei Beziehung mehr. Er erzählt mir nie, was er macht, und es interessiert ihn keinen Deut, was ich mache oder denke. Wenn es so weit gekommen ist, sollte man besser einen Schlußstrich ziehen. Ich denke, daß dies letztendlich die Lösung für ihn ist, aber für mich wird es weiteres und noch größeres Leid bedeuten, und das jetzige ist schon unbeschreiblich. Für ihn wäre es wohl besser, denn dann würde ich ihm nicht zur Last fallen wie all die anderen Frauen – und ich werde es nicht zulassen, daß ich nur noch ein finanzielles Problem für ihn bin. So ist also mein Leben zur Zeit. Ich weiß nicht, was ich morgen machen werde, aber ich spüre, daß es keinen anderen Weg gibt, als mich von Diego zu trennen. Ich sehe keinen Grund, wieder mit ihm zusammenzuleben, wenn ich

ihm zur Last falle und ihn daran hindere, die völlige Freiheit zu haben, die er fordert. Ich will ihm auch nicht das Leben mit Zänkereien vergällen, wie Lupe es getan hat, deshalb lasse ich ihn sein Leben leben und räume das Feld, mitsamt meinen bürgerlichen Vorstellungen von Treue etc., etc. Haltet Ihr das nicht auch für das Beste?
Bitte erzählt Malú nichts davon. Falls sie es schon weiß – wovon ich ausgehe, denn dank Diegos Verhalten hat es sich überall herumgesprochen –, dann laßt sie reden. Ich will nicht, daß irgend jemand etwas erfährt – sollen sie doch denken, was sie wollen.
Ich weiß nicht, was Ihr über mich denken mögt, aber wenn ich Euch das alles schreibe, trage ich mein Herz in der Hand.
Ihr sollt weder für mich noch für Diego Partei ergreifen, sondern einfach nur verstehen, weshalb ich *so sehr* gelitten habe. Und wenn Ihr ein wenig Zeit erübrigen könnt, dann schreibt mir, ja? Eure Briefe werden ein ungeheurer Trost sein, und ich werde mich weniger einsam fühlen.
Ich sende Euch tausend Küsse, und haltet mich nicht für eine gefühlsduselige Idiotin, denn Ihr wißt ja, wie sehr ich Diego liebe und was es für mich bedeutet, ihn zu verlieren.
Frieda

Meine Adresse: Insurgentes 432. Mexiko-City.

Manuskript aus dem Nachlaß B. Wolfe. – Der Grund für Fridas Kummer war eine Affäre zwischen Diego Rivera und Cristina Kahlo.

FRIDA KAHLO

Brief an Dr. Leo Eloesser

Mexiko, der 24. Oktober 1934

[...] Ich habe in diesen Monaten so sehr gelitten, daß es mir in absehbarer Zeit wohl kaum wirklich gutgehen wird, aber ich habe alles getan, was in meiner Macht stand, um zu vergessen, was zwischen Diego und mir vorgefallen ist, und wieder zu leben wie vorher.
[...] Mein Fuß ist nach wie vor in einem schlimmen Zustand, aber dafür gibt es keine Heilung; irgendwann werde ich mich dazu entschließen, ihn amputieren zu lassen, damit ich endlich meine Ruhe habe [...]

Veröffentlicht in: Hayden Herrera, *Frida Kahlo. Las pinturas*, Mexiko, Editorial Diana 1997.

Brief an Dr. Leo Eloesser

13. November 1934

[...] Ich glaube, durch die Arbeit werde ich meine Sorgen vergessen und ein bißchen glücklicher sein [...] Hoffentlich verschwindet bald diese blöde Nervenkrise, unter der ich leide, und mein Leben kehrt in normalere Bahnen zurück, aber Sie wissen ja, daß es mir ziemlich schwer fällt und ich viel Willenskraft brauchen werde, um mich überhaupt für das Malen oder irgend etwas anderes zu begeistern. Heute war Diegos Namenstag, und wir waren glücklich – hoffentlich gibt es noch viele solcher Tage in meinem Leben [...]

Veröffentlicht in: Hayden Herrera, *Frida: Una biografía de Frida Kahlo*, Mexiko, Editorial Diana 1984.

Brief an Dr. Leo Eloesser

Mexiko, 26. November 1934

[...] Ich bin so traurig, antriebslos etc., etc., daß ich keine einzige Zeichnung zustande bringe. Die Situation mit Diego wird jeden Tag schlimmer [...] Nachdem die letzten Monate die Hölle für mich waren, habe ich meiner Schwester verziehen und dachte, daß sich die Sache dadurch ein wenig ändern würde, aber genau das Gegenteil war der Fall.

Veröffentlicht in: Hayden Herrera, *Frida Kahlo. Las pinturas*, Mexiko, Editorial Diana 1997.

Brief an Diego Rivera

23. Juli 1935

[...] Ein gewisser Brief, den ich zufällig in einer gewissen Jacke eines gewissen Herrn sah, von einem gewissen Däm-

chen aus dem fernen, verfluchten Deutschland – ich denke, daß es die Dame sein muß, die hierherzuschicken Willi Valentiner so freundlich war, damit sie sich mit »wissenschaftlichen«, »künstlerischen« und »archäologischen« Absichten die Zeit vertreibt [...] – dieser Brief machte mich sehr wütend und, um die Wahrheit zu sagen, *eifersüchtig* [...] Warum will es einfach nicht in meinen sturen Kopf, daß die Briefe, die Weibergeschichten, die »Englischlehrerinnen«, die Zigeunermodelle, die »hilfsbereiten« Assistentinnen, die an der »Kunst der Malerei« interessierten Schülerinnen und die »wichtigen Botschafterinnen von weither« lediglich ein *Zeitvertreib* sind und *Du und ich* uns im Grunde genommen *von Herzen* lieben? Und wir werden uns immer lieben, auch wenn wir zahllose Affären haben, Türen zertrümmern, uns rüde beschimpfen und über Landesgrenzen hinweg beschweren. Es ist wohl so, daß ich ein bißchen dumm und beschränkt bin, denn in den sieben Jahren unseres Zusammenlebens sind all diese Dinge immer wieder vorgekommen, und all meine Wutausbrüche haben lediglich bewirkt, daß ich begriffen habe, wie sehr ich Dich liebe: mehr als meine eigene Haut. Und auch wenn Du mich nicht genauso liebst, so liebst Du mich doch noch ein wenig, oder? Wenn es nicht so sein sollte, bleibt mir immer noch die Hoffnung, daß es so sein könnte, und das genügt mir...
Liebe mich ein kleines bißchen. Ich bete Dich an
Frida

Bertram D. Wolfe kopierte Teile des Briefes; sie befinden sich im Nachlaß B. Wolfe.

Schreiben an Alberto Misrachi

Alberto,

verzeihen Sie die Belästigung, aber da ich nicht weiß, wann Diego zurückkommt, möchte ich Sie bitten, mir 200 Pesos zu senden, weil ich die Steuern für alle Häuser zahlen muß. Tausend Dank und viele Grüße.
Frieda
28. Okt. 1935
Quittung über $ 200,00
Frieda Kahlo de Rivera

Photokopie im Archiv Juan Coronel Rivera. – Alberto Misrachi Samanon, geboren im damals zu Griechenland gehörenden Monastir, kam Anfang der zwanziger Jahre nach Mexiko und eröffnete wenig später in der Calle Juárez die Buchhandlung »Librería Central de Publicaciones«. Diese zog 1932 in die Calle Juárez 4 um, wo Misrachi im Untergeschoß einen Raum zum Verkauf von Kunst einrichtete, vor allem jener Diego Riveras. Frida malte 1937 ein Porträt von Misrachi. Sie hatte ein gutes Verhältnis zu ihm und seiner Ehefrau Ana.

Schreiben an Alberto Misrachi

[undatiert]

Albertito,
die Überbringerin dieses Briefes ist eine Dame, bei der Diego eine Tehuanatracht für mich gekauft hat. Diego wollte sie heute bezahlen, aber er ist mit ein paar Gringos

nach Metepec gefahren, und ich habe vergessen, ihn rechtzeitig um ein paar Centavos zu bitten, Nun stehe ich ohne Geld da. Kurz und gut, es geht darum, dieser Dame $ 100,00 zu zahlen (einhundert Pesos) und Diego in Rechnung zu stellen. Dieses Schreiben ist gleichzusetzen mit einer Quittung.
Es dankt herzlich
			Frida

Photokopie im Archiv Juan Coronel Rivera.

Schreiben an Alberto Misrachi

[undatiert]

Ich möchte Sie um einen Gefallen bitten: Könnten Sie mir wohl einen Vorschuß auf die kommende Woche geben? Von dieser Woche ist nämlich nichts mehr übrig, nachdem ich Ihnen die 50 zurückgezahlt habe, 50 an Adriana, 25 habe ich Diego für seinen sonntäglichen Ausgang gegeben, weitere 50 an Cristi, und jetzt bin ich völlig blank.
Ich habe Diego nicht nach dem Scheck gefragt, weil ich ihm nicht zur Last fallen wollte; ich weiß ja, daß er knapp bei Kasse ist. Da Sie mir am Samstag sowieso das Geld für die Woche auszahlen müssen, frage ich lieber Sie, und am Samstag geben Sie mir dann nichts mehr, sondern erst nächste Woche. Ginge das? Bitte behalten Sie $ 10,00 von den $ 200,00 ein und geben Sie sie Anita; sie hat sie mir am

Freitag in Santa Anita geliehen (vergessen Sie es nicht, denn wenn ich sie nicht zurückzahle, wird sie sagen, daß ich eine Betrügerin bin).
Danke für die Gefälligkeit und viele Grüße.

Veröffentlicht in: Hayden Herrera, *Frida: Una biografía de Frida Kahlo*, Mexiko, Editorial Diana 1984.

Brief an Fridas Schwester Luisa Kahlo Calderón

[undatiert]

Liebste Luisita,
tausend Dank. Ich habe alles an seinem Platz gelassen. Ich habe Dir auch tausend Küsse überall in Deinem Zimmerchen hinterlassen.

Deine Schwester
Frida

Original im Archiv Elsa Alcalá de Pinedo Kahlo, der Witwe von Cristinas Sohn Antonio. – Luisa überließ Frida ihre Wohnung in der Nähe des Cine Metropolitan für heimliche Rendezvous.

FRIDA KAHLO

Widmung an Fridas Schwester Luisa Kahlo Calderón

[Widmung auf einer Photographie]

Für Matita und Paco von ihrer Lamaschwester Frida. Es sieht aus, als würde ich spucken, aber *nein*, ich habe mich nur unterhalten. Glaubt Ihr mir nicht?

Im Besitz von Carlos Monsiváis.

Brief an Ella Wolfe

Mexiko, März 1936

Liebste Ella,
ich habe mich so sehr über Deinen Brief gefreut, daß ich ausnahmsweise einmal ein braves Mädchen sein will und Dir gleich antworte. Martín wird Dir erzählt haben, wie es mir in den letzten Monaten so ergangen ist, und darum will ich Dir nicht mit detaillierten Schilderungen der Abenteuer, Schicksalsfälle und Wirrungen der mächtigen Chicua Rivera auf den Wecker fallen. Krücke, Wampe etc., etc. sind soweit in Ordnung – Du kannst beruhigt sein über meine Gesundheit. Nur mein Kopf funktioniert immer noch nicht der Reihe nach, aber da kann man nichts machen, denn ich bin mit einer »Meise« auf die Welt gekommen, und mit einer Meise werde ich sterben. Aber Du liebst mich doch trotzdem, oder?

JETZT, WO DU MICH VERLÄSST

Ich habe Diego Deinen Brief vorgelesen, und er möchte, daß ich Dir in groben Zügen erzähle, was er Boit in seinem nächsten Brief schreiben will. Ich denke, es ist eine gute Idee, Dir seine Antwort vorab mitzuteilen, denn Boit könnte irgendwann genug davon haben, auf den Brief zu warten – und der wird ihn erst erreichen, wenn auf der ganzen Welt Esperanto gesprochen wird, während Diego denkt, daß seit Deinem Brief gerade mal eine Woche vergangen ist. Deshalb werde ich Dir so in etwa erzählen, was Diego gesagt hat, damit Du es Bert erklärst. Über die Sache mit der Biographie brauchen wir gar nicht weiter zu sprechen, denn Du und wir alle wissen, daß Bert sie schreiben *muß*. Der Brief, den Diego an die Leute vom Guggenheim geschrieben hat, war sehr gut, und ich denke, daß ihre Antwort positiv ausfallen wird. Diego sagt, daß er natürlich *begeistert wäre*, wenn Bert die Sache übernähme. Mit Harry Block hat er sich ernstlich zerstritten und ihn zum Teufel gejagt, denn stell Dir vor, letztendlich zeigte sich, daß er nichts weiter ist als ein Speichellecker Stalins, der hier mit den dummen, widerwärtigen Methoden aller Stalinisten Politik zugunsten der Kommunistischen Partei betreiben will. Darum war es wohl besser, daß seit der Sache mit Siqueiros, die Dir hinlänglich bekannt sein dürfte, alle freundschaftlichen Beziehungen zwischen Harry, Malú und uns beendet sind.

Sollte Covici Friede das Buch machen, so ist Diego der Ansicht, daß sich Bert zunächst detailliert bezüglich des Honorars, der Tantiemen etc. informieren sollte, da Diego bei *Portrait of America* mehrfach von Covici übers Ohr gehauen wurde. Das ließe sich bei diesem Buch vermeiden, indem man diese ganzen Dinge von vornherein vertraglich regelt. Was meinst Du?

Das wichtigste ist folgendes: Diego denkt, daß die Fresken, die er in Mexiko gemalt hat, aus künstlerischer Sicht nicht so bedeutend sind wie die in den Vereinigten Staaten; infolgedessen müßte in *Portrait of Mexico* ihr *politischer und gesellschaftlicher* Gehalt natürlich *stärker hervorgehoben* werden. Die Analyse der Fresken sollte Anlaß geben für eine offene, schonungslose Analyse der hochinteressanten aktuellen politischen Lage in Mexiko. Das Buch sollte den Arbeitern und Bauern von Nutzen sein, indem man es soweit wie möglich unterläßt, den künstlerischen Stellenwert der Gemälde über die Maßen zu betonen und darüber ihre politische Bedeutung zu vergessen. Aber bei dieser umfassenden, genauen Analyse würde Diego natürlich vorbehaltlos seine bisherige *politische Linie* vertreten – jetzt erst recht, nach den widerlichen Machenschaften der Kommunistischen Partei hier in Mexiko und auf der ganzen Welt. Ich weiß nicht, was Bert davon hält – Du kennst ja die Differenzen, die zwischen den beiden bestehen. Es ist sehr wichtig, daß sie von Anfang an offen darüber reden, denn Diego wird sein Einverständnis zu dem Buch nicht geben, wenn es nicht so gemacht wird, wie ich es Dir gerade erläutert habe. Deshalb hielte ich es für gut, wenn Du Bert fragst, wie er darüber denkt und ob er glaubt, daß er und Diego sich einigen können. Oder Bert soll Diego persönlich schreiben und ihm unterbreiten, wie man seiner Ansicht nach das Buch gestalten könnte, ohne daß es zu Auseinandersetzungen zwischen den beiden kommt. Davon abgesehen glaube ich, daß niemand besser in der Lage ist als Bert, dieses Buch zu schreiben, und ganz gewiß könnte es Diego mit keinem anderen besser umsetzen. Richte Bert das aus, und antworte mir bald, damit ich Diego sagen kann, wie Ihr beide darüber denkt.

Dieser Brief soll noch heute in die Post, deshalb habe ich keine Zeit, Dir so viel zu erzählen, wie ich gern möchte. Aber demnächst schreibe ich Dir einen gewaltigen Brief mit

so viel persönlichem Tratsch, daß man eine *New York Times*
damit füllen könnte.
Viele Grüße an Jay (gib ihm einen dicken Schmatzer), Lucy,
Dimi und alle anderen Freunde.
Dir, meine Schöne, Millionen von Küssen, aufzuteilen zwischen Dir, Boit, Deiner Mama, Deinem Papa, Deinen Geschwistern etc.
An Dich ein paar ganz besondere von
         Chicua

Manuskript im Nachlaß B. Wolfe.

Brief an Carlos Chávez

       Mexiko, der 17. März 1936

Mein lieber Freund,
hier kommt die Antwort...
sie fällt ein wenig scherzhaft aus,
aber rasch und ausführlich.

Ich las Deinen Brief
an Diego in großer Eile,
und ohne große Umstände
komme ich langsam zur Sache.

Der Preis für die Bilder
erscheint ihm völlig begründet.

FRIDA KAHLO

Er wird sein Allerbestes tun,
um nicht außen vor zu stehen.

Jedoch befürchtet und zweifelt er,
ob die alte Rockefeller,
stur und eigensinnig, wie sie ist,
ihre Erlaubnis geben wird – die blöde Kuh.

Was immer Du in Erfahrung bringst,
teil es uns per Luftpost mit,
damit die Sache
eine runde wird, mein Freund.

Sie sollen ihm die Verträge schicken
per eingeschriebenem Brief,
um die Verhandlungen abzuschließen
und die Unterschrift daruntersuzetzen.

Verlange einen kleinen Vorschuß,
fünfzig Dollar fürs erste.
Wenn Dir das verrückt erscheint,
nimm, was Du bekommen kannst.

Damit verabschiede ich mich,
mehr zu schreiben, weigere ich mich:
Hier endet der Corrido
von Carlos Chávez und Diego. [*]

Sag mir doch bitte, Bruder, wo ich die *Antigone* bekomme, damit Diego einen Blick hineinwerfen kann, und was den Text angeht: Du weißt ja, was Diego zu Deinem letzten Brief gesagt hat. Wenn Du weitere Einzelheiten brauchst, sag mir Bescheid.

JETZT, WO DU MICH VERLÄSST

Natürlich hat er schon eingewilligt – sag diesem Herrn Soundso, er soll die Verträge schicken.
Diego muß doch nur die Antigone-Zeichnung machen, oder? Für die anderen müßtest Du nämlich die Einwilligung von Sra. Rockefeller einholen. Ich glaube, das ist alles – im Augenblick habe ich keine Zeit, lang und breit zu tratschen, aber ich sende Dir viele Grüße, genau wie Diego. Deine Freundin,
    Frieda (die Mächtige)

Regle auch das mit den fünfzig Dollar Vorschuß, die Diego haben möchte.
Grüße an Chamaco und Rose (Covarrubias).

Veröffentlicht in: *Epistolario selecto de Carlos Chávez*, zusammengestellt und kommentiert von Gloria Carmona, Fondo de Cultura Económica 1989. – Der Musiker Carlos Chávez war am 10. Dezember 1935 in New York eingetroffen. Am 23. Januar dirigierte er das Columbia Radio Symphony Orchestra bei der Uraufführung seiner *Sinfonía India*. Obwohl selbst sehr beschäftigt, nahm er sich die Zeit, sich für seinen langjährigen Freund Diego Rivera um die Publikation eines Bandes mit Zeichnungen zu bemühen, der auch die Serie *Erster Mai* enthalten sollte, die Rivera 1928 in Moskau geschaffen hatte. 45 Blätter aus dieser Serie hatte Abby Aldrich, die Gattin John D. Rockefellers jun., 1931 erworben. Chávez antwortete ebenfalls in Versform. – * Spanisches Original: »Mi querido cuatezón / Aquí va la contestada... / con estilo algo guazón, / pero aprisa y detallada. // Di cuenta de tu misiva / a Diego, con gran premura, / y sin ser muy abusiva, / voy al grano con largura. // De los dibujos el precio / le parece bien planteado, / le va a dar rete que recio / para no hacerse de lado. // Sin embargo teme y duda / que Rockefeller la vieja, / siendo necia y testaruda / dé el permiso la... pendeja. // Lo que sepas al respecto / avísalo por avión / para que salga perfecto / el asunto, cuatezón. // Que le manden los contratos / en carta certificada / para terminar los tratos / y pa'echarles su firmada. // Pide de adelanto poco / cincuenta dólares primero, / si esto te parece loco / saca más correas al cuero. // Ya con esta me despido, / a escribir más ya me niego, / aquí termina el corrido / de Carlos Chávez y Diego.«

FRIDA KAHLO

Brief an Bertram D. Wolfe

Mexiko, der 24. März 1936

Liebster Cuate, Compañero, Kamerad, General und Freund Bertrancito,
gestern kam Dein Brief, und ich leiste Deinen Befehlen unverzüglich Folge und antworte Dir noch heute, damit Dich dieser Brief im Flug erreicht! Regle auf der Stelle alles, was zu regeln ist, und komm in diese schöne Stadt der Paläste! Sei so gut und bring Ella mit, denn alleine gehst Du unterwegs verloren. Wenn Du sie nicht mitbringst, werde ich *ganz furchtbar* böse auf Dich – es könnte Schläge setzen, wenn Du am Bahnhof ankommst und ich dieses Mädchen nicht entdecken kann, das Du und ich so sehr lieben und dessen Name Ella ist.
Sowohl Diego als auch ich waren wie vor den Kopf gestoßen wegen der Guggenheim-Sache, denn wir waren sicher, daß sie Dir das Stipendium geben – aber man darf nichts erwarten von diesen arschkriecherischen Speichelleckern der Kapitalistenschweine... Aber wir sind begeistert, daß Du trotzdem kommst, daß Du das Buch schreibst und es ihnen um die Ohren schlägst.
Diego ist mit allem einverstanden, was Du in Deinem Brief schreibst, wir wollen nur, daß Du Dich sputest und herkommst, so schnell Du nur kannst, denn dieser Tage geben wir ein großes Fest mit Mariachis, Pulque curado, Truthahn-Mole und Zapateado-Tanz. Sag Ella, sie soll mir nicht mit Ausreden kommen und in letzter Minute absagen, weil ich mich sonst wirklich mit ihr anlege.
Du weißt ja, daß Euch beiden mein Haus hier weit offen steht, genau wie mein Herz. Wenn Ihr erst einmal hier seid, werdet Ihr sehen, wie Ihr Euch ein wenig von dem schönen

JETZT, WO DU MICH VERLÄSST

New York erholt, denn Du und Ella habt es Euch verdient, wenigstens eine Stunde am Tag den Bauch in die Sonne zu strecken, ohne Euch so viele Sorgen zu machen und ein Leben lang zu schuften wie Mulis. Also regelt alles beizeiten und macht keinen Rückzieher, seid brave Kinder und kommt, um für eine Weile Euer Leben im hektischen New York gegen ein anderes einzutauschen.

What do you say Kid? Please sei kein Drückeberger und mach keine Ausflüchte, denn ich freue mich schon riesig darauf, wenn Ihr in diesem bevölkerungsreichen und niemals genug gepriesenen Mexicalpán de las Tunas ankommt.

Ich will Euch diesen Brief im Fluge schicken, das heißt per Luftpost, damit Ihr ihn sobald wie möglich in Händen haltet, deshalb habe ich keine Zeit für Klatsch und Tratsch, aber das Wichtigste habe ich Dir ja schon gesagt. Ich warte sehnlichst auf Deine Antwort, damit ich weiß, ob es mir wirklich vergönnt ist, Euch hierzuhaben, oder ob ich nur träume.

Weißt Du, wer hier in Mexiko ist? Die Frau von Ernest Born, der die Abbildungen von den Fresken in der Schule im *Architectural Forum* gemacht hat. Es sind Unmengen von Leuten hier, die Ihr kennt, und es wird phantastisch sein, wenn Ihr kommt.

Also, mein Freund, ich verabschiede mich in der Hoffnung, daß Du mir mitteilst, wann Ihr kommt und damit Chicua Rivera und ihren geliebten Dickwanst glücklich macht.

Tausend Küsse an Ella.
Grüße an alle Freunde (ganz besonders an Jay).
Diego wird Dir bald schreiben.

Manuskript im Nachlaß B. Wolfe.

FRIDA KAHLO

Brief an Carlos Chávez

29. April 1936

Bruder,
ich habe Dein Gedicht erhalten. Unnötig zu sagen, daß es mir sehr gefällt – Du weißt es. Ich wünschte, ich könnte Dir in Versen antworten, aber diesmal bin ich überhaupt nicht in der Stimmung dazu, denn stell Dir vor, Diego und ich liegen schon seit zwei Wochen im Hospital Inglés. Ich wurde erneut am Fuß operiert, mit recht zweifelhaftem Erfolg, denn der Huf will nicht heilen. Aber das ist meine *geringste* Sorge. Ich bin so unvorstellbar traurig, weil Diego krank ist – er hat eine böse Erkrankung am Auge. Ich habe furchtbare Tage hinter mir, aber jetzt will ich Dir erst einmal alles genauer erzählen.

Diegos Probleme mit dem linken Auge begannen schon vor etwa einem Monat. Am Anfang haben wir dem keine Bedeutung beigemessen, denn wie Du weißt, haben ihm die Augen schon des öfteren zu schaffen gemacht, aber ohne größere Folgen. Doch diesmal handelt es sich um eine ernstliche Entzündung des Tränensacks (es wurde eine Analyse des Sekrets vorgenommen), und es scheint sich um Streptokokken zu handeln. Wir waren bei *sämtlichen* Augenärzten in Mexiko, und alle sind zu demselben Schluß gekommen. Sie sagen, daß es eine gefährliche Sache ist, und er kann das Auge sogar verlieren, wenn die Bindehaut auch nur im geringsten verletzt wird, was bei dem kritischen Zustand, in dem sich das Auge befindet, mit jedem Staubkörnchen oder Fremdkörper, der direkt ins Auge trifft, eintreten könnte. Diese Mikroben haben bereits die Haut und das Lid, die untere Gesichtshälfte sowie die Stirn befallen und eine schlimme Entzündung verursacht, durch die sein Auge fast völlig zugeschwollen ist. Es gab einen Moment, in dem wir dachten, daß alles verloren sei – Du kannst Dir seine Lage und meine Angst vorstellen. (Ich kann es gar nicht in Worte fassen.) Seit drei Tagen scheint die Entzündung ein wenig abzuklingen, und es besteht Hoffnung, daß sie keine schlimmeren Folgen haben wird, aber Doktor Silva sagt, die Gefahr sei noch nicht völlig gebannt, und es könne sehr lange dauern. Er liegt in einem abgedunkelten Zimmer, und der Ärmste ist wirklich verzweifelt (völlig zu Recht). Und ich, hilflos, wie ich bin, kann ihn kaum besuchen, weil ich noch nicht wieder laufen kann – und selbst wenn, könnte ich nichts ausrichten, und das macht mich verrückt vor Angst. Falls sich sein Zustand diese Woche nicht bessert, halten wir es für das beste, ihn nach New York zu bringen, um zu sehen, was die Augenärzte dort ausrichten können. Aber ich glaube, daß diese Sache nicht nur das Auge betrifft, sondern eine Frage seines Allgemeinzustands ist, also mit der Unterfunktion seiner Schilddrüse zusammenhängt. Außerdem finde ich, daß eine Reise in seinem Zustand eine Tortur wäre und eine zu große Verantwortung – was, wenn aufgrund der Reise etwas passiert? Ich bin verzweifelt und weiß mir keinen Rat, was ich in dieser Situation tun soll. Natürlich kommt man mit Albernheiten und Verzweiflung nicht weiter. Ich glaube, am vernünftigsten wäre es, abzuwarten, bis die Bioformin-Injektionen, die er bekommt, und Silvas Behandlung anschlagen, denn es wäre schlimmer, eine Dummheit zu begehen und bei etwas, das seinen natürlichen Gang gehen muß, Wunder zu erwarten. Aber am meisten macht mir zu schaffen, ihn so geschwächt zu sehen und der Gefahr ins Auge zu blicken, daß dieser Infektionsherd zu einer Blutvergiftung oder so etwas führen könnte, die sich ausbreitet, weil er wegen seines schlechten Allgemeinzustands nicht dagegen ankämpfen kann. Ich mag gar nicht daran denken.

Sag mir bitte, wie Du darüber denkst, was Du für ratsam hältst und ob Du glaubst, daß sich in New York leichter ein guter Arzt finden ließe, oder ob das nur eine Vermutung von mir ist. Schließlich gibt es dort auch haufenweise Aufschneider und Scharlatane, die womöglich alles noch schlimmer machen. Jedenfalls wäre Deine Meinung ein Trost für mich, denn Du kannst Dir gar nicht vorstellen, wie unglücklich und traurig ich wegen Diego bin. Mehr brauche ich Dir nicht zu erklären – Du magst ihn und weißt, was es für ihn bedeutet.

Entschuldige, daß ich in diesem Brief nur von meinen Sorgen spreche, aber Du wirst es verstehen. Du weißt ja, wie gern ich Dir viele andere Dinge erzählen würde, vor allem, wie sehr es mich gefreut hat, was Du dort oben alles erreicht hast. Glaub mir, es war eine große Freude für mich.

Bitte schreib mir – Du würdest mir sehr helfen, mich gestärkt zu fühlen, um dem, was kommen mag, ruhig entgegenzusehen. Hoffentlich geht es Diego schon ein bißchen besser, wenn Dein Brief eintrifft, denn das ist es, was wir alle uns wünschen, ich *am allermeisten*.

Grüße an Miguel und Rose (Covarrubias).

Versuche bald zurückzukommen, denn Du wirst sehr vermißt. Ich warte auf Deinen Brief. Diego läßt Dich herzlich grüßen.

Alles Liebe und eine Umarmung von

                              Frieda

Versuch doch bitte herauszufinden, welches der beste Augenarzt dort oben ist, wie hoch die Krankenhauskosten sind etc.

Ich wäre Dir auch sehr dankbar, wenn Du Dr. Claude aufsuchen und ihm Diegos Fall in groben Zügen schildern könntest (ich habe Dir in meinem letzten Brief seine Tele-

phonnummer gegeben, aber falls Du sie verloren hast: er ist immer vormittags im Rockefeller Institute anzutreffen – Dr. Albert Claude). Hier die exakte Bezeichnung der Mikroben:
Streptococcus haemolyticus. Sie haben bereits den gesamten linken Tränensack befallen und greifen auf das Gesichtsgewebe über (linke Seite). Es wäre interessant, seine Meinung zu erfahren.

Veröffentlicht in: *Epistolario selecto de Carlos Chávez*, zusammengestellt und kommentiert von Gloria Carmona, Fondo de Cultura Económica 1989. – Frida verband eine langjährige herzliche Freundschaft mit dem Karikaturisten, Maler und Anthropologen Miguel Covarrubias und seiner Frau, der Tänzerin, Malerin und Photographin Rosa Rolando. Das Paar lebte in den dreißiger Jahren in den Vereinigten Staaten und hielt sich immer wieder in Mexiko auf.

Brief an Dr. Leo Eloesser

12. Juli 1936

[...] in irgendein kleines Dorf zu gehen, wo es nur Indios, Tortillas, Bohnen und viele Blumen, Pflanzen und Flüsse gibt...
Ich habe das Selbstporträt fast fertig, um das Sie mich in Ihrem Brief aus Rußland baten [...]

Veröffentlicht in: Hayden Herrera, *Frida: Una biografía de Frida Kahlo*, Mexiko, Editorial Diana 1984.

FRIDA KAHLO

Brief an Dr. Leo Eloesser

17. Dezember 1936

[...] wäre, nach Spanien zu gehen, weil ich glaube, daß dort gerade das Spannendste passiert, was in der Welt passieren kann [...] diese Gruppe von jungen Milizionären wurde von allen Arbeiterorganisationen Mexikos überaus begeistert aufgenommen. Viele von ihnen haben sich bereit erklärt, einen Tageslohn als Unterstützung für die spanischen Genossen zu spenden, und Sie können sich nicht vorstellen, wie ergreifend es ist, zu sehen, mit welch ehrlicher Begeisterung die ärmsten Bauern- und Arbeiterorganisationen ein echtes Opfer bringen. Sie wissen ja, unter welch miserablen Bedingungen die Leute in den kleinen Dörfern leben, und trotzdem haben sie einen ganzen Tagesverdienst für jene gegeben, die zur Zeit in Spanien gegen die faschistischen Schufte kämpfen [...] Ich habe nach New York und anderswohin geschrieben und denke, daß ich einen – wenn auch kleinen – Beitrag leisten kann, der zumindest Lebensmittel oder Kleidung für die Kinder einiger der Arbeiter bedeutet, die zur Zeit an der Front kämpfen. Ich möchte Sie bitten, möglichst viel Propaganda bei unseren Freunden in San Francisco zu machen...

Veröffentlicht in: Hayden Herrera, *Frida: Una biografía de Frida Kahlo*, Mexiko, Editorial Diana 1984.

JETZT, WO DU MICH VERLÄSST

Brief an Dr. Leo Eloesser

30. Januar 1937

[...] die größte, innigste Hoffnung, daß der Faschismus in der Welt zerschlagen wird [...]

Veröffentlicht in: Hayden Herrera, *Frida: Una biografía de Frida Kahlo*, Mexiko, Editorial Diana 1984.

Schreiben an Alberto Misrachi

Albertito,
ich habe ein weiteres Telegramm von Diego erhalten; er sagt, daß er heute am *späten* Abend ankommt. Ich behellige Sie wegen meiner wöchentlichen Zahlung, weil ich gestern Cristi aus dem Krankenhaus abgeholt habe und dauernd zusätzliche Ausgaben hatte. Verzeihen Sie die Belästigung, aber Diego wird Ihnen heute oder morgen das Geld geben. Vielen Dank.

12. Juni 1937

Ich habe von Alberto Misrachi die Summe von $ 200,00 (zweihundert Pesos) für die Woche von Samstag, dem 12. Juni, bis Samstag, den 19., erhalten.
     Frieda Kahlo de Rivera

Photokopie im Archiv Juan Coronel Rivas.

FRIDA KAHLO

Widmung für Leo Trotzki auf einem Selbstporträt

Dieses Bildnis widme ich Leo Trotzki in tiefer Zuneigung, am 7. November 1937.
    Frida Kahlo
    San Ángel.
    Mexiko

An diesem Tag wurde der russische Revolutionär Leib Dawidowitsch Bronschtein, genannt Leo Trotzki, der als Exilant in dem Haus Ecke Allende/Londres in Coyoacán lebte, 58 Jahre alt.

Brief an Lucienne Bloch

14. Februar 1938

Lucy-Darling,
als Dein Brief ankam, ging es mir furchtbar beschissen, ich hatte eine Woche lang Schmerzen in dem verdammten Fuß, und wahrscheinlich muß ich noch einmal operiert werden. Ich hatte erst vor vier Monaten eine Operation, zusätzlich zu der, die gemacht wurde, als Boit hier war – Du kannst Dir also vorstellen, wie ich mich fühle. Aber dann kam Dein Brief, und ob Du es glaubst oder nicht, er hat mir Mut gemacht. Yes Kid, Du hast zwar keinen kranken Fuß, aber Du bekommst ein Baby und *arbeitest* noch, und das ist wirklich eine Leistung für ein junges Ding wie Dich. Du ahnst nicht, wie glücklich ich über diese Neuigkeiten bin. Sag Dimi, er soll sich gut benehmen, und Dir, Kid, meine herzlich-

sten Glückwünsche. Aber... bitte vergiß nicht, daß ich die Patin des Kindes werden *muß*, denn zum einen wird es just in dem Monat geboren werden, in dem ich auf diese verfluchte Welt gekommen bin, und zum anderen werde ich verdammt auf Touren kommen, wenn jemand anders mehr Anrecht haben sollte als ich, Deine »comadre« zu sein, merk Dir das.

Bitte gib gut auf Dich acht, Darling. Ich weiß, daß Du stark bist wie ein Fels und Dimi so gesund wie ein Elefant, aber Du solltest trotzdem sehr vorsichtig sein und Dich wie ein braves Mädchen verhalten. Ich finde, Du solltest nicht zuviel auf den Gerüsten herumturnen, und darüber hinaus solltest Du gut und regelmäßig essen, denn es ist die ganze Sache nicht wert, ein Risiko einzugehen. Ich rede jetzt wie eine Großmutter, aber... okay, Du weißt, was ich meine.

Jetzt will ich Dir ein bißchen was von mir erzählen. Ich habe mich nicht sehr verändert, seit Du mich zuletzt gesehen hast. Nur so viel, daß ich wieder meine verrückten mexikanischen Kleider trage, meine Haare wieder gewachsen sind und ich so dünn bin wie eh und je. Mein Charakter ist ebenfalls unverändert, ich bin lustlos wie immer, ohne Begeisterung für irgend etwas, ziemlich dumm und verdammt sentimental. Manchmal denke ich, daß es an meiner Krankheit liegt, aber das ist natürlich nur eine gute Ausrede. Trotz meines kranken Fußes und anderer Malaisen könnte ich malen, solange ich wollte, ich könnte lesen, lernen und vieles mehr, aber der Punkt ist, daß ich in den Tag hineinlebe, ich nehme die Dinge, wie sie kommen, und bemühe mich nicht im geringsten, etwas daran zu ändern. Ich bin den ganzen Tag müde, erschöpft und deprimiert. Was kann ich schon tun? Seit ich aus New York zurück bin, habe ich ungefähr zwölf Bilder gemalt, allesamt klein und unbedeutend, mit denselben persönlichen Themen, die nur mich selbst ansprechen, niemanden sonst. Vier davon habe ich an eine Galerie hier in Mexiko geschickt, die Universitätsgalerie. Sie ist klein und heruntergekommen, aber die einzige, die alles annimmt, und so habe ich sie ohne Begeisterung eingesandt. Vier oder fünf Leute haben mir gesagt, daß sie die Bilder klasse finden, der Rest hält sie für zu verrückt.

Zu meiner Überraschung hat Julien Levy mir einen Brief geschrieben, in dem er mir mitteilt, daß ihm jemand von meinen Bildern erzählt habe und daß er sehr an einer Ausstellung in seiner Galerie interessiert sei. Daraufhin habe ich ihm ein paar Photos von meinen neuesten Sachen geschickt. Er schrieb mir einen weiteren Brief, in dem er sich begeistert über die Photos äußerte, und bat mich um eine Ausstellung von dreißig Exponaten im Oktober dieses Jahres. Diegos Ausstellung soll zeitgleich stattfinden. Also habe ich zugesagt, und falls nichts dazwischenkommt, werde ich im September nach New York fahren. Ich bin nicht ganz sicher, ob Diego seine Sachen bis dahin fertig haben wird, aber vielleicht kommt er später, und dann geht's nach London. Das sind unsere Pläne, aber Du kennst Diego ja so gut wie ich, und... quién sabe lo que pase de aquí a entonces. Ich muß Dir erzählen, daß Diego kürzlich eine Serie von Landschaften gemalt hat. Zwei davon – falls Du meinem Geschmack vertraust – sind das Beste, was er in seinem ganzen Leben gemalt hat. Sie sind einfach sagenhaft. Ich kann sie Dir gar nicht beschreiben – sie sind anders als alles, was er vorher gemalt hat, aber ich sage Dir, sie sind phantastisch! Die Farben sind unglaublich, und die Pinselführung – o Mann, die ist so perfekt und ausdrucksstark, daß einem nach Freudensprüngen und Weinen zumute ist, wenn man sie sieht. Eines davon wird bald im Brooklyn Museum ausgestellt, Du kannst es Dir also dort anschauen. Es ist ein Baum vor blauem Hintergrund. Bitte laß mich Deine Meinung wissen, wenn Du es gesehen hast.

Jetzt, wo ich weiß, daß ich diese Ausstellung in New York haben werde, arbeite ich ein bißchen mehr, um die dreißig verdammten Bilder zusammenzukriegen, aber ich befürchte, ich werde nicht damit fertig. Mal sehen.

Beim Lesen des *Workers Age* fiel mir auf, daß es große Veränderungen in Deiner Gruppe gibt, aber Du verhältst Dich immer noch wie ein gütiger Vater, der seinen Sohn zu *überzeugen* versucht, daß er im Unrecht ist, und dabei die große Hoffnung hat, daß sich das Kind durch Deine Schelte ändert. Ich finde diese Haltung noch schlimmer als das schlechte Benehmen des Kindes. Immerhin räumst Du allmählich vieles ein, was Du früher für völlig [...] Wir haben in dieser Sache vieles zu besprechen, aber ich will Dich jetzt nicht mit so etwas belästigen. Schließlich ist meine Meinung zu dieser Angelegenheit verdammt unwichtig.

Abgesehen von unterschiedlichen Ansichten habe ich Dir noch viel, viel Interessantes zu erzählen. Im September werden wir stundenlang reden. Im Moment kann ich Dir nur sagen, daß sein [Trotzkis] Aufenthalt in Mexiko die tollste Sache ist, die mir in meinem Leben passiert ist.

Was Diego angeht, so bin ich glücklich, Dir sagen zu können, daß es ihm zur Zeit sehr gut geht. Er hat keine Probleme mehr mit seinen Augen, er ist dick, aber nicht allzusehr, und er arbeitet wie immer mit Begeisterung von morgens bis in die Nacht hinein. Manchmal benimmt er sich nach wie vor wie ein Baby. Zuweilen läßt er sich von mir ausschelten, wobei ich dieses Privileg natürlich nicht allzusehr ausnutze. Mit einem Wort – er ist derselbe niedliche Prachtkerl wie eh und je, und trotz seiner Schwäche für »ladies« (meist junge Amerikanerinnen, die für zwei oder drei Wochen nach Mexiko kommen und denen er stets bereitwillig seine Fresken außerhalb von Mexiko-City zeigt) ist er der nette, brave Junge, den Du kennst.

Gut, Darling, ich denke, dieser Brief ist für meine Verhältnisse schon eine Zeitschrift. In Anbetracht meiner momentanen schlechten Laune wegen der Schmerzen im Fuß etc., etc. habe ich Dir so viel berichtet, wie ich konnte. Ich werde diesen Brief noch heute per Luftpost aufgeben, damit Du ein bißchen etwas über diese armselige Person erfährst.

Liebe Grüße an Dimi, und wenn Du heute abend ins Bett gehst, dann streich Dir liebevoll über den Bauch, und stell Dir vor, ich wäre es, die ihr zukünftiges Patenkind streichelt. Ich bin sicher, daß es ein Mädchen wird, ein niedliches kleines Mädchen mit den besten Erbanlagen von Lucy und Dimi. Falls ich mich irre und es ein Junge wird, bin ich natürlich genauso stolz. Egal ob Junge oder Mädchen, ich werde es lieben, als ob es das Kind wäre, das ich in Detroit erwartet habe.

Liebe Grüße an Ella und Boit – sag ihnen, daß ich sie trotz meines Schweigens genauso liebe wie eh und je. Gib Jay Lovestone einen Kuß, und wenn er rot wird, achte gar nicht darauf, mach es einfach in meinem Auftrag.

Liebe Grüße auch an Suzy, und meine herzlichen Glückwünsche zu dem kleinen Mathematiker, den sie auf die Welt bringen wird. Und eine Bitte ... Falls Du am Sheridan Square vorbeikommen solltest, geh in den dritten Stock, und grüß Jeanne de Lanux von mir. Und laß ein Zettelchen mit einem Lippenstiftkuß für Pierre dort. Wirst Du das tun? Okay. Vielen Dank.

Schreib mir öfter. Ich verspreche, zu antworten.

Wie geht es Deinem Vater? Und Deiner Mama?

Dir alles Liebe, Lucy – sobald wir das Geschlecht des Babys

wissen, schicke ich ein Geschenk für den zukünftigen Erdenbürger.
Deine Fresken, von denen Du vergangenes Jahr Photos geschickt hast, sind klasse. Diego fand das auch. Schick uns Photos von den neuesten. Vergiß es nicht. Danke für Deinen Brief, danke, daß Du an Diego und mich denkst, und dafür, daß Du ein nettes Mädchen bist, das mit einer so reinen, wunderbaren Begeisterung Kinder haben will. Diego sendet Euch beiden herzliche Grüße und *un abrazote* de felicitación por el futuro niño.
Frida

Kopie (Original in englischer Sprache) im Archiv Martha Zamora. – Die Universitätsgalerie wurde damals von Miguel N. Lira geleitet. – Die Ausstellung in der Galerie Julien Levy mit 25 Exponaten wurde am 1. November 1938 eröffnet.

Brief an Ella Wolfe

Mittwoch, der 13., 1938

Liebe Ella,
ich will Dir schon seit ewigen Zeiten schreiben, aber wie immer bringe ich es irgendwie nie fertig, Briefe zu beantworten und mich zu benehmen, wie es sich gehört... Also, mein Mädchen, laß mich Dir für Deinen Brief danken und für die Freundlichkeit, Dich wegen Diegos Hemden zu erkundigen. Leider kann ich Dir die Maße nicht nennen, nach denen Du fragst, denn sosehr ich auch im Hemdkragen suche, ich kann nicht die geringste Spur einer Nummer entdecken, die einen Hinweis auf die Kragenweite des Don

Diego Rivera y Barrientos gäbe. Deshalb wäre es wohl am besten – falls dieser Brief rechtzeitig ankommen sollte, was ich *very much* bezweifle –, wenn Du Martin ausrichtest, er möge mir bitte sechs von den größten Hemden besorgen, die es in New York gibt, solche, von denen man kaum glauben mag, daß sie für einen Menschen gedacht sind, das heißt die größten auf diesem Planeten, gemeinhin Erde genannt. Ich glaube, Du kannst sie in den Seemannsläden bekommen, dort unten am Stadtrand von New York, an das ich mich nicht... gut genug erinnern kann, um eine hinreichende Beschreibung zu geben. Also, wenn Du keine findest, dann... eben nicht! Okay. Jedenfalls vielen Dank für Deine und seine Bemühungen.

Hör mal, meine Kleine, vor ein paar Tagen hat Diego Boits Brief bekommen. Er läßt ihm ausrichten, daß er sich herzlich bedankt, und Martin soll ihm bitte den »Zaster« von Covici und dem Herrn, der ihm die Zeichnung beziehungsweise das Aquarell abgekauft hat, mitbringen. Es sind tatsächlich mehrere Briefe an ihn verlorengegangen, und zwar genau aus dem Grund, den Boit in seinem Brief genannt hat. Deshalb sollte man lieber zu besonderen Versandformen greifen, wenn es um den mächtigen, nie genug gerühmten »Zaster« geht, um zu verhindern, daß die »Wegelagerer« ihn sich »unter den Nagel reißen«. Wie Du siehst, wird mein Wortschatz jeden Tag blumiger – Du wirst die Bedeutung einer solch kulturellen Bereicherung für meine bereits heute umfassende und höchst ungeschliffene Bildung ermessen können. Diego läßt Boit grüßen, ebenso Jay, Jim und alle anderen Freunde.

Solltest Du etwas über meine Wenigkeit erfahren wollen, bitte schön: Seit Ihr dieses herrliche Land verlassen habt, reißen die Probleme mit meinem Huf nicht ab, will heißen, dem Fuß. Die letzte Operation (vor genau einem Monat)

JETZT, WO DU MICH VERLÄSST

hat null bewirkt, und damit haben sie jetzt viermal an mir herumgeschnitten. Wie Du verstehen wirst, fühle ich mich wirklich »poifect«, und ich hätte nicht übel Lust, mit diesen ganzen Ärzten abzurechnen bis ins letzte Glied, angefangen mit Adam und Eva. Aber da mir das immer noch nicht genug Trost und Rache für diese Höllenqualen wäre, nehme ich Abstand von solchen »Auf- und Abrechnungen« – Ihr seht eine wahre »Heilige« vor Euch, geduldig und alles, was diese besondere Spezies ausmacht. Du kannst Boit ausrichten, daß ich mich gut betrage, in dem Sinne, daß ich nicht mehr so viele »Gläschen«... Schlückchen... Cognac, Tequila etc. trinke... Ich halte das für einen weiteren Schritt in Richtung Befreiung der unterdrückten Klassen. Ich habe getrunken, weil ich meine Schmerzen ertränken wollte, aber die verdammten Schmerzen haben schwimmen gelernt, und jetzt bin ich berauscht vor lauter Anstand und gutem Benehmen!... Mir sind noch weitere mehr oder weniger unangenehme Dinge passiert, von denen ich Dir nicht erzählen will, weil sie nicht so wichtig sind. Alles andere, das tägliche Leben etc., ist exakt so, wie Du es kennst, einmal abgesehen von den ganzen Veränderungen infolge des bedauerlichen Zustands, in dem sich die Welt zur Zeit befindet. Welche Philosophie, welche Auffassungsgabe!

Abgesehen von Krankheiten, politischen Verwicklungen, Gringo-Besuchern, verlorengegangenen Briefen, Riveraschen Diskussionen, Sorgen sentimentaler Art etc. ist mein Leben wie in dem Gedicht von López Velarde... seinem täglichen Spiegel gleich. Diego war ebenfalls krank, aber mittlerweile ist er fast genesen und arbeitet wie immer, viel und gut. Er ist ein bißchen dicker, ganz der alte Plauderer und Vielfraß, er schläft in der Badewanne, liest die Zeitungen auf dem WC und spielt stundenlang mit Don Fulang-

Chang. Diego hat eine Gefährtin für ihn besorgt, aber leider hat sich die fragliche Dame als ein wenig bucklig erwiesen, und der feine Herr hat nicht genug Gefallen an ihr gefunden, um die erhoffte Ehe zu vollziehen, und infolgedessen gibt es noch keinen Nachwuchs. Diego verlegt noch immer alle Briefe, die er in die Finger bekommt, läßt seine Papiere überall liegen... Wird sehr ungehalten, wenn man ihn zum Essen ruft, macht allen hübschen Mädchen den Hof, und manchmal... nimmt er ein paar Städterinnen »ins Visier«, die unverhofft hier aufkreuzen. Unter dem Vorwand, ihnen »seine Fresken zu zeigen«, verschwindet er für ein oder zwei Tage mit ihnen... Landschaften ansehen... Zur Abwechslung legt er sich nicht mehr so mit den Leuten an, die ihn bei der Arbeit stören. Er läßt seine Füllhalter eintrocknen, seine Uhr bleibt stehen, und alle vierzehn Tage muß er sie zur Reparatur bringen. Er trägt immer noch diese klobigen Bergarbeiterschuhe (schon seit drei Jahren ein und dieselben). Er wird wütend, wenn die Autoschlüssel weg sind, und grundsätzlich tauchen sie in seiner eigenen Tasche wieder auf. Er bewegt sich überhaupt nicht und nimmt nie ein Sonnenbad. Er schreibt Zeitungsartikel, die einen Riesenwirbel verursachen, verteidigt die IV. Internationale mit Zähnen und Klauen und freut sich, daß Trotzki hier ist. Das wären so ungefähr die wichtigsten Einzelheiten... Wie Du bemerkt haben wirst, habe ich gemalt, und das ist doch schon etwas. Bislang habe ich mein Leben damit verbracht, Diego zu lieben und mir selbst etwas vorzumachen, was die Arbeit angeht, aber jetzt liebe ich Diego immer noch und habe trotzdem ernsthaft damit begonnen, meine Figürchen zu malen. Unruhen sentimentaler und amouröser Art... da gab es einige, aber die waren nichts weiter als Zeitvertreib... Cristi ist sehr krank gewesen. Sie wurde an der Gallenblase operiert und war in einem sehr ernsten Zustand. Wir glaubten schon, daß sie sterben würde, aber glücklicherweise hat sie die Operation gut überstanden, und mittlerweile geht es ihr viel besser, auch wenn sie sich noch nicht wohlauf fühlt ... Sie lebt ein bißchen ... im Äther. Sie fragt immer noch: »Wer ist Fuente Ovejuna?«, und es grenzt an ein Wunder, wenn sie bei einem Film nicht einschläft, aber am Ende des Films fragt sie immer: »Gut, aber wer ist der Verräter? Wer ist der Mörder? Wer ist das Mädchen?« Sie versteht weder den Anfang noch das Ende, und in der Mitte überläßt sie sich immer Morpheus' Armen ... Ihre Kinder sind wunderbar, Toñito (der Philosoph) wird jeden Tag schlauer und baut schon viele Sachen mit dem »Mecano«. Isoldita geht jetzt in die dritten Klasse; sie ist wirklich niedlich und schrecklich ungezogen. Meine Schwester Adriana und der blonde Veraza, ihr Mann (die mit uns in Ixtapalapa waren), denken ständig an Dich und Boit und lassen Euch herzlich grüßen ...

Also gut, meine Schöne, ich hoffe, daß Du mich nach diesem außergewöhnlichen Brief wieder liebhast, wenigstens ein kleines bißchen, und dann immer so weiter, bis Du mich wieder genauso liebst wie früher ... erwidert meine Liebe, indem Ihr mir einen gewaltigen Brief schreibt, der mein ach so trauriges Herz erfreut, das von hier aus stärker für Euch schlägt, als Ihr Euch vorstellen könnt. Hört nur: TICK-TACK, TICK-TACK, TICK-TACK, TICK-TACK! Das geschriebene Wort ist denkbar schlecht geeignet, um innere Geräusche in ihrer ganzen Klangfülle wiederzugeben – es ist also nicht meine Schuld, wenn es klingt wie eine kaputte Uhr und nicht wie mein Herz, *but ... you know what I mean, my children! And let me tell you, it's a pleasure.*

Viele Küsse an Euch beide, viele Umarmungen und mein ganzes Herz, und falls noch ein bißchen übrigbleiben sollte, verteilt es an Jay, Jim, Lucienne, Dimi und alle meine Her-

zensfreunde. Viele, viele Grüße an Deine Mama, Deinen Papa und die Kleine, die mich so gerne mochte. Eure geliebte und unmögliche Chicua
Friduchín

Veröffentlicht in: Hayden Herrera, *Frida: Una biografía de Frida Kahlo*, Mexiko, Editorial Diana 1984. – Martin Temple, ein wohlhabender Händler und Industrieller, unterstützte Persönlichkeiten und Gruppierungen der Linken. – Fulang-Chang war der Name von Riveras Lieblingsäffchen. – Der Verlag Covici Friede in New York publizierte die Bücher *Portrait of America* und *Portrait of Mexico*, die Rivera und Wolfe gemeinsam herausgaben.

Brief an Alejandro Gómez Arias

New York, der 1. November 1938

Alex, am Tag meiner Ausstellung will ich Dir schreiben, auch wenn es nicht viel ist.
Alles ist ganz wunderbar gelaufen, ich habe wirklich höllisches Glück. Die Leute hier mögen mich sehr, und alle sind ausnehmend nett zu mir. Levy wollte das Vorwort von A. Breton nicht übersetzen, und das ist das einzige, was mich ein bißchen stört, weil es ziemlich überkandidelt wirkt, aber jetzt läßt sich nichts mehr daran ändern! Was meinst Du dazu? Die Galerie ist Spitzenklasse, und sie haben die Bilder sehr gut gehängt. Hast Du die *Vogue* gesehen? Es gibt drei Abbildungen, eine davon in Farbe – die finde ich am besten –, und in *Life* soll diese Woche auch etwas erscheinen.

In einer privaten Sammlung habe ich zwei wundervolle Gemälde gesehen, einen Piero della Francesca, den ich für das Sagenhafteste auf der Welt halte, und einen kleinen El Greco, den kleinsten, den ich je gesehen habe, aber er ist der schönste von allen. Ich werde Dir Abbildungen davon schicken.
Schreib mir, ob Du hin und wieder an mich denkst. Ich werde zwei oder drei Wochen hierbleiben. Ich liebe Dich sehr.
Grüße an Mir und Rebe. Áurea ist hier, und er ist erträglicher als früher.

Veröffentlicht in: Raquel Tibol, *Frida Kahlo: una vida abierta*, Mexiko, Editorial Oasis 1983; UNAM 1998. – Frida Kahlos Ausstellung in der Galerie Julien Levy, 15 East / 57th Street, fand vom 1. bis 15. November 1938 statt. André Breton präsentierte den Katalog.

Brief an Diego Rivera

New York, der 9. Januar 1939

Mein Junge,
als ich gestern mit Dir telephonierte, hörtest Du Dich ein bißchen traurig an, und ich habe mir große Sorgen um Dich gemacht. Ich wäre froh, wenn Dein Brief noch vor meiner Abreise ankäme, damit ich Neuigkeiten aus Coyoacán erfahre und weiß, wie die ganze Sache so läuft. Hier in der *News* sind drei Artikel über den Alten und den Gen. erschienen; ich schicke sie Dir, damit Du siehst, wie beschränkt die Leute in diesem elenden Kaff sind – sie be-

haupten, daß Lombardo ein überzeugter Trotzkist sei etc., etc.
Wie Du weißt, werde ich diese letzte Woche bei Mary verbringen. Sie hat mich gestern abend abgeholt, denn David möchte, daß ich mich vor der Überfahrt richtig erhole und ordentlich ausschlafe; die verdammte Grippe hat mir nämlich mächtig zugesetzt, und ich bin völlig am Ende. Mein Liebling, ich vermisse Dich so sehr, daß ich manchmal nur noch nach Mexiko zurückmöchte. Letzte Woche war ich kurz davor, die Reise nach Paris sausenzulassen, aber da Du sagst, daß es vielleicht die letzte Gelegenheit ist, werde ich mich zusammenreißen und fahren. Im März bin ich wieder in Mexiko, denn ich denke gar nicht daran, länger als einen Monat in Paris zu bleiben.
Ich weiß nicht, warum ich gestern so einen schlechten Tag hatte, aber ich habe fast den ganzen Tag geweint, und Mary wußte nicht mehr, was sie mit mir machen sollte. Eugenia hat sich ziemlich angestellt – Du weißt ja, wie stur sie ist, und als sie erfuhr, daß ich mit meinen [...] ein paar Mexikanerinnen, Freundinnen von ihr, komme... Sie hat mich fast zur Weißglut getrieben – sie ist zwar eine nette Person, aber manchmal kann sie so verbohrt sein, daß man nicht übel Lust hätte, dieser Nervensäge die Gurgel umzudrehen.
Mary wird mir helfen, meine Sachen zu packen, denn durch die verdammte Krankheit bin ich zu nichts gekommen. Das Bild für Mme. Luce ist halb fertig; ich werde es in Paris zu Ende malen, denn nach fünf Tagen mit hohem Fieber habe ich keine Kraft für gar nichts, ich bin ausgelaugt und völlig kaputt. Außerdem habe ich auch noch meine Periode bekommen und fühle mich wirklich beschissen. Die arme Mary ist wie eine Mutter zu mir gewesen, David und Anita genauso; ab und zu halten sie mir eine gehörige Standpauke, denn Du weißt ja, wie ungehorsam ich bin, was Ärzte an-

geht, aber immerhin habe ich keine Lungenentzündung bekommen – das hätte gerade noch gefehlt! Alle haben Bronchitis oder sonst etwas, weil es so elend kalt gewesen ist. Sie schimpfen mit mir, weil ich kein Unterhemd aus Wolle anziehe, aber ehrlich gesagt kratzen sie furchtbar, und ich ertrage sie nicht auf der Haut.
Ich habe mich so gefreut, daß Dir das Porträt gefallen hat, das ich von Goodyear gemalt habe. Er ist begeistert, und wenn ich wieder zurück bin, will er noch eines von Katherine Cornell und eines von seiner Tochter. Aber das wird erst im Oktober sein, wenn Du mit mir kommst, denn ich will nicht mehr länger ohne Dich sein. Ich brauche Dich wie die Luft zum Atmen – es ist ein wirkliches Opfer für mich, nach Europa zu gehen, denn ich will meinen Jungen *bei mir* haben.
Ich weiß nicht, was die Bretons planen, sie haben mir nämlich nicht mehr geschrieben und auch das Telegramm nicht beantwortet, das ich ihnen letzte Woche schickte. Ich denke, sie werden mich in Cherbourg erwarten, oder wo auch immer das Schiff anlegt – ich weiß nicht, was ich ganz alleine in diesem Land machen sollte, in dem ich mich überhaupt nicht auskenne.
Mein Liebling, spiel nicht so viel mit Fulang – Du weißt ja, was er mit Deinem Auge gemacht hat. Beobachte ihn lieber nur von weitem, und er soll Dir bloß nicht ernstlich weh tun, sonst bringe ich ihn um. Und der Waschbär? Er muß schon riesig sein. Laß ihn nicht zu oft jagen, das tut ihm nicht gut.
Habt Ihr mein Fahrrad schon auf mein Zimmer gebracht? Ich will nicht, daß die Kinder es nehmen; es wäre besser, wenn Du es oben abstellst. Ist Lupe brav? Und was ist mit Carmelita? Grüß alle von mir und ganz besonders General Trastorno.

Siehst Du manchmal Ch. Hidalgo? Sag ihm, daß ich seine Handschuhe und seinen Pulli nicht vergessen habe. Mein süßer Junge, sag Kitty, sie soll Deine Kleider flicken, alles schön sauberhalten und den »Coifför« rufen, wenn Du ihn brauchst. Vergiß nicht zu baden, und gib gut auf Dich acht. Vergiß nicht, daß ich Dich mehr liebe als mein Leben, daß ich Dich mit jeder Minute mehr vermisse. Benimm Dich, und *auch wenn Du Dich amüsieren solltest*, hör nie auf, mich zu lieben, wenigstens ein kleines bißchen. Ich werde Dir sobald wie möglich aus Paris schreiben, aber tu Du mir nicht den Kummer an, kein Wort von Dir hören zu lassen. Auch wenn es nur kleine Briefchen oder Karten sind, damit ich weiß, wie es Dir gesundheitlich geht.

Das Bild von der Toten wird gut; das einzige, was ich nicht hinbekomme, ist der Raum zwischen den Figuren, und das Gebäude sieht aus wie einer dieser viereckigen Kamine und wirkt sehr gedrungen. Jeden Tag wird mir deutlicher bewußt, was für eine lausige Zeichnerin ich bin und wie dumm ich mich anstelle, wenn ich einem Bild ein bißchen Tiefe geben will. Was würde ich darum geben, sehen zu können, was Du gerade tust, was Du malst, wenn ich bei Dir sein und mit Dir in unserem kleinen Zimmerchen auf der Brücke schlafen könnte. Ich vermisse Dein Lachen so sehr, Deine Stimme, Deine kleinen Hände, Deine Augen, sogar Deine Wutanfälle, alles an Dir, mein Junge, Du bist mein ganzes Leben, und nichts und niemand kann mich ändern.

Ich warte auf Deinen Brief, den Du mir in dem Telegramm und am Telephon versprochen hast. Erzähl mir, warum Du so traurig geklungen hast, erzähl mir alles – sag mir, ob ich zu Dir kommen soll, und ich schicke Paris und alle zum Teufel.

Ich sende Dir Millionen und Abermillionen von Küssen und mein ganzes Herz.
Deine Chicuita.
Friduchín

Schadhafte Kopie im Archiv Martha Zamora. – Frida bezieht sich auf Trotzki [der Alte], General Lázaro Cárdenas [der General], Vicente Lombardo Toledano, den Präsidenten des Museum of Modern Art in New York, und A. Conger Goodyear, der für die Schauspielerin Katherine Cornell das *Selbstbildnis mit Äffchen* (Öl auf Masonit, 40,6 × 30,5 cm) aus dem Jahr 1938 erwarb. – Bei dem in Arbeit befindlichen Gemälde handelt es sich um *Der Freitod der Dorothy Hale*, das Clare Boothe Luce zur Erinnerung an ihre Freundin, die Schauspielerin und New Yorker Schönheit Dorothy Hale, in Auftrag gab.

Brief an Nickolas Muray

Paris, der 16. Februar 1939

Mein bezaubernder Nick. Mi Niño,
ich schreibe Dir von meinem Bett im Amerikanischen Krankenhaus. Gestern war ich zum erstenmal fieberfrei, und sie haben mir erlaubt, ein bißchen was zu essen, und jetzt fühle ich mich besser. Vor zwei Wochen war ich so krank, daß man mich im Krankenwagen hergebracht hat, denn ich konnte nicht einmal mehr laufen. Wie Du weißt, habe ich keine Ahnung, warum und wie diese Kolibakterien vom Darm in die Nieren gelangt sind; ich hatte eine so heftige Entzündung und derartige Schmerzen, daß ich dachte, ich würde sterben. Es wurden mehrere Röntgenaufnahmen von den Nieren gemacht, und es sieht so aus,

als wären sie mit diesen verdammten Kolibakterien infiziert. Jetzt geht es mir wieder besser, und am Montag werde ich aus diesem scheußlichen Krankenhaus entlassen. Ins Hotel kann ich nicht zurück, weil ich dort ganz auf mich allein gestellt wäre; deshalb hat Marcel Duchamps Frau mich eingeladen, eine Woche bei ihr zu wohnen, bis ich mich ein wenig erholt habe.

Heute morgen ist Dein Telegramm eingetroffen. Ich habe geweint vor Glück, und weil ich Dich mit jeder Faser meines Herzens vermisse. Dein Brief, mein Liebling, kam gestern, und er ist so wunderbar, so zärtlich, daß ich keine Worte habe, um Dir zu sagen, wie sehr ich mich gefreut habe. Ich bete Dich an, mein Liebster, wie ich nie zuvor jemanden geliebt habe, glaub mir – nur Diego ist meinem Herzen so nah wie Du – immer. Ich habe Diego nichts von der ganzen Aufregung wegen meiner Krankheit erzählt, weil er sich solche Sorgen machen würde; ich denke, daß ich in ein paar Tagen wieder in Ordnung sein werde, und da ist es unnötig, ihn zu beunruhigen. Findest Du nicht auch?

Von dieser verfluchten Krankheit einmal abgesehen, hatte ich eine beschissene Zeit, seit ich hier angekommen bin. Zunächst einmal ist die Sache mit der Ausstellung ein absolutes Durcheinander. Als ich ankam, waren die Bilder noch beim Zoll, weil dieses A...loch von Breton sich nicht die Mühe gemacht hatte, sie abzuholen. Die Photographien, die Du *vor ewigen Zeiten* geschickt hast, hat er angeblich *nie bekommen*, so daß die Galerie *überhaupt nicht* auf die Ausstellung vorbereitet war, und Breton selbst hat schon lange keine eigene Galerie mehr. Also mußte ich tagelang wie ein Idiot warten, bis ich schließlich Marcel Duchamp kennenlernte (ein wunderbarer Maler), der einzige in diesem Haufen durchgedrehter Surrealistenärsche, der mit beiden Beinen auf der Erde steht. Er hat meine Gemälde sofort ausgelöst und versucht, eine Galerie zu finden. Schließlich akzeptierte eine Galerie namens »Pierre Colle« die verdammte Ausstellung. Jetzt will Breton neben meinen Bildern noch 14 Porträts aus dem 19. Jahrhundert (Mexikaner) und etwa 32 Photographien von Álvarez Bravo ausstellen, dazu jede Menge Kunsthandwerk, das er auf Märkten in Mexiko gekauft hat, *lauter Plunder*, kannst Du Dir das vorstellen? Am 15. März will die Galerie fertig sein. Aber die 14 Ölgemälde aus dem 19. Jahrhundert müssen *restauriert* werden, und die gottverdammte Restaurierung dauert einen ganzen Monat. Ich mußte Breton 200 Bucks (Dlls) für die Restaurierung leihen, weil er keinen Penny besitzt. (Ich habe Diego in einem Telegramm die Situation geschildert und ihm erzählt, daß ich Breton das Geld geliehen habe. Er war wütend, aber nun ist es passiert, und ich kann nichts mehr daran ändern.) Mein Geld reicht noch bis Anfang März, ich muß mir also keine großen Sorgen machen.

Nachdem die Sache mehr oder weniger geregelt war, hat Breton mir nun vor ein paar Tagen erzählt, daß Pierre Colles Kompagnon, ein gottverdammter alter Hurenbock, meine Bilder gesehen hat und findet, daß man nur *zwei* davon zeigen könne, weil der Rest zu »shocking« für das Publikum sei!! Ich könnte diesen Kerl umbringen und in Stücke reißen, aber ich bin die ganze Sache so leid, daß ich beschlossen habe, alles sausenzulassen und aus diesem beschissenen Paris abzuhauen, bevor ich durchdrehe. Du kannst Dir nicht vorstellen, was diese Leute für Kanaillen sind. Ich könnte kotzen. Sie sind so verdammt »intellektuell« und mies, daß ich sie nicht länger ertragen kann. Es ist wirklich zuviel für mich. Lieber hocke ich mich auf den Markt von Toluca und verkaufe Tortillas, als etwas mit diesen schäbigen Pariser »Künstlern« zu tun zu haben. Sie sitzen stundenlang in den »Cafés«, wärmen ihre feinen Ärsche und quatschen

ununterbrochen über »Kultur«, »Kunst«, »Revolution« und so weiter, und so fort. Sie halten sich für Gott, phantasieren den aberwitzigsten Unsinn zusammen und verpesten die Luft mit immer neuen Theorien, die nie Wirklichkeit werden.
Am nächsten Morgen haben sie nichts zu beißen im Haus, denn *keiner von ihnen arbeitet*. Statt dessen leben sie wie Parasiten von den ganzen reichen Schachteln, die ihr »künstlerisches Genie« bewundern. *Abschaum* sind sie, nichts als *Abschaum*. Ich habe noch nie gesehen, daß Diego oder Du Eure Zeit mit blödem Klatsch oder »intellektuellen« Diskussionen verschwendet hättet, und deshalb seid ihr richtige *Männer* und keine lausigen »Künstler«. So eine Scheiße! Es war sinnlos hierherzukommen, nur um zu sehen, warum Europa vor die Hunde geht und wie diese ganzen Taugenichtse den Hitlers und Mussolinis Tür und Tor öffnen. Ich schwöre Dir, daß ich diesen Ort und die Leute hier hassen werde, solange ich lebe. Sie haben etwas so Falsches und Unechtes an sich, daß sie mich in den Wahnsinn treiben.
Ich hoffe nur, daß ich bald gesund bin und von hier abhauen kann.
Mein Ticket ist noch länger gültig, aber ich habe schon einen Platz auf der »Isle de France« am 8. März. Ich hoffe, daß ich dieses Schiff nehmen kann. Ich werde auf keinen Fall länger als bis zum 15. März bleiben. Zum Teufel mit der Ausstellung in London. Zum Teufel mit Breton und dieser ganzen lausigen Stadt. Ich will zurück *zu Dir*. Ich vermisse jede Deiner Bewegungen, Deine Stimme, Deine Augen, Deine Hände, Deinen schönen Mund, Dein klares, offenes Lachen, *DICH*. Ich liebe Dich, mein Nick. Es macht mich so glücklich, zu denken, daß ich Dich liebe – daß Du auf mich wartest – daß Du mich liebst.

Mein Liebling, gib Mam viele Küsse von mir. Ich denke immer an sie. Küsse auch Aria und Lea. Dir sende ich mein Herz voller Liebe und Zärtlichkeit und einen speziellen Kuß für Deinen Nacken, Deine
Xochitl
Ganz liebe Grüße an Mary Sklar, wenn Du sie siehst, und an Ruzzy.

Original in englischer Sprache. Aus dem Nachlaß Muray in der Smithsonian Institution. – Aria und Lea sind Murays Töchter; Mam war vermutlich seine Assistentin.

Brief an Nickolas Muray

Paris, der 27. Februar 1939

Mein bezaubernder Nick,
heute morgen ist Dein Brief angekommen, nachdem ich so viele Tage darauf gewartet habe. Ich war so glücklich, daß mir die Tränen kamen, noch bevor ich zu lesen begann. Mein Junge, ich sollte mich wirklich über nichts beklagen, was mir im Leben widerfährt, solange Du mich liebst und ich Dich. Es ist so wahrhaftig und wundervoll, daß ich alle Schmerzen und allen Ärger vergesse, sogar die Entfernung. Durch Deine Worte fühle ich mich Dir so nah, daß ich Dich spüren kann – Deine Augen – Deine Hände, Deine Lippen. Ich kann Deine Stimme hören und Dein Lachen, dieses klare, aufrichtige Lachen, das nur *Du* hast. Ich zähle schon die Tage bis zur Heimreise. Noch ein Monat, und wir werden wieder zusammen sein!

Liebling, ich habe einen furchtbaren Fehler gemacht. Ich war mir sicher, daß Dein Geburtstag am 16. *Januar* ist. Wenn ich gewußt hätte, daß er am 16. Februar ist, hätte ich niemals dieses Telegramm geschickt, das Dich traurig und ärgerlich gemacht hat. Bitte verzeih mir.
Vor *fünf* Tagen bin ich aus dem Krankenhaus entlassen worden. Ich fühle mich schon viel besser und hoffe, daß ich in ein paar Tagen wieder ganz gesund bin. Ich bin nicht in das blöde Hotel zurückgegangen, weil ich nicht ganz alleine bleiben konnte. *Mary Reynolds*, eine wundervolle Amerikanerin, die mit *Marcel Duchamp* zusammenlebt, hat mich eingeladen, bei ihr zu wohnen, und ich habe ihr Angebot gerne angenommen, denn sie ist wirklich nett und hat nichts mit diesen beschissenen »Künstlern« aus der Gruppe um Breton zu tun. Sie ist sehr freundlich zu mir und kümmert sich rührend um mich. Nachdem ich so viele Tage Fieber hatte, bin ich immer noch ziemlich schwach, weil einen diese verdammte Infektion wirklich umhaut. Der Arzt sagt, daß ich etwas *gegessen* haben muß, das nicht gut gewaschen war (Salat oder rohes Obst). Ich würde meine Schuhe drauf verwetten, daß ich mir diese verfluchten Kolibakterien zu Hause bei Breton geholt habe. *Du* machst Dir keine Vorstellung von dem *Dreck*, in dem diese Leute leben, und was sie für ein Zeugs essen. Es ist unfaßbar. In meinem ganzen verdammten Leben habe ich so etwas noch nicht gesehen. Aus irgendeinem *Grund*, den ich *nicht kenne*, ist die Infektion vom *Darm* in die *Blase* und in die Nieren gewandert. Ich konnte zwei Tage lang kein Pipi machen und hatte das Gefühl, jeden Moment zu explodieren. Zum Glück ist jetzt *alles okay*, ich muß mich nur ausruhen und eine spezielle *Diät* halten. Ich schicke Dir ein paar von den Krankenhausakten mit. Bitte sei so lieb, und gib sie *Mary* Sklar; sie soll sie David *Glusker* zeigen, damit er sich

einen Eindruck verschaffen und mir Anweisungen *schikken* kann, was ich *essen* soll. (Sag ihr bitte, daß die Tests seit drei Tagen anzeigen, daß der Urin *sauer* ist; *vorher* war er *basisch*.) Das Fieber ist ganz weg. Ich habe nach wie vor Schmerzen beim Pipimachen und eine leichte *Blasenentzündung, und ich bin die ganze Zeit müde (besonders mein Rükken)*. Danke, mein Liebling, daß Du mir diesen Gefallen tust, und sag Mary, daß ich sie sehr vermisse und daß ich sie liebe.

Die Sache mit der Ausstellung ist endlich geklärt. Marcel Duchamp hat mir sehr geholfen, er ist der einzige anständige Kerl unter diesem ganzen Gesindel. Die Ausstellungseröffnung ist am *10. März* in einer Galerie namens »Pierre Colle«. Es heißt, sie sei eine der besten hier. Dieser Colle vertritt Dalí und noch einige andere große Namen des Surrealismus. Sie wird zwei Wochen dauern – aber ich habe schon ausgemacht, daß ich meine Bilder am 23. abhänge, damit ich Zeit habe, sie zu verpacken, um sie am 25. mitzunehmen. Die Kataloge sind schon in der Druckerei, es scheint also alles in Ordnung zu gehen. Ich wollte ja eigentlich am 8. März mit der »Isle de France« fahren, aber ich habe Diego telegraphiert, und er will, daß ich abwarte, bis meine Sachen gezeigt wurden, weil er keinem dieser Kerle traut, daß die Bilder auch zurückgeschickt werden. Irgendwie hat er recht, denn schließlich bin ich *einzig und allein* wegen dieser verdammten Ausstellung hier, und ich wäre blöd, wenn ich zwei Tage vor der Eröffnung abreisen würde. Oder? Es ist mir jedenfalls völlig egal, ob die Ausstellung ein Erfolg wird oder nicht. Ich bin die ganze Sache in Paris so leid und bin zu dem Schluß gekommen, daß es in London nicht viel anders sein würde. Also stelle ich *nicht* in London aus. Die Leute haben eine Heidenangst vor dem Krieg, und alle Ausstellungen waren Mißerfolge, weil die reichen Säcke nichts

kaufen wollen. Was hat es also für einen Sinn, nach London zu gehen? Nur um Zeit zu vergeuden?
Liebling, ich muß sagen, daß Du ein ungezogener Junge bist. Warum hast Du mir diesen Scheck über 400 Bucks geschickt? Dein Freund »Smith« ist zwar sehr liebenswürdig, aber es gibt ihn nur in der Phantasie; richte *ihm* aus, daß ich *seinen Scheck nicht anrühren werde,* bis ich wieder in New York bin, dort werden wir darüber reden. Nick, Du bist der wunderbarste Mensch, den ich je kennengelernt habe, aber ich brauche dieses Geld im Moment wirklich nicht. Ich habe was aus Mexiko bekommen, ich bin stinkreich, weißt Du? Ich habe genug, um noch einen Monat länger hierzubleiben. Mein Ticket für die Rückfahrt habe ich schon. *Es ist wirklich alles unter Kontrolle*, mein Liebster, es ist nicht in Ordnung, daß Du zusätzliche Ausgaben hast. Du hast schon genug Schwierigkeiten, da muß ich Dir nicht auch noch welche machen. Ich habe sogar genug Geld, um zum »Diebesmarkt« zu gehen und jede Menge Krimskrams zu kaufen, eine meiner Lieblingsbeschäftigungen. Ich brauche keine Kleider oder solche Sachen zu kaufen, denn als »Tehuana« trage ich nicht einmal Unterhosen oder Strümpfe. Ich habe lediglich zwei wunderschöne alte Puppen gekauft. Die eine ist blond und hat blaue Augen, die schönsten Augen, die Du Dir vorstellen kannst. Sie ist als Braut gekleidet. Ihr Kleid war völlig verstaubt und schmutzig, aber ich habe es gewaschen, und jetzt sieht es schon viel besser aus. Ihr Kopf sitzt nicht besonders fest auf dem Körper, weil das Gummiband, das ihn hält, schon so alt ist, aber wir werden ihn in New York befestigen. Die andere ist nicht ganz so hübsch, aber wirklich reizend. Sie hat blondes Haar und tiefschwarze Augen. Ich habe ihr Kleid noch nicht gewaschen, es steht vor Dreck. Sie hat nur einen Schuh, den anderen hat sie auf dem Markt verloren. Beide sind entzük-

kend, auch wenn ihre Köpfe ein bißchen wackeln. Vielleicht verleiht ihnen das so viel Zartheit und Charme. Schon seit Jahren wollte ich so eine Puppe, weil mir mal jemand eine kaputtgemacht hat, die ich als Kind hatte, und ich konnte nie wieder so eine finden. Deshalb bin ich so froh, daß ich jetzt gleich zwei habe. In Mexiko habe ich ein kleines Bettchen, das ganz reizend für die größere sein wird. Überleg Dir zwei schöne ungarische Namen, auf die wir sie taufen können. Die beiden zusammen haben mich ungefähr zweieinhalb Dollar gekostet. Du siehst, mein Liebling, daß meine Auslagen nicht besonders hoch sind. Ich muß kein Hotel bezahlen, weil Mary Reynolds nicht zuläßt, daß ich allein ins Hotel zurückgehe. Das Krankenhaus ist schon bezahlt. Ich glaube also nicht, daß ich für das Leben hier noch viel Geld brauche. Trotzdem kannst Du Dir nicht vorstellen, wie sehr ich es zu schätzen weiß, daß Du mir helfen wolltest. Mir fehlen die Worte, um Dir zu sagen, wie glücklich es mich macht, daß Du mich glücklich machen wolltest, und zu wissen, wie gutherzig und bezaubernd Du bist. Mein Liebster, mein Süßer, mein Nick – mi vida – mi niño, te adoro.
Ich bin dünner geworden durch die Krankheit – wenn ich wieder bei Dir bin, mußt Du nur pusten und ... auf geht's! bis hinauf zum fünften Stock des Hotels La Salle. Hör mal, Kid, berührst Du auch jeden Tag dieses Feuerdingsda, das auf unserem Treppenabsatz hängt? Vergiß es nicht. Vergiß auch nicht, auf Deinem kleinen Kissen zu schlafen, das ich so liebe. Küsse niemanden, während Ihr Schilder und Straßennamen lest. Geh mit niemandem in unseren Central Park. Er gehört nur Nick und Xochitl. – Küsse niemanden auf der Couch in Deinem Studio. Nur Blanche Heys darf Dir den Nacken massieren. Mam darfst Du so oft küssen, wie Du willst. Schlaf mit niemandem, wenn Du es vermeiden kannst. Nur wenn Du ein echtes F. W. triffst, aber *verlieb*

Dich nicht. Spiel ab und zu mit Deiner elektrischen Eisenbahn, wenn Du nicht zu müde nach Hause kommst. Was macht Joe Jinks? Wie geht es dem Mann, der Dich zweimal in der Woche massiert? Ich hasse ihn ein bißchen, weil er *Dich* so viele Stunden von mir ferngehalten hat. Hast Du viel gefochten? Wie geht es Georgio?
Warum sagst Du, daß Deine Reise nach Hollywood nur ein halber Erfolg war? Erzähl mir davon. Liebling, arbeite nicht soviel, wenn Du es vermeiden kannst. Das ist nicht gut für Deinen Nacken und Deinen Rücken. Sag Mam, sie soll sich um Dich kümmern und darauf achten, daß Du Dich ausruhst, wenn Du erschöpft bist. Sag ihr, daß ich Dich noch viel mehr liebe, daß Du mein ein und alles und mein Geliebter bist und sie Dich mehr denn je lieben muß, solange ich fort bin, um Dich glücklich zu machen.
Macht Dein Nacken Dir sehr zu schaffen? Ich sende Dir Millionen von Küssen für Deinen schönen Nacken, damit es ihm bessergeht. Ich liebkose Deinen ganzen Körper, vom Kopf bis zu den Füßen. Aus der Ferne küsse ich jeden Zentimeter.
Spiel oft die Platte von Maxine Sullivan auf dem Grammophon. Ich werde *bei Dir* sein, wenn Du ihre Stimme hörst. Ich sehe Dich vor mir, wie Du in Deinem weißen Umhang auf dem blauen Sofa liegst. Ich sehe, wie Du auf die Skulptur neben dem Kamin schießt, ich sehe, wie die Feder in die Luft schnarrt, und ich kann Dein Lachen hören – das Lachen eines Kindes –, wenn Du getroffen hast. O Darling, Nick, ich liebe Dich so sehr. Ich brauche Dich so sehr, daß mir das Herz weh tut.
Ich denke, Blanche wird in der ersten Märzwoche hiersein. Ich freue mich so, sie zu sehen, weil sie ein aufrichtiger Mensch ist, reizend und offen – für mich ist sie wie ein Teil von Dir.

Wie geht es Aria und Lea? Bitte grüß sie ganz lieb von mir.
Grüß auch Ruzzie und sag ihm, daß er ein feiner Kerl ist.
Mein Liebling, brauchst Du etwas aus Paris? Bitte sag Bescheid, es wäre mir eine solche Freude, alles zu besorgen, was Du brauchst.
Wenn Eugenia Dich anruft, sag ihr bitte, daß ich ihre Adresse verloren habe und deswegen nicht geschrieben habe. Wie geht's der Holden?
Wenn Du Rosemary siehst, gib ihr viele Küsse von mir. Ist sie okay? Alles Liebe an Mary Sklar. Ich vermisse sie sehr.
Dir, mein liebster Nick, schicke ich mein ganzes Herz, mein Blut und mein ganzes Selbst. Ich bete Dich an.
            Frida
Die Fotografien, die Du geschickt hast, sind endlich angekommen.

Original in englischer Sprache. Aus dem Nachlaß Muray in der Smithsonian Institution. – Blanche Heys und Joe Jinks waren Freunde von Muray. – Die Abkürzung F. W. bedeutet »fucking wonder«.

Brief an Ella und Bertram D. Wolfe

Paris, der 17. März 1939

Liebste Ella und Boitito, *meine wahren Freunde,*
nach zwei Monaten schreibe ich Euch – ich weiß schon, was Ihr wieder sagen werdet: Diese »Chicua« ist eine Schlampe! Aber glaubt mir, diesmal war es nicht so sehr Schlamperei, sondern mein verdammtes Pech. Hier also meine Gründe – gewaltige Gründe: Seit meiner Ankunft war alles

ein echter Schei...benkleister. Meine Ausstellung war nicht organisiert – meine Bilder warteten in aller Seelenruhe beim Zoll auf mich, weil Breton sie nicht einmal abgeholt hatte. Ihr habt ja keinen Schimmer, was Breton und fast die gesamte Surrealistengruppe für erbärmliche Kakerlaken sind. Kurzum, sie sind ausgemachte Sch...kerle. Ich werde Euch die ganze Sache mit der Ausstellung haarklein erzählen, wenn wir uns wieder von Angesicht zu Angesicht sehen, denn es ist eine lange und traurige Geschichte. Kurzum – es dauerte anderthalb Monate ... etc., etc., bis die verflixte Ausstellung stattfand. All das war begleitet von Querelen, Gerede, Gerüchten, Streitereien und Unannehmlichkeiten der übelsten Sorte. Schließlich schaffte es Marcel Duchamp (der einzige von den Malern und Künstlern hier, der mit beiden Beinen auf der Erde steht und alle Sinne beieinander hat), die Ausstellung mit Breton zu organisieren. Sie wurde am 10. dieses Monats in der Galerie *Pierre Colle* eröffnet – wie man mir sagte, eine der besten hier. Beim »opening« waren Unmengen von Leuten da, es gab reichlich Gratulationen für die »Chicua«, unter anderem eine kräftige Umarmung von Joan Miró, großes Lob von Kandinsky für meine Malerei, Glückwünsche von Picasso, Tanguy, de Paalen und anderen »Großschissern« des Surrealismus. Alles in allem kann ich behaupten, daß es ein Erfolg war, und wenn man bedenkt, was für ein illustrer Haufen da war (und damit, was für illustre Glückwünsche), dann finde ich, daß es ziemlich gut gelaufen ist [...]

Ich hatte den Bauch voller Anarchisten – es war, als hätte jeder von ihnen eine Bombe in irgendeinen Winkel meiner armen Gedärme gelegt. Ich sah schon mein letztes Stündlein gekommen, denn ich war mir sicher, daß der Sensenmann mich holen würde. Ich versichere Euch, ich hätte den Löffel am liebsten sofort abgegeben, mit diesen Bauchschmerzen

und der traurigen Gewißheit, ganz allein in diesem gottverdammten Paris zu sein – diese Stadt ist wie ein Tritt in die Magengrube. Aber als ich dann im Amerikanischen Krankenhaus war, wo ich Englisch »stammeln« und meine Lage schildern konnte, ging es mir schon ein bißchen besser. Zumindest konnte ich sagen: »*Pardon me I burpted!*« (Natürlich passierte das nicht, denn genau das konnte ich nicht – rülpsen. Keine Rede davon!) Erst nach vier Tagen hatte ich das Vergnügen, den ersten Rülpser loszulassen, und seit jenem glücklichen Tag geht es mir besser. Der Grund für den Anarchistenaufstand in meinem Bauch war, daß er voller Kolibazillen war – diese Biester wollten sich über die zulässigen Grenzen ihrer Betriebsamkeit hinwegsetzen und beschlossen, einen Ausflug in die Blase und die Nieren zu unternehmen. Sie heizten mir ordentlich ein, denn sie veranstalteten eine Höllenparty in meinen Nieren und hätten mich beinahe ins Leichenschauhaus befördert. Jedenfalls habe ich nur noch die Tage gezählt, bis das Fieber herunterging, um mich auf einem Schiff in die *United States* davonmachen zu können, denn hier hatte niemand Verständnis für meine Lage, und keiner interessierte sich einen Dreck für mich ... und langsam begann es wieder aufwärtszugehen [...]
Wenn Ihr wüßtet, in was für einer Verfassung die armen Menschen sind, die aus den Konzentrationlagern entkommen konnten! Es würde Euch das Herz brechen. Manolo Martínez, ein Freund von Rebull, ist hier. Er erzählte mir, daß Rebull als einziger auf der anderen Seite zurückbleiben mußte, weil er seine todkranke Frau nicht allein lassen konnte. Vielleicht haben sie den Ärmsten bereits erschossen, während ich Euch dies hier schreibe. Diese erbärmlichen Franzosen haben sich gegenüber den Flüchtlingen wie Schweine verhalten; sie sind Dreckskerle von der schlimmsten Sorte, die ich je kennengelernt habe. Diese ganzen verkommenen

Leute in Europa widern mich an, diese jämmerlichen »Demokratien« sind keinen Pfifferling wert...
Demnächst können wir ausführlich über alles reden. Bis dahin möchte ich Euch sagen, daß ich Euch sehr vermißt habe, daß ich Euch immer mehr liebe, daß ich mich gut benommen habe und keine Abenteuer, Affären oder Liebhaber hatte – nichts dergleichen. Daß ich Mexiko vermisse wie noch nie, daß ich Diego mehr liebe als mein Leben, daß ich manchmal auch Nick sehr vermisse, daß ich allmählich ein ernsthafter Mensch werde, und vor allem, daß ich Euch beiden viele, viele Küsse schicke, bis wir uns wiedersehen – teil ein paar davon gleichmäßig unter Jay, Mack, Sheila und allen Freunden auf. Und solltet Ihr ein kleines bißchen Zeit übrig haben, dann besucht Nick und gebt ihm, und Mary Sklar ebenfalls, ein Küßchen.

Eure Chicua, die Euch nie vergißt
Frida

Boitito, wie geht es mit dem Buch voran? Arbeitest Du viel? Noch ein bißchen Klatsch: Diego hat sich mit der IV. Internationale zerstritten und den kleinen »Spitzbart« Trotzki ernsthaft zum Teufel gejagt. Ich werde Euch die ganze Sache noch genau erzählen.
Diego hat völlig recht.

Veröffentlicht in: Hayden Herrera, *Frida: Una biografía de Frida Kahlo*, Mexiko, Editorial Diana 1984. – Manuel Rebull war ein Spanier, den Frida in Mexiko kennengelernt hatte. Ihre Freundin Mary Sklar, geborene Schapiro, war mit Solomon Sklar verheiratet.

JETZT, WO DU MICH VERLÄSST

Brief an Nickolas Muray

Coyoacán, der 13. Juni 1939

Liebster Nick,
ich habe die wunderschöne Photographie bekommen, die Du mir geschickt hast. Sie gefällt mir noch besser als in New York. Diego sagt, sie sei so schön wie ein Piero della Francesca. Für mich ist sie mehr als das – sie ist ein Schatz, und außerdem wird sie mich immer an jenen Morgen erinnern, als wir zusammen im Barbizon Plaza Drugstore frühstückten und dann in Dein Studio gingen, um Photos zu machen. *Dieses* war eines davon, und jetzt habe ich es hier bei mir. Du wirst immer in dem magentafarbenen *rebozo* sein (auf der linken Seite). Tausend Dank, daß Du es mir geschickt hast.

Als ich vor einigen Tagen Deinen Brief bekam, wußte ich nicht, was ich machen sollte. Ich muß gestehen, daß ich die Tränen nicht zurückhalten konnte. Ich hatte das Gefühl, als sei etwas in meinem Hals steckengeblieben – als hätte ich die ganze Welt verschluckt. Ich weiß immer noch nicht, ob ich traurig, eifersüchtig oder wütend war, aber vor allem spürte ich eine große Verzweiflung. Ich habe Deinen Brief oft gelesen, zu oft, glaube ich, und mittlerweile entdecke ich Dinge darin, die ich anfangs nicht gesehen habe. Jetzt verstehe ich alles; es ist völlig klar. Ich möchte Dir nur ganz aufrichtig eines sagen: Du hast im Leben das Beste verdient, das Allerbeste, denn Du bist einer der wenigen Menschen auf dieser beschissenen Welt, die sich selbst treu sind, und das ist das einzige, was wirklich zählt. Ich weiß nicht, wie ich auch nur eine Minute verletzt sein konnte, weil Du glücklich bist. Mexikanische Mädchen (wie ich) haben manchmal so alberne Vorstellungen vom Leben! Aber das weißt Du, und ich bin sicher, Du wirst mir verzeihen, daß ich mich so dumm benommen habe. Was auch immer in unserem Leben passiert, Du sollst wissen, daß Du für mich immer der Nick bleiben wirst, den ich an einem Morgen in New York in der 18 E. 48th St. kennengelernt habe.

Ich habe Diego erzählt, daß Du demnächst heiraten wirst, und er hat es Rose und Miguel weitergesagt, als sie neulich bei uns zu Besuch waren. Ich mußte zugeben, daß es stimmt. Es tut mir furchtbar leid, daß ich es erwähnt habe, ohne Dich vorher zu fragen, ob es in Ordnung ist, aber jetzt ist es passiert, und ich bitte Dich, mir meine Indiskretion zu verzeihen.

Ich bitte Dich um einen großen Gefallen: Bitte schick mir das kleine *Kissen* mit der Post – ich will nicht, daß jemand anders darauf liegt. Ich verspreche, Dir ein neues zu machen, aber ich möchte das haben, das jetzt unten bei Dir auf dem Sofa am Fenster liegt. Und noch eine Bitte: Laß »sie« nicht den Feuermelder auf der Treppe berühren (Du weißt schon, welchen). Wenn Du es vermeiden kannst und es nicht zu viele Umstände macht, dann fahr nicht mit ihr nach Coney Island, besonders nicht zum *Half Moon*. Nimm mein Photo vom Kamin, und häng es in Mams Zimmer im Studio auf – ich bin sicher, sie mag mich noch genauso wie früher. Außerdem ist es nicht so nett für die andere Dame, mein Bild in Deiner Wohnung zu sehen. Ich wünschte, ich könnte Dir noch so vieles sagen, aber ich denke, es ist sinnlos, Dich damit zu behelligen. Ich hoffe, Du verstehst meine ganzen Wünsche auch ohne Worte.

Darling, bist Du sicher, daß es nicht zuviel Aufwand für Dich ist, die Sache mit dem Bild für Mrs. Luce für mich zu regeln? Alles ist fertig zum Versand, aber ich wäre froh, wenn Du noch ein Detail für mich in Erfahrung bringen könntest, das ich ganz dringend brauche. Ich erinnere mich nicht mehr an *das Datum*, an dem Dorothy Hale sich umgebracht hat, und ich muß es unbedingt auf dem Bild vermerken. Ich wäre sehr froh, wenn Du es herausfinden könntest, per Telephon oder sonstwie. Mach Dir keine großen Umstände, schreib nur das genaue Datum auf ein Stück Papier, und schick es mir. Das Bild kannst Du einfach in Deinem Studio lassen (es ist ein kleines Bild), und wenn Du denkst, daß Mrs. Luce in New York ist, ruf sie einfach an und sag ihr, daß das verdammte Bild da ist. Sie wird bestimmt jemanden vorbeischicken, um es abzuholen.

Was die Briefe angeht, die ich Dir geschrieben habe: Wenn sie Dir im Weg sind, gib sie einfach Mam, sie wird sie mir zurückschicken. Ich will auf keinen Fall Dein Leben belasten.

Bitte verzeih, daß ich mich wie eine altmodische Verlobte aufführe und meine Briefe zurückhaben möchte. Es ist lächerlich von mir, aber ich mache es Deinetwegen, nicht meinetwegen. Ich kann mir vorstellen, daß Du kein Interesse mehr an diesen Papieren hast.

Während ich diesen Brief schrieb, hat Rose angerufen und mir erzählt, daß Du bereits geheiratet hast. Ich kann gar nicht sagen, was ich dabei gefühlt habe. Ich hoffe, Du wirst glücklich, sehr glücklich.

Wenn Du ab und an die Zeit findest, laß mir ein paar Zeilen zukommen, um mir zu sagen, wie es Dir geht. Wirst Du?

Ganz liebe Grüße an Mam und Ruzzy.

Ich kann mir vorstellen, daß Du im Moment sehr beschäftigt bist und keine Zeit hast, das Datum von Dorothy Hales Selbstmord für mich herauszufinden. Bitte sei so nett und frage Mam, ob sie mir diesen Gefallen tun kann, denn ich kann das Bild erst schicken, wenn ich dieses verdammte Datum habe. Und Clare Luce muß erst das Bild haben, damit ich die Moneten von ihr bekomme.

Noch etwas: Wenn Du Blanche Hays schreibst, dann richte

ihr ganz liebe Grüße von mir aus. Das gleiche gilt ganz besonders auch für die Sklars.
Noch einmal vielen, vielen Dank für das wundervolle Photo. Danke für Deinen letzten Brief und alle Schätze, die Du mir geschenkt hast.

In Liebe,
Frida

Bitte verzeih, daß ich neulich abends angerufen habe. Ich werde es nicht wieder tun.

Original in englischer Sprache. Aus dem Nachlaß Muray in der Smithsonian Institution. – Bei dem Gemälde handelt es sich um *Der Freitod der Dorothy Hale* (Öl auf Masonit, 60,4 × 48,6 cm), entstanden zwischen 1938 und 1939. Die Schauspielerin und stadtbekannte Schönheit stürzte sich am 21. Oktober 1938 aus einem der oberen Stockwerke des Hampshire House in New York.

Brief an Carlos Chávez

[Oktober 1939]

Carlitos,
hier sind die Angaben. Bitte übersetz sie für mich, denn wenn ich es mache, wird es ein einziges Kauderwelsch.
Ich habe vor zwölf Jahren mit dem Malen begonnen, während der Rekonvaleszenz von einem Verkehrsunfall, der mich fast ein Jahr ans Bett fesselte. In all diesen Jahren bin ich bei meiner Arbeit stets dem spontanen Impuls meines Gefühls gefolgt. Ich habe nie einer Schule angehört und bin von niemandem beeinflußt. Ich habe mir von meiner Arbeit nichts anderes erhofft als die Befriedigung, die ich dadurch

JETZT, WO DU MICH VERLÄSST

erfuhr, zu malen und so das auszudrücken, was ich anders nicht sagen konnte.

Ich habe Porträts und figürliche Kompositionen gemalt, außerdem Sujets, bei denen Landschaft und Stilleben im Vordergrund stehen. Ohne mich irgendwelchen Vorgaben zu unterwerfen, fand ich in der Malerei zu einem persönlichen Ausdruck. Zehn Jahre lang habe ich daran gearbeitet, alles wegzulassen, was nicht dem inneren lyrischen Antrieb entsprang, der mich zum Malen bewog.

Da meine Themen stets um meine Empfindungen, meinen Seelenzustand und die tiefsten Reaktionen kreisen, die das Leben in mir hervorrief, habe ich all dies oft in Selbstbildnissen umgesetzt. Sie waren der ehrlichste und wahrhaftigste Ausdruck dessen, was ich in mir und vor mir selbst empfand.

Erst im vergangenen Jahr (1938) hatte ich meine erste Ausstellung in der Galerie Julien Levy in New York. Ich zeigte fünfundzwanzig Bilder. Zwölf davon gingen in die Sammlungen der folgenden Personen über:

Conger Goodyear, N.Y.
Mrs. Sam Lewison, N.Y.
Mrs. Clare Luce, N.Y.
Mrs. Salomon Sklar, N.Y.
Mr. Edward G. Robinson, Los Angeles (Hollywood)
Walter Pach, N.Y.
Mr. Edgar Kaufmann (Pittsburgh)
Mr. Nickolas Muray, N.Y.
Dr. Roose, N.Y.

sowie zwei weiteren, an deren Namen ich mich nicht erinnern kann, aber Julien Levy kann sie Dir nennen. Die Ausstellung fand vom 1. bis 15. November 1938 statt.

Danach hatte ich eine Ausstellung in Paris, organisiert von André Breton, die vom 1. bis 15. März 1939 in der Galerie

Renou et Colle stattfand. (Die einzigen Ausstellungen, die ich in meinem Leben hatte.) Meine Arbeit stieß bei den Pariser Kritikern und Künstlern auf Interesse. Der Louvre (Jeu de Paume) erstand eines meiner Gemälde.
Als Referenzen kann ich folgende Personen angeben:
Diego Rivera, Palma y Altavista, Villa Obregón, D.F., Mexiko.
Pablo Picasso, rue de la Boétie, Paris.
Carlos Chávez.
Mr. Sam Lewison (ich erinnere mich nicht an seine Adresse).
Marcel Duchamp, 14, rue Hallé, près du Parc Montsouris.
André Breton, 42, rue Fontaine, 9ème, Paris.
Dr. William Valentiner, Direktor des Detroit Museum.
Conger Goodyear, Museum of Modern Art.
Ich habe vor, eine Ausstellung in den Vereinigten Staaten zu machen. Ich arbeite zur Zeit an großformatigen Bildern, die viel Arbeit erfordern. Ich brauche Ruhe zum Malen, und ich habe nicht genug »Mäuse«. Aus diesem Grund bewerbe ich mich um das Guggenheim-Stipendium.
Tausend Dank, und solltest Du weitere Einzelheiten benötigen, sag mir einfach Bescheid. Viele Grüße und eine Umarmung von
    Frida

Veröffentlicht in: *Epistolario selecto de Carlos Chávez*, zusammengestellt und kommentiert von Gloria Carmona, Fondo de Cultura Económica 1989. – Am 23. November 1939 schickte Carlos Chávez Fridas Bewerbung um ein Guggenheim-Stipendium an Dr. Henry Allen Moe. In seinem Begleitbrief heißt es: »Frida ist, wie Sie zweifellos wissen, eine außergewöhnliche Künstlerin. Sie malt, seit sie ein junges Mädchen war. Als sie Diego heiratete, wurde sie bekannt und erhielt größere Anerkennung, jedoch nur in dem kleinen Kreis von Diegos Freunden. Wir alle waren erstaunt über ihre unglaubliche Sensibilität und Einfühlsamkeit. Darüber hinaus beherrscht sie ihr Handwerk meisterlich [...] Als Diego Riveras Ehefrau mußte sie sich nie um irgendwelche finanziellen Belange kümmern. Doch nun sieht die Lage völlig anders aus. Sie wurde vor kurzem von Diego geschieden und kann ihre Arbeit nun nicht länger nur vom künstlerischen Standpunkt aus betrachten. Ich habe Frida vorgeschlagen, sich um ein Guggenheim-Stipendium zu bewerben. Offen gestanden kann ich mir keinen Fall vorstellen, in dem ein Künstler die Förderung durch die Stiftung dringender nötig hätte und besser qualifiziert wäre.« Trotz der zahlreichen Empfehlungen erhielt Frida das Stipendium nicht.

Brief an Nickolas Muray

Coyoacán, der 13. Oktober 1939

Liebster Nick,
ich konnte Dir nicht eher schreiben – seit Du gefahren bist, hat sich die Situation zwischen Diego und mir immer weiter zugespitzt, und jetzt ist alles zu Ende. Seit zwei Wochen ist die Scheidung eingereicht. Ich liebe Diego, aber nach der letzten Auseinandersetzung mit ihm (am Telephon, denn ich habe ihn seit fast einem Monat nicht gesehen) wurde mir klar, daß es für ihn viel besser ist, mich zu verlassen. Er hat mir die schlimmsten Dinge an den Kopf geworfen, die Du Dir vorstellen kannst, und mich auf das übelste beleidigt, wie ich es niemals von ihm erwartet hätte. Ich kann Dir hier unmöglich alle Einzelheiten erzählen, aber wenn Du irgendwann wieder in Mexiko bist, werde ich Dir die ganze Sache erklären. Jetzt fühle ich mich so erbärmlich und einsam, daß es mir vorkommt, als hätte auf der ganzen Welt noch nie jemand so gelitten wie ich, aber das wird in ein paar Monaten natürlich wieder anders aussehen, hoffe ich.

Darling, ich muß Dir leider sagen, daß ich Miguel das Bild nicht mitgeben kann. Ich habe es letzte Woche durch Misrachi verkaufen lassen müssen, weil ich Geld für einen Rechtsanwalt brauchte. Seit ich aus New York zurück bin, habe ich keinen verdammten Cent von Diego angenommen – Du wirst die Gründe verstehen. Ich werde niemals Geld von einem Mann annehmen, solange ich lebe. Bitte verzeih mir die Sache mit dem Bild, das eigentlich für Dich bestimmt war. Aber ich werde mein Versprechen halten und ein neues malen, sobald es mir bessergeht. Kein Problem!

Die Covarrubias habe ich nicht gesehen; die Photos, die Du ihnen geschickt hast, sind noch bei mir. Ich liebe alle Photos, die Du geschickt hast, sie sind wirklich sagenhaft. Vielen Dank dafür. Ich habe Diego Deinen Scheck geschickt. Hat er sich bei Dir dafür bedankt? Er hat die Photos nicht gesehen – ich denke, er wird kein großes Interesse daran haben, mein Gesicht dicht neben seinem zu sehen.

Also habe ich sie alle behalten.

Hör mal, Baby, bitte denk nicht schlecht von mir, weil ich noch nicht wegen Deines Hauses bei Juan O'Gorman war. Es ist nur, weil ich niemanden sehen will, der Diego nahesteht – ich hoffe, Du hast Verständnis. Bitte schreib direkt an Juan. Seine Adresse lautet: Calle Jardín Nr. 10, Villa Obregón, D. F., Mexiko. Ich bin sicher, daß er Dir sehr gerne weiterhelfen wird.

Es freut mich zu hören, daß es Arija gutgeht und daß sie bald bei Dir ist. Ich denke mal, bei Deinem nächsten Besuch in Mexiko wirst Du sie mitbringen, nicht wahr? Ich bin sicher, daß es ihr sehr gut gefallen wird.

Was machen Deine eigenen Probleme? Ist alles klar mit dem Mädchen? Dein letzter Brief klang glücklicher und unbeschwerter, und ich bin so froh deswegen. Hast Du etwas von Mary Sklar gehört? Wenn Du sie siehst, dann sag ihr,

daß ich sie genauso liebe wie immer, auch wenn ich nicht schreibe.
Sag Mam, daß ich Miguel die Geschenke mitgebe, die ich ihr versprochen habe, und danke ihr für ihren lieben Brief. Sag ihr, daß ich sie von ganzem Herzen liebe.
Danke, Nickolasito, für Deine Freundlichkeit, für Deine Träume von mir, für Deine lieben Gedanken, für alles. Bitte entschuldige, daß ich nicht sofort auf Deine Briefe geantwortet habe, aber ich sag's Dir, diese Zeit war die schlimmste in meinem ganzen Leben, und ich wundere mich, daß man so etwas überstehen kann.
Meine Schwester und die Kinder schicken Dir ganz liebe Grüße.
Vergiß mich nicht, und sei ein braver Junge. Ich liebe Dich,
    Frida

Original in englischer Sprache. Aus dem Nachlaß Muray in der Smithsonian Institution. – Bei dem Selbstporträt, das Frida für Muray gemalt hatte, handelt es sich um jenes sehr fein gearbeitete mit einem Kolibri, der an einer Kette aus Dornen hängt.

Brief an Edsel B. Ford

Coyoacán, der 6. Dezember 1939

[...] Sicherlich bekommen Sie Tausende von lästigen Briefen. Ich schäme mich wirklich, Ihnen einen weiteren zu schicken – ich bitte Sie um Verzeihung, aber ich habe so etwas noch nie gemacht, und außerdem hoffe ich, daß mein Anliegen kein allzu großes Problem für Sie darstellt.

Ich möchte Ihnen lediglich den besonderen Fall eines sehr guten Freundes von mir schildern, der viele Jahre Fordhändler in Gerona, Katalonien, war, bis ihn die Umstände des Krieges in Spanien nach Mexiko verschlugen. Sein Name ist *Ricardo Arias Viñas*, und er ist jetzt vierunddreißig Jahre alt. Er hat fast zehn Jahre für die Ford Motor Co. gearbeitet – er besitzt einen Brief von der Europäischen Zentrale (Essex), der bestätigt, daß er bei Ford beschäftigt war. Dieser Brief ist an Ihr Werk in Buenos Aires adressiert. Mr. Ubach, der Vizedirektor Ihres Werks in Barcelona, kann Ihnen ebenfalls umfassende Auskünfte über Mr. Arias geben. Während des Krieges konnte er in seiner Funktion als Transportchef von Katalonien mehrere hundert Fertigungsteile in Ihre Fabriken zurückbringen, die zu Beginn der Bewegung gestohlen worden waren.

Sein Problem ist, daß er aufgrund finanzieller Schwierigkeiten nicht direkt nach Buenos Aires fahren konnte; deshalb würde er gern hier in Mexiko bleiben und in Ihrem Werk arbeiten. Ich bin überzeugt, daß Mr. Lajous, Ihr hiesiger Geschäftsführer, ihm eine Arbeit geben würde, wenn er von seiner Erfahrung und seinem guten Leumund als Ford-Arbeiter erfährt, aber um Schwierigkeiten zu vermeiden, wäre ich Ihnen sehr zu Dank verbunden, wenn Sie mir ein Schreiben schicken könnten, das Mr. Arias Mr. Lajous als persönliche Empfehlung von Ihnen vorlegen könnte. Es würde seinen Eintritt ins Werk enorm erleichtern. Er gehört keiner politischen Partei an, deshalb sollte es kein Problem für ihn sein, diese Stelle zu bekommen und rechtschaffen zu arbeiten. Ich wäre Ihnen wirklich sehr dankbar, wenn Sie mir diesen großen Gefallen tun könnten, und hoffe, es

macht Ihnen keine allzu großen Umstände, meine Bitte zu erfüllen.
Vielen Dank im voraus für alles, was Sie in diesem Fall tun können.

Veröffentlicht in: Hayden Herrera, *Frida. A Biography of Frida Kahlo*, New York, Harper & Row 1983. – Ricardo Arias Viñas war ein spanischer Flüchtling, mit dem Frida eine intensive Affäre hatte. Nachdem Siqueiros und eine Gruppe anderer am 24. Mai 1940 Trotzkis Haus überfallen hatten, wurden Arias, seine Frau, Frida und Cristina Kahlo festgenommen und verhört; Fridas Haus wurde durchsucht.

Brief an Nickolas Muray

Coyoacán, der 18. Dezember 1939
Liebster Nick,
Du wirst sagen, daß ich ein mieses Drecksstück bin! Ich habe Dich um Geld gebeten und mich nicht einmal für den Erhalt bedankt. Das ist wirklich das Letzte, Kid! Bitte verzeih mir. Ich war zwei Wochen krank. Wieder einmal der Fuß, dazu Grippe. Aber jetzt möchte ich mich tausendmal für Deinen lieben Gefallen bedanken – was die Rückzahlung angeht, so bitte ich Dich, bis Januar zu warten. Die Arensbergs aus Los Angeles werden ein Bild kaufen. Ich bin sicher, daß ich das Geld nächstes Jahr haben werde, und dann gebe ich Dir Deine hundert Dollar sofort zurück. Ist das okay für Dich? Falls Du sie vorher brauchst, könnte ich etwas anderes arrangieren. Jedenfalls möchte ich Dir sagen, daß es wirklich lieb von Dir war, mir das Geld zu leihen. Ich habe es so dringend gebraucht.

FRIDA KAHLO

Ich mußte die Idee aufgeben, mein Haus an Touristen zu vermieten, weil es zuviel gekostet hätte, das Haus herzurichten. Dieses Geld hatte ich nicht, und Misrachi hat mir nichts geliehen. Außerdem wäre meine Schwester nicht geeignet für so etwas. Sie spricht kein verdammtes Wort Englisch und wäre unmöglich klargekommen. Also hoffe ich jetzt nur auf meine eigene Arbeit. Ich arbeite wirklich viel. Im Januar werde ich Julien zwei, drei Sachen schicken. Vier Bilder werde ich in der Surrealistenschau zeigen, die Paalen in der Galerie Ines Amor organisiert. Ich denke, nach und nach werde ich es schaffen, meine Probleme zu lösen und mich durchzuschlagen!!
Wie geht es Deiner Stirnhöhle? Wie lange warst Du im Krankenhaus, wie ist es gelaufen? Erzähl mir etwas von Dir. In Deinem letzten Brief ging es nur um mich – kein Wort darüber, wie Du Dich fühlst, Deine Arbeit, Deine Pläne etc. Ich habe einen Brief von Mary bekommen. Sie hat mir die wunderbare Neuigkeit mitgeteilt, daß sie ein Baby erwartet. Ich bin überglücklich – Sol und sie werden ganz außer sich sein vor Freude über ein Kind. Erzähl mir von Mam. Gib ihr hundert Küsse von mir. Das beste für Euch beide wäre, wenn Du mit den Augen beginnst und irgendwo endest. Gib Ruzzy ein Küßchen auf die Wange. Was machen Miguelito und Rose? Kommst Du mit ihnen nach Mexiko? Ich vermute, daß Du schon andere Pläne hast, weil Du in Deinen Briefen kein einziges Wort darüber verlierst. Gibt es eine neue Frau in Deinem Leben? Welche Nationalität?
Viele Grüße an Lea und Dein Baby. Waren sie glücklich in Frankreich?
Kid, vergiß mich nicht. Schreib mir ab und zu. Wenn Du nicht viel Zeit hast, nimm ein Stück Toilettenpapier, und in dem Moment, wenn... dann schreib Deinen Namen darauf.

Das reicht, damit ich weiß, daß Du noch an dieses Mädchen denkst.
Alles, alles Liebe.
                    Frida

Original in englischer Sprache. Aus dem Nachlaß Muray in der Smithsonian Institution.

Brief an Nickolas Muray

                              Januar 1940
Liebster Nick,
ich habe die hundert Dollar für diesen Monat bekommen. Ich weiß nicht, wie ich Dir danken soll. Ich konnte nicht eher schreiben, weil ich eine Infektion in der Hand hatte – ich konnte weder arbeiten noch schreiben, noch sonst etwas. Jetzt geht es mir wieder besser, und ich arbeite wie verrückt. Ich muß ein großes Gemälde abschließen und ein paar kleine Sachen anfangen, die ich Julien diesen Monat schicken will. Am 17. eröffnet eine Ausstellung mit surrealistischen Bildern – alle hier in Mexiko sind Surrealisten geworden, es nehmen nämlich alle daran teil. Die Welt ist komplett verrückt, Kid!!
Mary hat mir geschrieben und erzählt, daß sie Dich lange nicht mehr gesehen hat. Was machst Du? Ich habe den Eindruck, daß Du mich nur noch als Freund betrachtest. Du hilfst mir, aber *weiter nichts*. Du erzählst mir nie etwas von Dir, nicht einmal von Deiner Arbeit. Ich habe die *Coronet* gesehen, das Photo von mir ist das beste von allen. Die ande-

ren Mädchen sind auch in Ordnung, aber das eine von mir ist ein echtes F. W. (Erinnerst Du Dich noch an die Übersetzung? »fucking wonder«?)
Ich denke, Julien wird diesen oder kommenden Monat für mich ein Bild an die Arensbergs (Los Angeles) verkaufen. Ich habe ihm gesagt, falls es klappt, soll er Dir das Geld zurückzahlen, das Du mir bisher geschickt hast, denn es ist einfacher, das Geld nach und nach zurückzuzahlen, als bis zum Jahresende zu warten. Oder? Du kannst Dir *nicht vorstellen*, was für ein merkwürdiges Gefühl es für mich ist, Dir Geld zu schulden. Ich hoffe, Du verstehst mich. Wie geht es Arija? Und Lea? Bitte erzähl mir etwas von Dir!!! Hat sich die Sache mit Deiner Stirnhöhle gebessert?
Mir geht es miserabel und jeden Tag schlechter. Aber ich arbeite trotzdem. Bloß weiß ich selbst nicht, wozu und warum. Weißt Du, wer nach Mexiko gekommen ist? Diese furchtbare Ione Robinson... Ich treffe niemanden. Ich bin fast den ganzen Tag zu Hause. Diego ist neulich vorbeigekommen, um mich davon zu *überzeugen*, daß niemand auf der Welt so ist wie *ich*! Eine große Scheiße, Kid. Ich kann ihm nicht verzeihen, das ist alles.
Dein mexikanisches Mädchen
                              Frida
Liebe Grüße an Mam.
Wie ist das neue Jahr für Dich? Was macht Joe Jings? Was ist in New York los? Was ist mit dem La Salle? Und mit der Frau, auf die Du immer geschossen hast?

Original in englischer Sprache. Aus dem Nachlaß Muray in der Smithsonian Institution. – An der internationalen Surrealismus-Ausstellung, die von Januar bis Februar 1940 in der Galería de Arte Mexicano gezeigt wurde, nahm Frida mit *Die zwei Fridas* (1939) und *Der verwundete Tisch* (1940) teil.

Brief an Nickolas Muray

Coyoacán, der 6. Februar 1940

Liebster Nick,
ich habe das Geld bekommen, nochmals vielen Dank. Miguel wird ein großes Bild für die Ausstellung im Modern Museum mitnehmen. Das andere große schicke ich an Julien. Er hat mir vorgeschlagen, nächsten November eine Ausstellung zu machen, deshalb arbeite ich fleißig. Außerdem habe ich mich für das Guggenheim-Stipendium beworben, Carlos Chávez hilft mir dabei. Wenn es klappt, kann ich im Oktober/November zu meiner Ausstellung nach New York kommen. Ich habe keine kleinen Bilder an Julien geschickt, weil es besser ist, drei oder vier auf einmal zu schicken als eins nach dem anderen.

Was gibt es bei Dir? Kein Sterbenswörtchen darüber, was zum Teufel Du tust. Ich nehme an, Deine Mexikopläne sind gestorben. Warum? Hast Du eine andere? Eine Klassefrau? Bitte erzähl mir was, Kid. Erzähl mir wenigstens, ob Du glücklich bist und was Du dieses oder nächstes Jahr vorhast.

Wie geht es der kleinen Mam? Grüß sie von mir.

Ich habe schlechte Neuigkeiten für Dich: Ich habe meine Haare abgeschnitten, es sieht aus wie ein Helm. Na ja, sie werden wieder wachsen, hoffe ich!

Wie geht es Arija? Und Lea? Hast Du Mary und Sol gesehen?

Bitte schreib mir – anstatt Joe Jings zu lesen, erinnere Dich einen Abend lang daran, daß ich auf diesem Planeten existiere.

Deine
    Frida

FRIDA KAHLO

Brief an Sigmund Firestone

15. Februar 1940

[...] Diego ist jetzt glücklicher als bei Ihrer letzten Begegnung. Er ißt gut, schläft gut und arbeitet mit großer Energie. Ich sehe ihn sehr oft, aber er möchte nie mehr mit mir zusammen in einem Haus leben, weil er gerne für sich ist. Er sagt, daß ich immer seine Papiere und andere Sachen aufräumen will, und er mag es lieber unordentlich. Jedenfalls kümmere ich mich so gut um ihn, wie das aus der Entfernung geht, und ich werde ihn mein ganzes Leben lang lieben, selbst wenn er das nicht wollte [...]

Veröffentlicht in: Hayden Herrera, *Frida: Una biografía de Frida Kahlo*, Mexiko, Editorial Diana 1984. – Sigmund Firestone war ein Kunstsammler aus Rochester.

Telegramm an Dolores del Río

Sra. Dolores del Río
757 Kingman Rd.
Santa Monica, Kalif.

Mexiko-City, Mex., 27. (Februar 1940)

LIEBSTE DOLORES BITTE VERZEIH KANNST DU MIR ZWEIHUNDERTFÜNFZIG DOLLAR LEIHEN BRAUCHE SIE DRINGEND ZAHLE IN ZWEI MONATEN STOP SEI SO NETT SCHICK SIE PER ANWEISUNG AN LONDRES 127 COYOACÁN DF TAUSEND DANK

JETZT, WO DU MICH VERLÄSST
BRIEF MIT ERKLÄRUNG FÜR DIESE UNVERSCHÄMTHEIT FOLGT
STOP KÜSSE.

FRIDA RIVERA

Archiv Dolores del Río im Centro de Estudios de Historia de México CONDUMEX. – Frida verband eine langjährige Freundschaft mit der Schauspielerin Dolores del Río (1902–1983), die 1925 ihre Hollywoodkarriere startete.

Brief an Dolores del Río

Coyoacán, März 1940

Liebste Dolores,
ich habe ein furchtbar schlechtes Gewissen Dir gegenüber, weil ich Dir die 250 Pesos nicht schicken konnte, die Du mir so großzügig geliehen hast. Wie Du weißt, habe ich mich für das Guggenheim-Stipendium beworben und hoffe, daß ich es im Juni bekomme. Ich möchte Dich bitten, bis dahin zu warten; dann würde ich Dir jeden Monat 100 »Scheinchen« schicken und könnte das Geld leichter aufbringen. Du wirst sagen, daß ich eine Schmarotzerin bin, aber Du mußt verstehen, daß es nach der Scheidung von Diego sehr schwierig für mich war, meine Ausgaben zu begleichen, denn ich wollte *keinen Centavo* von ihm annehmen, obwohl er es mir angeboten hat. Ende dieses Jahres werden die Schwierigkeiten vielleicht ausgestanden sein, ich habe nämlich im November eine Ausstellung in der Julien Levy Gallery in New York und kann so ein paar »Mäuse« machen. Bitte denk auf keinen Fall, daß ich Dich ausnutze, weil ich Dir Dein Geld nicht zurückgegeben habe.

Wenn Du ein bißchen freie Zeit findest, dann sei ein liebes Mädchen, und schreib mir. Ich bin sehr froh, daß Dir das kleine Bild mit den nackten Mädchen gefallen hat – auch was das angeht, habe ich mich Dir gegenüber sehr mies verhalten, ich hatte es Dir schon so lange versprochen.

Meine Schöne, erzähl mir, wie es Dir geht und ob Du bald nach Mexiko kommst. Wir vermissen Dich alle *sehr*. Diego ruft mich manchmal an, aber wir sehen uns nur selten. Er hat mir so weh getan, daß ich ihm nicht so einfach verzeihen kann, aber ich liebe ihn immer noch mehr als mein Leben. Er weiß das genau, und deshalb läßt er nicht locker – Du weißt ja, daß er wie ein ungezogener Junge ist.

Schreib mir, meine Schöne – ich schicke Dir tausend Küsse und wie immer alles, alles Liebe.

Frida

Grüße auch an Deine Mama und Carmen Figueroa.

Archiv Dolores del Río im Centro de Estudios de Historia de México CONDUMEX. – Bei dem »kleinen Bild mit den nackten Mädchen« handelt es sich um ein kleines Gemälde von 1939 (Öl auf Metall, 25 × 30,5 cm), das unter verschiedenen Titeln auf Ausstellungen und in Büchern gezeigt wurde: *Zwei Akte im Wald*, *Die Erde selbst* und *Meine Amme und ich*. Das Bild wurde als deutlicher Hinweis auf Fridas lesbische Neigungen verstanden.

Schreiben an Alberto Misrachi

4. März 1940

Albertito,
hier sind die letzten Steuerabrechnungen. Aus der Insurgentes bin ich die ersten beiden Monate von 1940 schuldig, in Coyoacán die letzten beiden Monate von 1939 und die ersten beiden von 1940.

Aus der Insurgentes	47,30
Coyoacán	<u>74,00</u>
	121,30

Es wäre gut, wenn Sie die Kosten für die Insurgentes direkt zahlen könnten und mir lediglich die 74,00 für Coyoacán in bar schicken würden.

Ich schulde Ihnen	325,00
plus	<u>121,00</u>
	446,00

Bitte schicken Sie mir den Differenzbetrag zu *500*, damit ich Ihnen eine runde Summe schulde.
Vielen Dank.

      Frida

Archiv Juan Coronel Rivera.

FRIDA KAHLO

Schreiben an Alberto Misrachi

8. Juni 1940

Albertito,
seien Sie so gut und geben Sie Sr. Veraza $ 200,00 (zweihundert Pesos), damit ich die Überführung von Diegos Statuen zahlen kann.
Dieses Schreiben gilt als Quittung über die obengenannte Summe.
Tausend Dank.
                     Frida Kahlo

Archiv Juan Coronel Rivera.

Brief an Diego Rivera

Coyoacán, der 11. Juni 1940

Diego, mein lieber Junge,
gestern kam Dein Brief; ich wollte Dir gleich schreiben, aber weil ich Dir so viel zu erzählen habe und bei der Rückkehr aus San Ángel zum Umfallen müde war, habe ich bis heute gewartet, um mehr Ruhe zu haben. Dein Brief hat mich glücklich gemacht, und es ist das einzig Gute, was mir seit Tagen passiert ist. Ich kann Dir gar nicht sagen, wie froh ich bin, daß es Dir, abgesehen von diesem ganzen Durcheinander, gutgeht. Wie Du Dir denken kannst, sah alles plötzlich ganz anders aus, als bekannt wurde, daß Du auf der »anderen Seite« warst. Gerade heute hat mir Ch. erzählt, daß der Präsident persönlich mit einigen Leuten gespro-

chen und ihnen geraten hat, sich nicht in die Angelegenheit l-d einzumischen, da sie dies teuer zu stehen käme und ihr Verhalten dem Land gewaltigen Schaden zufüge. Auslöser waren einige wie immer völlig schwachsinnige Erklärungen von Chente. Ich werde Dir die Zeitungsausschnitte darüber schicken. In den Zeitungen von heute steht, der Vorfall sei bereits aufgeklärt, und in den kommenden drei Tagen würden die Umstände und die Verantwortlichen der Tat bekannt gegeben, an der auch zwei hohe Persönlichkeiten beteiligt seien. Ch. läßt Dir ausrichten, daß er ausführlich und in allen Einzelheiten mit dem Kleinen gesprochen hat. Das Gespräch sei sehr positiv verlaufen. Er wird Dir später schreiben.
Mein Liebster, Montezumas Schatz befindet sich bereits sicher in meiner Gewalt. Ich habe höchstpersönlich jede einzelne Figur eingepackt, sie gezählt und nach ihrem jeweiligen Herkunftsort sortiert. Es waren 57 große Holzkisten alleine für die Tonfiguren, die aus Stein haben wir gesondert transportiert. Die kostbarsten und empfindlichsten Stücke habe ich zunächst beiseite gelassen – in ein paar Tagen schicke ich Dir die genaue Liste mit allem, was Du hast. Ich denke, es wird das Beste sein, sie so verpackt zu lassen, wie sie sind, bis Du weitere Anweisungen gibst, denn das ist viel sicherer, und im Fall der Fälle sind sie leichter zu transportieren. Ich habe nur die steinernen Figuren im Garten gelassen, sie sind gezählt und in Mary Eatons Obhut. Deine Zeichnungen, Photographien, alle möglichen Papyri etc. habe ich mitgenommen, sie sind bei mir zu Hause. In San Ángel habe ich nur die nackten Möbel zurückgelassen, das Haus ist sauber gefegt, der Garten in Ordnung. Was das angeht, kannst Du also ganz beruhigt sein. Man müßte mich schon umbringen, damit ich zulasse, daß man Dir etwas stiehlt. Jeder einzelne Gegenstand erinnert mich an Dich und macht

mich furchtbar traurig, ganz besonders die Dinge, die Du am liebsten magst, die Sammlung, die Maske mit den Wulstlippen und vieles mehr, aber jetzt bleibt mir nichts anderes übrig, als stark zu sein. Ich bin glücklich, daß ich Dir helfen konnte, soweit es in meiner Macht stand, auch wenn ich nicht die Ehre hatte, *so viel* für Dich getan zu haben wie das Fräulein Irene Bohus und Señora Goddard! Deinen Äußerungen in der Presse war zu entnehmen, daß sie die Heldinnen waren, die einzigen, denen Du zu größtem Dank verpflichtet bist. Nicht daß Du denkst, ich sage das aus persönlicher Eifersucht oder weil ich Wert auf Ruhm lege – ich möchte Dich lediglich daran erinnern, daß es noch jemanden gibt, dem Du zu Dank verpflichtet bist, vor allem weil er nicht erwartet, daß seine Bemühungen in der Presse oder wie auch immer honoriert werden... Und dieser Jemand ist Arturo Arámburo. Er ist zwar nicht mit einem weltberühmten »Star« verheiratet, und er besitzt auch kein »künstlerisches Genie«, aber er hat die Eier am rechten Fleck und hat alles darangesetzt, Dir zu helfen – Dir ganz besonders, aber auch Cristina und mir, die wir ganz alleine dastanden. Ich finde, er hat alle Hochachtung verdient. Solche Leute wie er bleiben immer im dunkeln, aber wenigstens ich weiß, daß sie mehr wert sind als diese aufstrebenden Sternchen und all die jungen Malerinnen mit übernatürlichem Talent – einem Talent, das stets in direkter Verbindung zur Temperatur ihrer Wäsche steht. Du verstehst mich schon. Jetzt sind mir Deine Äußerungen klarer, genau wie das »Anliegen« des Fräuleins (?) Bohus, mich kennenzulernen. Ich bin nur froh, ihr eine Abfuhr erteilt zu haben. Wie Du in einem äußerst liebenswürdigen Brief an Goodyear schreibst, bietest Du ihr an, Deine Assistentin in San Francisco zu sein. Es wird bereits alles arrangiert sein, denke ich – hoffen wir, daß sie in ihrer Freizeit das Freskomalen lernt, nachdem

JETZT, WO DU MICH VERLÄSST

sie morgens ausgeritten ist und sich dem »Sport« gewidmet hat, liebestolle Männer zu bändigen. Señora Goddard meinen wiederholten Dank für ihre ach so wunderbare, gerade zur rechten Zeit kommende Kooperation, vor allem für ihre Pünktlichkeit und den »Zufall« beim Besteigen des Flugzeugs. Sie muß Hellseherin sein, denn Ch. beteuert mir gegenüber, daß sie nicht mit Dir unterwegs war und nichts von Deiner Abreise gewußt hat. Es wird Gründe geben, daß man mir bis zuletzt *mißtraute*, als es darum ging, mir gewisse Dinge zu sagen, wohingegen sie absolutes Vertrauen genoß. Ich hatte leider keine Ahnung, daß ich zu den *feigen* und *verdächtigen* Subjekten gehöre. Jetzt, wenn auch ziemlich spät, wird mir einiges klar. So ist das Leben!
Ich habe jedenfalls versucht, genau zu befolgen, was mir aufgetragen wurde.

Was das Geld angeht:
Von den ersten *zweitausend*, die Du mir durch Ch. geschickt hast

Transport, Material, Verpackung etc. der Sammlung	$400,00
An die Sekretärin Leah Brenner	300,00
Für »Pulque«, mit Quittung	500,00
An den rastlosen Manuel fürs Abhauen, mit Quittung	210,00
An Liborio " " " "	210,00
An Cruz Salazar " " " "	174,00
An Sixto Navarro (im Mai)	180,00
An Raúl, letzte Woche im Knast	45,00
An Sixtos Frau, während des Durcheinanders	25,00
An Manuel im Knast	17,50
An Manuels Frau und Mutter	25,00
Laut Cruz bist Du schuldig geblieben	50,00
Letzte Woche Zeitungen in San Ángel	14,50
Benzin für zwei Wochen	59,00
Strom – Telephon – Steuern	130,00
gesamt	2350,00

FRIDA KAHLO

Anmerkung: Die fehlenden $350,00 hat Misrachi übernommen.

Bei Misrachi hattest Du einen Ausstand von $6998,00

Erste Anweisung für Transport der Sammlung	$150,00
Zweite Anweisung für " " "	200,00
Dritte Anweisung für ein Telegramm, das ich Dir geschickt habe	15,00
Vierte Anweisung, ausgezahlt an Sr. Zaragoza	1000,00
Fünfte Anweisung, vier Monatslöhne für Raúl, ausgehändigt an Ch.	720,00
	2085,00
Noch ausstehende Zahlungen für die Aquarelle	2500,00
gesamt	4585,00

Bleibt ein Saldo von $2413,00. Außerdem stehen noch vier Monatslöhne für Sixto offen und die fünfhundert Pesos von Ramos Idolero, der noch nicht hier aufgetaucht ist.

Sr. Zaragoza hat eine weitere Ladung vorbeigebracht; ich habe eingewilligt, sie hierzubehalten, bis ich Dich fragen kann, wie Du entschieden hast. Ich werde Dir Photos von den Sachen schicken, damit Du weißt, worum es sich handelt. Meiner Meinung nach sind alle Stücke, die er gebracht hat, ihr Geld wert. Es sind insgesamt 33 Stücke, die meisten aus Nayarit, zwei sehr große, besonders schöne Exemplare, die übrigen mittelgroß, aber sehr hübsch. Das bedeutendste Stück ist eine Axt, etwa einen halben Meter lang, unbeschädigt, aus braunem und schwarzem Obsidian, ein herrliches Stück. Ich habe 500 Pesos für die Axt verlangt, für den Rest ungefähr 800. Überleg es Dir, und sag mir Bescheid, was ich machen soll. Sr. Zaragoza wird wegen der Angelegenheit in zwei Monaten wiederkommen.

Ich will mich nicht lange rechtfertigen, weshalb ich Liborio, Cruz und Manuel entlassen mußte, aber Liborio und Cruz haben sich die ganze Zeit überall eingemischt. Als ich zu Deinem Haus kam, um Anweisungen zu geben, wurden sie richtig unangenehm und fragten Arámburo, mit welchem Recht ich in diesem Haus das Sagen hätte, Du seist Ihr Boß und ich sei nur ein Stück Scheiße für Dich und auch für sie. Manuel schaukelte seine Eier und wollte nicht arbeiten oder sich um das Haus kümmern, nachdem er ausbezahlt war. Mary Eaton und ihre Mutter – zwei dumme, egoistische Ziegen, wie man sie kein zweites Mal findet – wollten ohne Manuel nicht dableiben, also mußte ich ihn wieder fragen, ob er damit einverstanden sei, für den gleichen Lohn für die beiden zu arbeiten. Gestern rückte Mary nun damit heraus, daß sie es nicht länger mit ihm aushalten, weil er sich nie blicken läßt und nur das macht, wonach ihm gerade der Sinn steht, und ich soll ihn wieder entlassen. Ich habe ihnen gesagt, sie können mir den Buckel herunterrutschen – jetzt müssen sie sich damit herumschlagen, diesen Nichtsnutz wieder loszuwerden. Unterdessen hat Arámburo einen gewissen Don Rafaelito für mich aufgetrieben, einen zuverlässigen Freund, der bei ihnen bleiben kann, bis sie Manuel gefeuert und jemand anderen nach ihren Vorstellungen gefunden haben. Diese bescheuerten Gringas waren stinksauer auf mich, weil ich die Statuen mitgenommen habe – in diesen Tagen schlimmer Verwicklungen und Probleme wollte Mary anfangen, sie zu zeichnen! Die beiden sind zwei ausgetrocknete, nichtsnutzige Kühe, wie alle anderen Weiber, die Du Dir dort in Dein Haus geholt hast und die nichts zurückgelassen haben als einen Haufen Schmutz und Scheiße, und als es dann darauf ankam, haben sie sich mit fliegenden Fahnen aus dem Staub gemacht. Diese Leute kotzen mich so an! Ich habe meinen

Teil getan und ihnen das Haus blitzblank hinterlassen, den Garten gepflegt und den Patio aufgeräumt – ich habe alles getan, was ich konnte, bis ich mit geschwollenem Buckel ins Bett gefallen bin. Jetzt sollen sie sehen, wo sie bleiben, und wenn es ihnen nicht paßt, können sie ja gehen; Arámburo und ich werden schon jemanden finden, den wir dort lassen können. Schließlich ist nichts mehr da außer den blanken Möbeln.

Jetzt muß ich nur noch die Sache mit Sixto klären. Ich denke, es wird am besten sein, wenn er sich ebenfalls trollt, denn nach der Auszahlung für die vier Monate, die er gemäß Deinen Anweisungen bleiben sollte, müßte man ihm noch drei Löhne geben, für nichts und wieder nichts. Besser, man zahlt ihn jetzt aus, denn ich werde ihn nicht halten können. Ich werde das Telephon im großen Haus abstellen lassen – sag mir, ob mit Mary abgemacht war, daß sie Strom, Telephon und Wasser für das kleine zahlt und ob ich die Steuern zahlen soll. Bisher sind sie über alle Zahlungen auf dem laufenden.

Das Bild mit der Maya ist schon samt Kiste und allem bei Alberto jun.; hoffentlich setzt sich dieser Faulenzer in Bewegung und schickt es bald los – Du kannst Dir nicht vorstellen, was für ein Ar... Alberto ist. Er behandelt Cristina und mich wie armselige Bittstellerinnen. Ich bin versucht, das restliche Geld abzuholen, damit ich diesen Scheißkerl, der sich für den tollsten Hecht im Karpfenteich hält, nicht um Almosen bitten muß.

Der Sahagún wird Dir so schnell wie möglich zugeschickt, ebenso die Photos von den Fabriken und den Fresken aus Detroit. Laß mir nur einen Tag, um sie zu suchen – ich bin nämlich heute kaum aufgestanden, weil ich so furchtbare Rückenschmerzen hatte und Federico mir einen ganzen Tag Bettruhe verordnet hat. Jetzt geht es mir wieder besser, und ich werde mein Möglichstes tun, damit die Sachen rechtzeitig bei Dir ankommen.

Deinen Tieren geht es gut. Das Hündchen, der Papagei und der Waschbär sind bei mir, die Dackel und den Esel hat Arámburo bei sich zu Hause, das Äffchen habe ich in San Ángel gelassen, aber Mary will es nicht haben, wenn Manuel nicht dableibt, also werde ich es ihr hierher holen.

Mit Ausnahme von Arámburo und Ch. behandeln mich alle wie Abschaum, da ich nicht die Ehre besitze, zur Elite der berühmten Künstler zu gehören – vor allem aber, seit ich nicht mehr Deine Frau bin. Aber wie sagt Lupe Rivas Cacho so schön: Alles ändert sich, die einen steigen auf, die anderen steigen ab, das ist die *Regolution*... Dieser schäbige Carlos Orozco Romero und seine Bande, alle »anständigen Leute« von Mexiko und die ganzen Damen vom Roten Kreuz, die auf der Straße fluchen wie die Kesselflicker, erachten es als unter ihrer Würde, mit mir zu sprechen, wenn sie mir auf der Straße begegnen, und darüber bin ich sehr froh und glücklich. Ich treffe niemanden, und vor allem muß ich diese miesen, versnobten Arschkriecher und Hurenböcke nicht mehr sehen. Die Situation ändert sich schnell, mittlerweile sind die beiden regierenden »Volksvertreter«... überzeugte Antifaschisten und Antistalinisten. Irgendwann werden sie zugeben müssen, daß Du der einzige gewesen bist, der es gewagt hat, allen die nackte Wahrheit ins Gesicht zu sagen. Jedenfalls viele Glückwünsche für die Prügel, die die Obengenannten dank Deiner unermüdlichen Arbeit werden einstecken müssen.

Außerdem möchte ich mit Dir darüber reden, wie Du die Sache mit den Zahlungen an Guadalupe Marín geregelt hast oder zu regeln gedenkst. Du weißt ja, daß sie es fertigbringt, hierherzukommen und Deine Häuser oder sonstiges in Beschlag zu nehmen, damit Dir nichts anderes übrigbleibt, als zu zahlen. Triff endlich Vorkehrungen, damit sie nicht mehr versucht, Dich auszunehmen, denn wenn ihr mickriges kleines Geschäftchen in New York nicht läuft, wird sie mit vergiftetem Stachel zurückkehren. Es würde mich allerdings überhaupt nicht wundern, wenn sie Dir einen Besuch im West abstatten würde, um persönlich einige Dinge zu klären, die sie interessieren, und Du vor lauter Angst natürlich auf ihre Vorschläge, Drohungen etc. eingehst. Es ist die Zeit der kleinen Falschheiten und der großen Täuschungen. Du weißt besser als jeder andere, daß Guadalupe eine falsche Schlange ist – als hätte Mussolini leibhaftig sie zur Welt gebracht. Ich habe Dich jedenfalls rechtzeitig gewarnt – es wird sich zeigen, ob Du diesmal ein bißchen auf mich hörst.

Jetzt will ich Dir von mir erzählen, wie Du es in Deinem Brief erbeten hast. Ich glaube nicht, daß ich viel sagen muß – Du weißt genau Bescheid. Ich habe unsäglich gelitten, und jetzt, wo Du weg bist, leide ich noch viel mehr. In diesen letzten Tagen – das heißt natürlich Wochen – habe ich nicht gemalt, und ich denke, daß noch viel Zeit ins Land gehen wird, bis es mir bessergeht und ich wieder damit anfangen kann. Die Monate vergehen rasch, und so glaube ich nicht, daß ich im Januar in New York ausstellen kann. Ich habe an Levy geschrieben, aber er hat nicht geantwortet – ich weiß nicht einmal, was aus meinem Gemälde *Der verwundete Tisch* geworden ist, das Miguel mitgenommen hat, um es Levy zu geben. Ich habe nicht das geringste von der Ausstellung gehört. Was Du in Deinem Brief schreibst, ist sehr lieb, aber auch ziemlich fragwürdig, denn leider glaube ich nicht, daß sich jemand für meine Sachen interessiert hat. Es gibt keinen Grund, warum man sich dafür interessieren

sollte, und erst recht gibt es keinen Anlaß für mich, das zu glauben.
Ich hatte die Hoffnung, daß sich die Guggenheim-Sache diesen Monat klären würde, aber nicht der Hauch einer Antwort, nicht der Hauch einer Hoffnung. Als ich dann noch herausfand, daß sich das erste Selbstporträt, das ich dieses – oder war es vergangenes? – Jahr malte, in Deinem Besitz befindet, nachdem ich es nichtsahnend zu Misrachi gebracht hatte, damit er es an die Käuferin schickt – Misrachi und Du habt mich hintergangen, wenn auch lieb gemeint und in guter Absicht –, und als ich sah, daß das Bild nicht einmal ausgepackt war, was den Schwindel teilweise entschuldigt hätte, denn Dir zufolge hast Du es gegen eins von Deinen Gemälden getauscht, um ein Bild von mir zu haben, wurde mir vieles klar. Das Selbstporträt mit dem Haar, das mit den Schmetterlingen und dieses hier, außerdem Dein wunderschönes Bild von dem schlafenden Mädchen, das ich so sehr mochte und das Du an Kaufmann verkauft hast, damit er mir das Geld gibt, war alles, wovon ich im vergangenen und in diesem Jahr gelebt habe. Von Deinem Geld also. Ich habe weiterhin auf Deine Kosten gelebt, während ich mir andere Vorstellungen gemacht habe. Ich habe daraus den Schluß gezogen, daß ich auf ganzer Linie gescheitert bin. Als junges Mädchen wollte ich Ärztin werden und wurde von einem Bus zerquetscht. Ich habe zehn Jahre mit Dir gelebt und Dich letzten Endes nur genervt und gelangweilt, ich habe zu malen begonnen, und niemand macht sich etwas aus meinen Bildern außer mir – und Du kaufst sie, weil Du weißt, daß sie sonst niemand haben will. Und jetzt, wo ich mein Leben gegeben hätte, um Dir zu helfen, stellt sich heraus, daß andere die wahren »Retterinnen« sind. Vielleicht habe ich diese ganzen Gedanken nur, weil ich so verdammt einsam bin, und vor allem bin ich innerlich

erschöpft und müde. Ich glaube, keine Sonne, kein Alkohol und keine Medizin können mich heilen; aber ich werde noch eine Weile abwarten, um herauszufinden, woher dieser Zustand rührt – das schlimme ist, daß ich glaube, es bereits zu wissen, und daß es keine Abhilfe gibt. New York interessiert mich nicht mehr, jetzt schon gar nicht, mit diesen ganzen Irenes etc. Ich habe nicht die geringste Lust, mit dem Ehrgeiz zu arbeiten, den ich gerne hätte. Ich werde nur weitermalen, damit Du meine Sachen siehst. Ich will keine Ausstellungen. Ich werde mit dem Malen meine Schulden begleichen, und dann werde ich nur noch machen, wozu ich Lust habe, und zwar genau dann, wenn ich Lust dazu habe, auch wenn ich Scheiße fressen muß. Das einzige, was mir geblieben ist, sind Deine Sachen, die ich um mich habe, und die Hoffnung, Dich wiederzusehen, und das genügt, um weiterzuleben.
Das einzige, worum ich Dich bitte, ist, daß Du mich nicht belügst – es gibt keinen Grund mehr dafür. Schreib mir, sooft Du kannst, versuch, nicht so viel zu arbeiten, wenn Du jetzt mit dem Fresko anfängst, gib gut auf Deine Augen acht, leb nicht alleine, damit sich jemand um Dich kümmert. Was auch immer Du tust, was auch immer geschieht, ich werde Dich immer lieben. Deine
Frida

Sag mir, was Du alles von hier brauchst, damit ich es Dir schicken kann.
Grüße von den Kindern und Cristi.
Ich schicke Dir noch die anderen Quittungen und Ausschnitte.
Bitte laß diesen Brief nicht herumliegen, denn alle anderen Briefe von mir lagen zwischen vielen anderen Briefen, auch solchen von Irene und anderen Huren.

JETZT, WO DU MICH VERLÄSST

Viele Grüße an Ralph und Ginette, an Dr. Eloesser und alle guten Freunde in San Francisco.

Im Archiv des Centro Nacional de Investigación de Artes Plásticas/INBA-CENIDIAP. – Frida und Diego wurden am 6. November 1939 geschieden. Am 24. Mai 1940 überfiel David Alvaro Siqueiros mit einer Gruppe von Männern Trotzkis Wohnung, doch der Mordanschlag scheiterte. – Am 3. Juni 1940 schrieb Rivera einen förmlichen Brief an »Sra. Frida Kahlo«, in dem es hieß: »Diesem Schreiben liegt eine ordnungsgemäß unterschriebene und gesiegelte Vollmacht bei, die Frida Kahlo ermächtigt, Objekte, bei denen sie dies für notwendig erachtet, aus meinem Haus zu entfernen und dort unterzubringen, wo es ihr am angebrachtesten erscheint.« – Mit Chente ist der stalinistische Gewerkschaftsführer Vicente Lombardo Toledano gemeint, mit dem Präsidenten Lázaro Cárdenas und mit l-d Leib Dawidowitsch Bronschtein, genannt Leo Trotzki. – Mary (Marjorie) Eaton war eine Künstlerin, die Frida und Diego 1933 in New York kennengelernt hatten. Sie lebte dort mit Louise Nelson zusammen. 1934 trafen sie sich erneut in Mexiko, und Mary Eaton richtete sich in ihrem Haus ein. – Die ungarische Malerin Irene Bohus war zunächst Diegos Assistentin in Mexiko und San Francisco und wurde später eine gute Freundin von Frida. – Rivera porträtierte die Filmschauspielerin Paulette Goddard zum erstenmal 1939 in Mexiko und im darauffolgenden Jahr auf einem Wandgemälde in San Francisco, auf dem er auch Frida darstellte. – Der Sammler Conger Goodyear hatte bei der Ausstellung 1938 in New York ein Bild von Frida erworben. – Federico ist Dr. Federico Marín, Lupes Bruder. – Der Bildhauer Ralph Stackpole und seine Frau Ginette waren seit 1930 mit Frida und Diego befreundet.

FRIDA KAHLO

Brief an Emmy Lou Packard

Miss Emmy Lou Packard
c/o Stendhal Galeries
3006 Wilshire Boulevard
Los Angeles, Ca.
U.S.A.
Registered

New York, der 24. Oktober 1940

Meine liebste Emmy Lou,
bitte entschuldige, daß ich Dir mit Bleistift schreibe, aber ich kann weder Füllfederhalter noch Tinte in diesem Haus finden. Ich mache mir schreckliche Sorgen wegen Diegos Augen. Bitte sag mir die ganze Wahrheit. Wenn es ihm nicht bessergeht, haue ich sofort von hier ab. Ein Arzt hier hat mir erzählt, daß das Sulphanilamid gefährlich sein kann. Bitte frag Dr. Eloesser danach. Schildere ihm alle Symptome, die Diego hat, nachdem er diese Tabletten genommen hat. Er wird Rat wissen, weil er Diegos Allgemeinzustand kennt. Ich bin so froh, daß Du in seiner Nähe bist. Ich kann Dir gar nicht sagen, wie sehr ich Dich dafür liebe, daß Du so gut zu ihm und so freundlich zu mir bist. Ich bin todunglücklich, wenn ich nicht bei ihm sein kann, und wenn Du nicht wärst, hätte ich San Francisco nicht verlassen. Ich warte nur noch, bis ich ein, zwei Bilder fertig habe, dann bin ich wieder da. Bitte tu alles, was Du kannst, damit er weniger arbeitet.
Diese Sache mit Guadalupe ist zum Kotzen. Sie ist ein echtes Miststück. Sie ist wütend, weil ich Diego wieder heiraten werde, aber alles, was sie macht, ist so geschmacklos und gemein, daß ich manchmal am liebsten nach Mexiko zurückfahren und sie umbringen würde. Es ist mir völlig egal, ob ich meine Tage im Gefängnis beschließe. Es ist abstoßend zu sehen, wie eine Frau für Geld und Skandale das

letzte bißchen an Überzeugungen und Gefühlen verrät. Ich kann sie nicht mehr ertragen. Genauso niederträchtig, wie sie einen Keil zwischen mich und Diego getrieben hat, versucht sie jetzt, Geld von Knoff und Wolfe zu bekommen. Es ist ihr herzlich egal, was sie tut, solange sie in den Schlagzeilen steht. Manchmal frage ich mich, wie Diego es sieben Jahre mit diesem Weibsstück ausgehalten hat. Er sagt, es war nur deshalb, weil sie gut gekocht hat. Vielleicht stimmt das ja, aber – meine Güte, was ist das für eine Ausrede? Ich weiß nicht. Vielleicht werde ich ja verrückt. Aber Tatsache ist, daß ich das verrückte Leben nicht mehr ertrage, das diese Leute führen. Ich würde am liebsten ans Ende der Welt gehen und nie mehr etwas mit dieser ganzen Publicity und diesem erbärmlichen Klatsch zu tun haben. Diese Guadalupe ist die widerlichste Laus, die ich jemals kennengelernt habe, und das verdammte Recht hilft ihr sogar noch dabei, mit ihren miesen Tricks durchzukommen. Diese Welt ist wirklich »ein dickes Ding«, Kid!
Der Brief, den Donald geschrieben hat, ist wunderbar. Es tut mir leid, aber ich hatte nicht mitbekommen, daß es zwischen ihm und Philip nicht mehr läuft. Sag ihm, daß ich an seiner Stelle genauso gehandelt hätte. Seine Charro-Tracht ist demnächst fertig; Cristina wird sie Euch schicken.
Julien Levy haben Deine Zeichnungen sehr gut gefallen, aber er kann keine Ausstellung mit Dir machen, weil er sagt, daß er nur surrealistische Gemälde ausstellt. Ich werde mit Pierre Matisse darüber sprechen – ich bin sicher, daß ich für nächstes Jahr etwas für Dich hier arrangieren kann. Das erste, das Du von mir gemalt hast, gefällt mir immer noch besser als die anderen.
Liebe Grüße an Donald, Deine Mutter und Deinen Vater. Küß Diego von mir, und sag ihm, daß ich ihn mehr liebe als mein eigenes Leben.

Hier ist ein Kuß für Dich, einer für Diego und einer für Donald.
Bitte schreib mir wegen Diegos Augen, sooft Du die Zeit findest.
Alles Liebe.
    Frida

Kopie (Original in englischer Sprache) im Archiv Martha Zamora. – Die Malerin Emmy Lou Packard (1914–1998) war Diegos Assistentin in seiner Werkstatt in Mexiko und bei seinen Wandmalereien in den Vereinigten Staaten. – Frida bezieht sich auf Guadalupe Marín, mit der Rivera von 1922 bis 1929 verheiratet war.

Brief an Sigmund Firestone

New York, der 1. November 1940

Lieber Sigy,
vor drei Wochen habe ich Ihren freundlichen Brief und Ihren Scheck über 150,00 Dlls. erhalten, als ich gerade in San Francisco im Krankenhaus lag. Ich hätte Ihnen sofort antworten sollen, aber ich war so krank, daß ich wirklich keine Kraft zu gar nichts hatte. Bitte verzeihen Sie. Ich kann Ihnen gar nicht sagen, wie froh ich war, von Ihnen zu hören, und wie glücklich ich bin, daß Ihnen das Selbstporträt gefallen hat. Es tut mir schrecklich leid, daß Diego Ihnen nicht geschrieben hat, um die Sache mit den Bildern zu klären. Ich bin sicher, daß er sich bei Ihnen entschuldigen wird, sobald er das Fresko vollendet hat, das er gerade für die Messe in San Francisco malt. Bitte verzeihen Sie ihm. Sie

können sich nicht vorstellen, wie hart er an diesem Fresko arbeitet. Manchmal kommt er kaum zum Schlafen. Er arbeitet zwanzig Stunden am Tag und manchmal noch mehr. Bevor er nach San Francisco kam, hatte er eine schlimme Zeit in Mexiko und mußte schließlich das Land unter abenteuerlichen Umständen verlassen (das alles wegen der politischen Wirren dort unten). Ich hoffe auf Ihr Verständnis und daß Sie die Güte haben und versuchen, ihm zu verzeihen.
Ich bin vor ein paar Tagen in New York angekommen. Ich mußte meine Ausstellung für nächstes Jahr organisieren. Ich wollte Ihnen jeden Tag schreiben, aber aus dem einen oder anderen Grund kam ich nie dazu. Ich wohne hier bei Freunden, Mr. und Mrs. Sklar, die mich freundlicherweise eingeladen haben, eine Weile bei ihnen zu wohnen. Ich hoffe sehr, daß ich Gelegenheit haben werde, Alberta zu sehen, und wenn möglich auch Sie und Mrs. Firestone. Ich habe gehört, daß Natalie in Hollywood ist. Ich denke, daß ich noch zwei Wochen bleiben werde.
Bevor ich vor anderthalb Monaten in die Staaten kam, bin ich sehr krank gewesen. Drei Monate habe ich mit einem Gipskorsett und einer furchtbaren Apparatur am Kinn im Bett gelegen und Höllenqualen ausgestanden. Alle Ärzte in Mexiko dachten, daß ich an der Wirbelsäule operiert werden müßte. Sie waren alle der Meinung, daß ich infolge eines Bruchs, den ich vor Jahren bei einem Busunfall erlitten habe, Knochentuberkulose hätte. Ich habe mein ganzes Geld ausgegeben, um jeden Knochenspezialisten dort unten aufzusuchen, und alle erzählten mir das gleiche. Ich bekam solche Angst, daß ich sicher war, ich müßte sterben. Außerdem war ich in solcher Sorge um Diego, denn bevor er Mexiko verließ, wußte ich zehn Tage lang nicht einmal, wo er war. Kurz nachdem er endlich ausreisen konnte, fand das erste

Attentat auf Trotzki statt, der dann ermordet wurde. Die ganze Situation war für mich physisch und psychisch so unvorstellbar schlimm, ich kann es Ihnen gar nicht beschreiben. In drei Monaten habe ich 15 Pfund verloren und fühlte mich einfach nur erbärmlich.

Schließlich habe ich mich entschlossen, in die Staaten zu fahren und gar nicht auf mexikanische Ärzte zu hören. So bin ich nach San Francisco gekommen, wo ich über einen Monat im Krankenhaus gelegen habe. Es wurden alle möglichen Untersuchungen durchgeführt, und es wurde festgestellt, daß ich *keine* Tuberkulose habe und eine Operation *nicht* notwendig ist. Sie können sich vorstellen, wie froh ich war, wie erleichtert. Außerdem konnte ich Diego sehen, und das half mir mehr als alles andere. Ich hoffe, Sie verstehen, daß es wirklich nicht meine Schuld war, wenn ich mich Ihnen gegenüber nicht so verhalten habe, wie ich sollte, nämlich rechtzeitig zu schreiben und Ihnen die ganze Sache mit dem Bild zu erklären. Es war die leidige Situation, die mich daran gehindert hat, so zu denken und zu handeln, wie ich sollte.

Es wurde festgestellt, daß ich eine Nierenentzündung habe, die die furchtbare Nervenreizung im rechten Bein verursacht, und außerdem eine starke Anämie. Meine Erklärung klingt nicht sehr wissenschaftlich, aber es ist das, was ich von dem aufgeschnappt habe, was die Ärzte mir erzählt haben. Jedenfalls geht es mir ein bißchen besser, und ich male ein wenig. Ich werde nach San Francisco zurückfahren und Diego wieder heiraten. (Er will es so, weil er sagt, daß er mich mehr liebt als jedes andere Mädchen.) Ich bin sehr glücklich.

Sigy, ich möchte Sie um einen Gefallen bitten. Ich weiß nicht, ob es zuviel Aufwand für Sie ist. Könnten Sie mir die hundert Dollar für mein Bild hierherschicken? Ich brauche

JETZT, WO DU MICH VERLÄSST

sie nämlich dringend. Ich verspreche Ihnen, daß ich Diego veranlassen werde, Ihnen sein Selbstporträt zu schicken, sobald ich in San Francisco bin. Ich bin sicher, daß er es sehr gern tun wird – es ist nur eine Frage der Zeit. Sobald das Fresko fertig ist, wird er mehr Zeit haben und dieses Porträt für Sie malen. *Wir werden wieder zusammensein, und Sie werden uns beide bei sich zu Hause haben.* Bitte vergeben Sie ihm, und vergeben Sie mir, daß wir so sind, wie wir sind. Wir wollen wirklich niemanden verletzen.

Wären Sie so freundlich, das zu tun? Bitte teilen Sie mir mit, wo ich Alberta erreichen kann. Meine Adresse lautet: *88 Central Park West*, c/o Mrs. Mary Sklar.

Danke für Ihre Liebenswürdigkeit und dafür, daß Sie so gut zu mir sind. Herzliche Grüße an die Mädchen und an Mrs. Firestone. Besos [Küsse] an Sie alle von Ihrer mexikanischen Freundin
                Frida

Photokopie (Original in englischer Sprache) im Archiv Raquel Tibol. – Anfang 1940 gab der Ingenieur Sigmund Firestone aus Rochester bei Rivera und Frida jeweils ein Selbstporträt in Auftrag: für beide zusammen wollte er 500 Dollar zahlen. Frida stellte ihr Gemälde (Öl auf Masonit, 59,7 × 40 cm) noch im selben Jahr fertig, Diego hingegen übergab seines erst ein Jahr später. Frida versah ihr Bild mit einer Widmung an den Ingenieur und seine Töchter Natalie und Alberta.

FRIDA KAHLO

Nachricht an Diego Rivera

San Francisco, November [?] 1940

Mein liebster Diego,
vergiß nicht, daß wir *für immer* zusammensein werden, sobald Du mit dem Fresko fertig bist. Ohne Streitereien und dergleichen, nur, um uns innig zu lieben.
Sei ein braver Junge, und befolge alles, was Emmy Lou Dir sagt.
Ich liebe Dich mehr als je zuvor. Dein kleines Mädchen
Frida
(Schreib mir)

Veröffentlicht in: Martha Zamora, *Frida Kahlo. El pincel de la angustia*, Mexiko, Edición de la autora 1987.

Brief an Sigmund Firestone

San Francisco, der 9. Dezember 1940

Lieber Sigy,
Ihr Brief und Ihr Telegramm waren die schönsten Hochzeitsgeschenke, die ich bekommen habe. Sie können sich nicht vorstellen, wie dankbar ich für Ihre Liebenswürdigkeit bin, und Diego geht es genauso. Er sendet Ihnen tausend Dank und seine besten Grüße. Sobald er die richtigen Maße für das Bild hat, wird er mit seinem Selbstporträt beginnen, und wir werden zusammen bei Ihnen an der Wand hängen, als Symbol für unsere Wiederverheiratung. Ich bin sehr glücklich und stolz, daß Sie mein Bildnis mögen – es

ist nicht schön, aber ich habe es mit großem Vergnügen für Sie gemalt.
Ich bin sehr glücklich, Sigy, daß Alberta bei Ihnen ist. Sie werden sich nicht einsam fühlen, und ich bin sicher, daß sie sehr froh ist, wieder zu Hause zu sein. Falls sich für mich eine Gelegenheit ergibt, nach Los Angeles zu fahren, werde ich Natalie besuchen; schicken Sie mir ihre Adresse, wenn Sie […] wie ein Alptraum. Ich hatte viel zu erledigen und war die ganze Zeit in Hetze, aber richten Sie ihr aus, daß ich nie den Tag vergessen werde, als wir zusammen zu Mittag gegessen haben. Sagen Sie ihr, daß sie ein prima Mädchen ist, und außerdem sehr hübsch.
Wir haben zur Zeit keine konkreten Pläne. Diego muß noch das Porträt einer Dame von hier beenden und dann noch zwei weitere in Santa Barbara. Ich werde wahrscheinlich nach Mexiko zurückfahren, weil ich *sichergehen* will, wie die Lage dort ist, bevor ich es riskiere, Diego zurückkehren zu lassen. Er würde gerne so lange wie möglich hierbleiben, aber sein Visum läuft bald ab, also müssen wir uns überlegen, was zu tun ist, falls er nicht länger hier im Land bleiben kann. Vielleicht reicht es schon, die Grenze zu überqueren und dann wieder zurückzukommen. Aber alles hängt von der Arbeit ab, die er hier hat, und von den politischen Umständen. Davon abgesehen, habe ich in Mexiko alles in einem absoluten Durcheinander hinterlassen – ich muß also zurück und endgültig klären, was mit Diegos Sachen geschehen soll etc. Vor allen Dingen mit seiner Sammlung mexikanischer Skulpturen und seinen Zeichnungen.
Wie ich mir wünschte, Sie hätten das Fresko sehen können, das Diego gerade hier fertiggestellt hat! In meinen Augen ist es das Beste, was er je gemalt hat. Die Eröffnung war ein Riesenerfolg. Über 20 000 Menschen haben es sich angese-

hen, und Diego war so glücklich! Wie ein kleiner Junge – schüchtern und überglücklich zugleich. Wenn ich ein Photo davon auftreiben kann, schicke ich es Ihnen.

Wo auch immer ich sein werde, ich werde Ihnen von Zeit zu Zeit schreiben. Wo werden Sie Weihnachten verbringen? Ich wäre gern vor den »piñatas« in Mexiko. (Erinnern Sie sich, letztes Jahr bei mir zu Hause?) Ich bin sicher, daß die Kinder meiner Schwester diesen Monat in meinem Haus in Coyoacán wieder genießen werden. Manchmal fehlen sie mir sehr. Ich vermisse auch meinen Vater und meine Schwestern (die beiden dicken und die, die Sie kennengelernt haben). Mein Herz ist immer hin- und hergerissen zwischen meiner Familie und Diego, aber natürlich nimmt Diego den größeren Raum ein – ich hoffe, daß ich jetzt ebenfalls einen Platz in seinem Herzen habe.

Lieber Sigy, grüßen Sie Alberta und Mrs. Firestone recht herzlich.

Ihnen alles Liebe von der mexikanischen Braut, die Sie so sehr mag.

Frida

Ein Kuß für Sie. Einer für Alberta.

Schadhafte Kopie (Original in englischer Sprache) im Archiv Raquel Tibol.

JETZT, WO DU MICH VERLÄSST

Brief an Emmy Lou Packard

Coyoacán, Dezember 1940

Liebste Emilucha,
ich habe Deine beiden Briefe bekommen – vielen Dank, Compañera. Ich warte sehnsüchtig, daß Ihr mit der ganzen Arbeit fertig seid, damit Ihr nach Mexicalpán de las Tunas kommen könnt. Was würde ich nicht alles darum geben, gleich um die Ecke zu wohnen und Euch heute besuchen zu können, aber es nützt nichts, ich werde die Warterei aushalten müssen, Schwesterherz.
Ich vermisse Euch beide sehr ... Vergiß mich nicht. Ich vertraue Dir den großen Jungen (Diego) aus tiefstem Herzen an – Du weißt nicht, wie dankbar ich Dir dafür bin, daß Du Dich so um ihn sorgst und Dich an meiner Stelle um ihn kümmerst. Sag ihm, er soll nicht so viel Ärger machen und sich benehmen.
Ich zähle nur noch die Stunden und Tage, bis ich Euch beide hierhabe ... Achte darauf, daß Diego in Los Angeles zu einem Augenarzt geht und daß er nicht so viele Spaghetti ist und immer dicker wird. Bis bald, meine Kleine, ich schicke Dir viele Küsse.
Deine Freundin Frida. Wie geht es Pandy? Ihre beiden Angetrauten erwarten sie sehnsüchtig.

Veröffentlicht in: Hayden Herrera, *Frida: Una biografía de Frida Kahlo*, Mexiko, Editorial Diana 1984. – Nachdem Frida und Rivera am 8. Dezember 1940 im kalifornischen San Francisco ein zweites Mal geheiratet hatten, kehrte Frida nach Mexiko zurück, um die Feiertage mit ihrer Familie zu verbringen. Diego blieb in San Francisco, um vor Publikum zehn Bildtafeln des Freskos über die kulturelle Einheit des amerikanischen Kontinents zu vollenden, das der Architekt Timothy Pflueger für die Golden Gate International Exposition in Auftrag gegeben hatte. Die Malerin Emmy Lou Packard war seine engste Mitarbeiterin.

FRIDA KAHLO

Brief an Dr. Leo Eloesser

Coyoacán, der 15. März 1941

Liebster Doctorcito,
Du hast ganz recht, wenn Du mich für eine untreue Freundin hältst, weil ich Dir nicht einmal geschrieben habe, als wir in Mexicalpán de las Tunas angekommen sind, aber Du wirst Dir denken können, daß es keine pure Faulheit war. Nach meiner Ankunft hatte ich eine Menge Dinge in Diegos Haus zu erledigen, das völlig heruntergekommen und durcheinander war. Dann kam Diego zurück, und Du kannst Dir ja vorstellen, wie man ihn umsorgen muß und wieviel Zeit er in Anspruch nimmt. Immer wenn er nach Mexiko zurückkommt, hat er in den ersten Tagen eine hundsmiserable Laune, bis er sich wieder an den Lebensrhythmus in diesem verrückten Land gewöhnt. Diesmal hielt die schlechte Laune über zwei Wochen an, bis man ihm ein paar wundervolle Statuen aus Nayarit brachte. Als er sie sah, begann er Mexiko wieder zu mögen. Außerdem aß er dieser Tage eine köstliche Ente in Mole, die mit dazu beitrug, daß er seine Lebensfreude wiederfand. Er stopfte sich derart voll, daß ich glaubte, er würde sich den Magen verderben, aber Du weißt ja, wie zäh er ist. Nach diesen beiden Ereignissen – den Statuen aus Nayarit und der Ente in Mole – beschloß er, zum Aquarellieren nach Xochimilco hinauszufahren, und allmählich hat sich seine Stimmung gebessert. Grundsätzlich verstehe ich gut, warum ihn Mexiko zur Verzweiflung treibt, und ich gebe ihm recht, denn wenn man hier lebt, muß man immer die Krallen ausfahren, um in Ruhe gelassen zu werden. Hier kostet es viel mehr Nerven als in Gringolandia, sich all die Idioten vom Leib zu halten, aus dem einfachen Grund, weil die Leute dort oben harmloser und formbarer sind, während hier alle auf

Streit aus sind, um den anderen »dranzukriegen« und zu bescheißen. Außerdem begegnen die Leute Diegos Arbeit immer mit Gehässigkeit und Häme, und das macht ihm am meisten zu schaffen. Kaum ist er zurück, fallen die Zeitungen über ihn her. Sie sind so neidisch, daß es ihnen am liebsten wäre, wenn er sich in Luft auflöste. In Gringolandia war das anders, selbst in der Rockefeller-Sache konnte man gegen sie kämpfen, ohne mit Dolchstößen in den Rücken rechnen zu müssen. In Kalifornien ist er von allen sehr gut behandelt worden, und außerdem wird dort jedermanns Arbeit respektiert; hier braucht er nur ein Fresko zu vollenden, und schon wird er in der nächsten Woche verhöhnt und angespuckt. Das ernüchtert jeden, wie Du sicher verstehst, besonders wenn man so hart arbeitet wie Diego, der seine ganze Kraft und Energie einsetzt, ohne sich darum zu scheren, daß Kunst »heilig« ist und dieser ganze Schwachsinn – im Gegenteil, er rackert sich ab wie jeder Maurer. Andererseits – und das ist meine persönliche Meinung – liegt mir Mexiko näher, obwohl ich weiß, welche Vorteile es hat, in den Vereinigten Staaten zu arbeiten. Ich kann die Gringos mit all ihren Vorzügen und Fehlern – von denen sie ebenfalls reichlich haben – nicht ausstehen. Ich hasse ihre Art, sich zu geben, ihre Scheinheiligkeit und ihren widerlichen Puritanismus, ihre protestantischen Sermone, ihre überzogenen Ansprüche, die Tatsache, daß man immerzu »very decent« und »very proper« sein muß ... Ich weiß, daß die Leute hier gottverdammte Diebe, Hurenböcke etc., etc. sind, aber selbst bei den größten Sauereien beweisen sie noch ein bißchen Sinn für Humor, während die Gringos ausgemachte Langweiler sind, da können sie noch so höflich und decent (?) sein. Außerdem finde ich ihren Lebensstil abstoßend, diese beschissenen *parties*, wo nach etlichen kleinen, harmlosen Cocktails (nicht einmal anständig be-

saufen können sie sich) alles mögliche beschlossen wird, vom Verkauf eines Bildes bis hin zur Kriegserklärung, wobei immer darauf geachtet wird, daß der Bilderverkäufer oder Kriegserklärer eine »wichtige« Persönlichkeit ist – andernfalls wird man überhaupt nicht beachtet. Dort oben haben nur die »important people« etwas zu sagen, ob sie Arschlöcher sind, tut nichts zur Sache – ich könnte Dir noch einiges in der Art erzählen. Du wirst sagen, daß man auch ohne Cocktails und *parties* dort leben kann, aber dann wirst Du immer ein kleines Licht bleiben. Es kotzt mich an, daß es in Gringolandia nichts Wichtigeres gibt, als etwas darzustellen und »somebody« zu sein. Offen gestanden habe ich nicht den leisesten Ehrgeiz, »jemand« zu sein – mir liegt nichts daran, die Nase hoch zu tragen, und es interessiert mich nicht im geringsten, eine »große Nummer« zu sein.
Jetzt habe ich zuviel über andere Dinge gesprochen und nicht über das, was im Moment am wichtigsten ist. Es geht um Jean. Als wir in Mexiko ankamen, wollten wir ihr eine Arbeit suchen, wie ich es mit Dir besprochen hatte, damit sie später in den Vereinigten Staaten besser zurechtkommt. Zuerst dachte ich, es wäre einfach, sie bei Misrachi oder bei der amerikanischen Botschaft unterzubringen, aber jetzt ist die Lage völlig anders – ich werde Dir erklären, warum. Durch eine Dummheit hat sie ihre Situation kompliziert – statt den Mund zu halten und ihre Nase nicht in Dinge zu stecken, von denen sie nichts versteht, hat sie von Anfang an ihre politischen Überzeugungen herausposaunt (dabei tut sie nichts anderes, als das nachzubeten, was sie bei Clifford und Cristina Hastings aufgeschnappt hat), das heißt ihre *unverhohlene Sympathie für Stalin*. Du kannst Dir ja vorstellen, wie das bei Diego ankam, und als Diego merkte, woher der Wind wehte, sagte er ihr natürlich, daß sie sich nicht in dem Haus in San Ángel aufhalten könne, wie wir es

zuerst geplant hatten: Sie sollte zusammen mit Emmy Lou dort wohnen und dabei helfen, die Leute zu empfangen, die Bilder kaufen wollen. Also blieb sie bei mir in Coyoacán, und Emmy Lou wohnt in San Ángel. Bis gestern ging alles einigermaßen gut, obwohl Diego vor ihr nicht so offen über gewisse Dinge reden konnte, wie er es mit Emmy Lou und mir tut, was zur Folge hatte, daß bei den Mahlzeiten eine reservierte, angespannte Atmosphäre herrschte. Jean spürte das ganz genau, aber anstatt ehrlich zu Diego zu sein und ihren Standpunkt deutlich zu machen – sie behauptet, keine aktive Rolle im stalinistischen Lager zu spielen –, hat sie immer den Mund gehalten, wenn das Thema zur Sprache kam, oder Dinge gesagt, die sie noch tiefer hereinritten und den Eindruck verstärkten, daß sie eine überzeugte Stalinistin ist. Gestern kam es zu einem Zwischenfall, der das Faß zum *Überlaufen* brachte. Bei Tisch kam das Gerücht zur Sprache, daß Julián Gorkín (einer von der POUM) zum drittenmal von den Stalinisten überfallen worden sei. Jean ist mit einem engen Freund von Gorkín befreundet, der mit Julián in einem Haus lebt. Da es hieß, daß dieser in seiner eigenen Wohnung überfallen worden sei, machte Diego eingedenk des Falls des alten Trotzki die Bemerkung, daß »irgend jemand« den Stalinisten die Tür zu Juliáns Wohnung geöffnet haben müsse, und fragte Jean, ob ihr Freund möglicherweise etwas darüber wisse. Statt den Freund in Schutz zu nehmen oder die Sache offen klarzustellen, rannte Jean noch am selben Tag zu diesem Freund von Gorkín und erzählte ihm, Diego habe gesagt, *er habe Gorkín überfallen.* Das Gerücht verbreitete sich wie ein Lauffeuer, und ich sagte Jean, daß ihr nichts anderes übrigbleibe, als mit Diego zu sprechen und ihm zu beichten, daß sie das Gerücht in Umlauf gebracht habe, bevor Diego durch einen Dritten von ihrer Dummheit erfahren würde. Nach langem Hin und

Her rang sie sich dazu durch und sagte Diego die Wahrheit. Du kannst Dir vorstellen, wie wütend Diego wurde – ganz zu Recht, denn die Lage ist zu schwierig, um sie durch Jeans dumme Flausen noch weiter zu verschärfen. Dann sagte Diego ihr rundheraus, sie solle ihm den Gefallen tun und verschwinden, ihr Rückreiseticket nach Kalifornien habe sie ja. Er könne nicht länger Vertrauen zu ihr haben, wenn er wisse, daß sie alles (falsch ausgelegt) weitererzählt, was bei Tisch oder wo auch immer im Haus gesprochen wird. Wie Du verstehen wirst, hat Diego völlig recht – es gibt keine andere Lösung, auch wenn es mir schrecklich leid tut, daß Jean in ihrer augenblicklichen Lage gehen muß. Ich habe lange mit ihr darüber geredet, wie das Problem am besten zu lösen wäre, ich habe mit Misrachi gesprochen, ob er ihr vielleicht eine Arbeit verschaffen kann, aber ich sehe da schwarz, weil sie kein Spanisch spricht und man sie nicht beschäftigen kann, wenn sie nur Englisch spricht. Außerdem müßte sie das Formular 14 bekommen, mit dem Ausländer in Mexiko arbeiten können, aber das ist sehr schwierig, wenn man noch keine sechs Monate im Land ist. Das vernünftigste wäre, wenn sie nach Kalifornien zurückginge und Emily Joseph sie an Magnit empfehlen würde; dann könnte sie dort arbeiten und ihren Lebensunterhalt verdienen. Aber sie will nicht sofort gehen, weil die Josephs zur Zeit hier sind. Sidney kommt auch, und sie glaubt, daß es schwierig wird, wenn sie ohne Arbeit in Kalifornien ankommt. Wenn sie hingegen abwartet, bis die Josephs zurück sind, hätte sie größere Gewißheit, etwas in San Francisco zu bekommen. Ich sehe also keine andere Lösung, aber wenn Du ihr mit hundert Dollar aushelfen könntest, dann schick sie ihr, damit sie eine bescheidene Bleibe mieten kann, bis sie etwas Dauerhafteres gefunden hat. Sie hat den gewaltigen Fehler, daß sie ewig glaubt, sie sei schwerkrank, sie redet über nichts anderes als Krankheiten und Vitamine, macht aber keinerlei Anstalten, sich etwas zu überlegen oder irgendeine Arbeit anzunehmen wie Millionen andere Menschen, die sich mühsam abrackern müssen, obwohl sie viel schlechter dran sind als sie. Sie hat keine Energie zum Arbeiten, wohl aber zum Ausgehen und zu vielen anderen Dingen, von denen ich Dir hier nicht erzählen kann. Ich bin sehr enttäuscht von ihr, weil ich zunächst glaubte, sie würde mir zumindest im Haushalt zur Hand gehen, aber sie ist stinkfaul und furchtbar bequem. Sie will nichts tun – und wenn ich *nichts* sage, meine ich *nichts*. Ich will mich nicht aufspielen, aber wenn sie krank ist, dann geht es mir noch schlechter, aber ich ziehe trotzdem mein Bein nach und tue etwas, indem ich mich entweder so gut wie möglich um Diego kümmere, meine Figürchen male oder zumindest das Haus in Ordnung halte, weil ich weiß, daß ich Diego damit viele Probleme abnehme und ihm das Leben erleichtere, wo er doch wie ein Muli schuftet, damit wir etwas zu essen haben. Diese Jean hat nur Flausen im Kopf, wie etwa, sich neue Kleider zu machen, ihr Gesicht anzumalen und sich zu frisieren, damit sie besser aussieht. Sie plappert den ganzen Tag von »Mode« und ähnlichem Unfug, der zu nichts führt, und das mit einer Einbildung, daß Dir die Spucke wegbleibt. Ich denke nicht, daß Du das, was ich Dir erzähle, als Weiberklatsch abtust – Du kennst mich und weißt, daß ich immer alles so sage, wie es ist. Mir liegt überhaupt nichts daran, Jean zu schaden, aber ich finde, daß ich die Pflicht habe, Dir das alles zu erzählen, weil Du Jean am besten kennst. Vor allem bin ich dafür verantwortlich, daß sie hierhergekommen ist, nachdem Du der Meinung warst, es sei das beste. Ich habe größtes Vertrauen zu Dir, und deshalb glaube ich, daß ich ganz offen mit Dir über die Sache sprechen kann, in der absoluten Gewißheit, daß das, was ich Dir schreibe, Jean nicht zu

Ohren kommt, um unnötiges Gerede zu vermeiden. Ich habe ihr gesagt, daß ich Dir schreiben werde, um Dir mitzuteilen, daß sich Diegos politische Situation – die sowieso schwierig ist – noch weiter komplizieren würde, wenn er jemanden in seinem Haus wohnen ließe, der sich offen zum Stalinismus bekennt. Ich habe ihr versprochen (und halte mich nicht daran), Dir keine Einzelheiten zu erzählen, aber ich halte mich nicht daran, weil ich finde, daß es meine Pflicht ist, Dir Diegos Haltung genau darzulegen, denn sonst könnte Jean Dir andere Dinge erzählen, um sich als Opfer darzustellen und aus einer prekären politischen Angelegenheit ein Liebesgetändel oder ähnlichen Unfug zu machen, den sie sich immerzu ausdenkt, um alles auf ihr Pech abzuschieben... von dem sie ständig spricht, ohne auf den Gedanken zu kommen, daß sie selbst sich durch ihre Art ständig diese Schwierigkeiten einbrockt, und weil sie sich keinen Deut um das einzige kümmert, was sie kümmern sollte: zu arbeiten und sich ihren Lebensunterhalt zu verdienen wie alle anderen. Ich weiß wirklich nicht, was sie machen will, wenn sie einmal alt und häßlich ist und niemand mehr sexuelles Interesse an ihr hat – denn das ist ihre einzige Waffe. Und Du weißt sehr gut, daß es mit der sexuellen Anziehungskraft der Frauen schnell vorbei ist, und dann bleibt ihnen nur noch das, was sie in ihrem kleinen Köpfchen haben, um sich in diesem gottverdammten beschissenen Leben behaupten zu können. Ich glaube, wenn Du ihr schreibst und ihr den Kopf zurechtrückst, indem Du ihr *unmißverständlich* klarmachst, daß diese hundert Dollar, die Du ihr schickst, die letzten sind – nicht weil Du sie nicht hättest, sondern damit sie begreift, *daß sie arbeiten muß*, in welcher Form auch immer, zu ihrem eigenen Besten –, nun, ich glaube, daß sie einsehen wird, daß nicht alles Gold ist, was glänzt, und irgendwo einen *job* finden wird, damit sie

JETZT, WO DU MICH VERLÄSST

Verantwortungsgefühl bekommt und ein bißchen die imaginären Krankheiten vergißt, die sie so beschäftigen. Als Arzt und Freund solltest Du ihr sagen, daß sie nicht zu krank ist, um zu arbeiten. Vor allem mußt Du ihr klarmachen, daß Du nicht ewig dafür verantwortlich bist, sie zu unterstützen, auch wenn zwischen Euch ein bißchen mehr gewesen ist als Freundschaft. Ich wäre ja in dieser Sache für sie eingetreten, wenn ich den Eindruck hätte, daß sie tatsächlich ein bißchen im Recht ist, aber ich glaube, wenn ich mich beim ersten Mal, als sie so ein Durcheinander verursachte, auf ihre Seite geschlagen hätte, würde sie es fertigbringen, Diego noch größerer Gefahr auszusetzen, und das lasse ich auf gar keinen Fall zu. Ich mag mich nämlich millionenmal mit Diego wegen Dingen zanken, die mir auf die Eier gehen, aber dabei vergesse ich nie, daß ich vor allem seine Freundin bin – niemals würde ich politischen Verrat an ihm begehen, selbst wenn man mich dafür umbringen würde. Ich werde alles tun, was in meiner Macht steht, um ihn darauf hinzuweisen, wenn er sich im Irrtum befindet, in Angelegenheiten, die für mich klarer sind, aber auf keinen Fall werde ich jemanden decken, von dem ich weiß, daß er Diegos Feind ist, schon gar nicht eine Person wie Jean, die von nichts eine Ahnung hat und auch noch stolz darauf ist, einer ehrlosen Verbrecherbande wie den Stalinisten anzugehören. Ich möchte, daß alles, was ich Dir hier erzähle, völlig unter uns bleibt – schreib ihr, daß Du einen Brief von mir bekommen hast, in dem ich Dir erkläre, daß Diego es sich in seiner Situation nicht leisten kann, sie bei sich im Haus zu haben, da es nicht länger nur um eine politische Meinungsverschiedenheit geht, sondern schlichtweg um seine persönliche Sicherheit, die in Anbetracht der öffentlichen Meinung sehr gefährdet wäre, wenn sich herumspräche, daß er eine Stalinistin in seinem Haus wohnen läßt. Und das ist die reine

Wahrheit. Wenn Du ihr das Geld schicken willst, dann sag ihr klar und deutlich, daß sie es dazu verwenden soll, die Zeit zu überbrücken, bis sie eine Arbeit gefunden hat – Du weißt ja, daß Emily Joseph wirklich gern bereit ist, ihr eine Arbeit in San Francisco zu besorgen. Du kannst Dir nicht vorstellen, wie leid es mir tut, Dich mit dieser unangenehmen Geschichte zu belästigen, aber ich sehe keine andere Lösung, und ich habe leider nicht genügend »Zaster«, um sagen zu können: »Hier hast Du fünfhundert Pesos, Jean, nimm sie und such Dir eine Wohnung.« Diego ist so wütend auf sie, daß ich ihm gar nicht vorzuschlagen wage, ihr Geld zu leihen, bis sie Arbeit gefunden hat; er ist nämlich überzeugt, daß sie selbst zurechtkommt, wenn sie nur will. Bitte betrachte die ganze Angelegenheit völlig kühl und leidenschaftslos, und denk nicht daran, was zwischen Dir und Jean einmal war, denn das ist in dieser Sache zweitrangig. Vor allem wäre es zu ihrem eigenen Nachteil, bei Dir uneingeschränkte Unterstützung zu finden, denn genau das ist ihr schwacher Punkt. Du verstehst mich schon. Liebhaber kann sie viele haben, solange sie ihnen den sterbenden Schwan vorspielt, aber Freunde wie Dich wird sie wohl nur sehr schwer finden, also mach ihr die Situation klar, und sei ganz ehrlich zu ihr, damit sie begreift, daß sie Dich nicht mehr mit ihren Lügengeschichten einwickeln kann. Ich denke, hundert Dollar sind völlig ausreichend, um zwei oder drei Monate hier zu leben, bis sie nach San Panchito [San Francisco] zurückkehrt und die Josephs ihr einen Job besorgen. Vielleicht findet sie in der Zwischenzeit ja auch einen Mann, der mit ihr leben will – ich glaube, das wäre die beste Lösung für sie, und Du wärst nicht länger für sie verantwortlich. Überleg Dir gut, wie Du ihr das Geld leihst, damit es das letzte Mal ist. Ich warte auf Deine Antwort, damit ich weiß, woran ich bin. In meinem Brief neulich habe ich Dir von meinem Fuß, der Wirbelsäule etc. erzählt; im Moment geht es mir ein bißchen besser, weil ich keinen Alkohol mehr trinke und weil ich, obwohl ich hinke, zu der Erkenntnis gekommen bin, daß es besser ist, Krankheiten keine besondere Beachtung zu schenken, weil man sowieso irgendwann dran glauben muß – man kann auch auf einer Bananenschale ausrutschen. Erzähl mir, was Du machst – versuch, nicht so viele Stunden zu arbeiten und Dich mehr zu amüsieren, denn so, wie es in der Welt aussieht, geht es uns bald an den Kragen, und es lohnt sich nicht, von dieser Erde zu gehen, ohne das Leben ein bißchen genossen zu haben. Alfred Benders Tod ist mir nicht besonders nahegegangen, weil ich die *Art Collectors* zutiefst verabscheue – ich weiß nicht, warum, aber schon die Kunst an sich bedeutet mir mit jedem Tag weniger, und erst recht diese ganzen Leute, die sich für »Auserwählte Gottes« halten, nur weil sie »Kunstkenner« sind. Oft sind mir Schreiner, Schuhmacher etc. lieber als diese ganze Horde ach so zivilisierter, geschwätziger Hohlköpfe, diese sogenannten »kultivierten Leute«.

Bis bald, Bruder, ich verspreche Dir, bald einen langen, langen Brief zu schreiben; dann erzähle ich Dir von meinem Fuß – falls es Dich interessiert – und noch mehr Klatsch und Tratsch aus Mexiko und von seinen Bewohnern. Ich schicke Dir viele liebe Grüße und hoffe, daß Du gesund und glücklich bist.

La Malinche. Frida

Veröffentlicht in: Teresa del Conde, *Frida Kahlo. La pintora y el mito*, Mexiko, Instituto de Investigaciones Estéticas UNAM 1992. – 1939 distanzierte sich Diego Rivera zunächst von der IV. Internationale und brach dann ganz mit ihr. In der Folge unterstützte er die Präsidentschaftskandidatur General Almazáns, ein abenteuerlicher Schritt, mit dem er wahrscheinlich seine immer noch engen Beziehungen zu den Stalinisten zu verbergen suchte. – Emmy Lou Packard war Riveras Assistentin in den Vereinigten

Staaten und blieb es auch in Mexiko, als der Maler 1941 aus San Francisco zurückkehrte. – Albert Bender, ein Versicherungsagent und Kunstmäzen, hatte in den zwanziger Jahren in Mexiko Riveras Bekanntschaft gemacht und einige seiner Werke erworben. 1930 beschaffte er dem Mexikaner eine Aufenthaltserlaubnis für die Vereinigten Staaten. – Emily Joseph, die Frau des Malers Sidney Joseph, war Kunstkritikerin beim *San Francisco Chronicle* und hatte bei den Vorträgen, die Rivera 1930 auf französisch in Kalifornien hielt, gedolmetscht.

Brief an Dr. Leo Eloesser

Coyoacán, der 18. Juli 1941

Liebster Doctorcito,

was wirst Du wohl von mir sagen – daß ich unzuverlässiger bin als das Saxophon in einer Jazzband? Kein Dankeschön für Deine Briefe, auch nicht für das *Kind*, über das ich mich so gefreut habe – monatelang kein einziges Wort. Du hast völlig recht, wenn Du mich zur Hölle wünschst. Aber Du weißt, daß ich nicht weniger an Dich denke, nur weil ich Dir nicht schreibe. Wenn es ums Schreiben geht, bin ich der faulste Mensch der Welt. Aber glaub mir, ich habe oft an Dich gedacht und stets mit unveränderter Zuneigung.

Jean sehe ich nur selten. Die Arme hat immer noch keine feste Arbeit gefunden und macht Spielzeugformen aus Gips für eine Fabrik – sie wird schlecht bezahlt, und vor allem glaube ich nicht, daß sie so ihr Leben meistert. Ich habe versucht, ihr klarzumachen, daß sie am besten nach Kalifornien zurückgehen sollte, aber sie will ums Verrecken nicht. Sie ist spindeldürr und furchtbar nervös, weil sie keine Vitamine bekommt. Die, die es hier gibt, kosten ein Vermögen, die

kann sie sich auf keinen Fall leisten. Sie sagt, daß Du wegen des Zolls, oder was auch immer, Probleme hast, ihr welche zu schicken. Falls demnächst jemand hier herunterfährt, solltest Du ihm ein paar Vitamine für sie mitgeben – wie gesagt, sie ist sehr kränklich und knapp bei Kasse.
Meiner Klaue-Pfote-Fuß geht es besser. Aber mein Allgemeinzustand ist ziemlich be...scheiden. Ich denke, es hängt damit zusammen, daß ich nicht genug esse und viel rauche. Und erstaunlicherweise trinke ich *keinerlei* große und kleine Cocktails mehr. Ich habe Schmerzen im Bauch und fortwährend das Bedürfnis aufzustoßen *(Pardon me, burp!!)*. Die Verdauung ist völlig hinüber. Meine Laune ist furchtbar, ich werde jeden Tag *furioser* (im mexikanischen Sinne), also nicht in der Bedeutung von leidenschaftlich (spanische Lesart der Sprachakademie) – eine echte *Xanthippe* also. Wenn es in der Medizin ein Mittel gibt, das Leuten wie mir einen Dämpfer verpaßt, dann verschreib es mir, damit ich es augenblicklich einnehmen kann, um zu sehen, ob es wirkt. Was die Malerei angeht, so lasse ich nicht locker. Ich male wenig, aber ich spüre, daß ich dazulerne und nicht mehr so unbedarft bin wie früher. Ich soll ein paar Porträts für den Speisesaal des Nationalpalasts malen (fünf): die fünf herausragendsten Mexikanerinnen in der Geschichte dieses Volkes. Jetzt bin ich dabei, herauszufinden, was für seltsame Heilige diese Heldinnen waren, mit was für Visagen sie herumliefen und was in ihren Köpfen so vorging, damit man sie, wenn ich sie hinpinsele, von den vulgären, gewöhnlichen Frauen Mexikos unterscheiden kann, unter denen es, wenn Du mich fragst, interessantere und bedeutendere gibt als die fraglichen Damen. Falls sich unter Deinen Kuriositäten ein Wälzer über Doña Josefa Ortiz de Domínguez, Doña Leona Vicario... oder Sor Juana Inés de la Cruz finden sollte, dann sei so lieb, und schick mir einige Daten,

Photographien, Stiche etc. über die jeweilige Zeit und ihre hochgepriesenen Erscheinungen. Mit diesem Auftrag werde ich mir ein paar »Kröten« verdienen, und davon werde ich mir einigen Krimskrams leisten, der schön anzusehen, anzuhören oder anzufühlen ist, und ein paar wunderhübsche Blumentöpfe, die ich neulich auf dem Markt entdeckt habe.

Die Wiederverheiratung funktioniert gut. Wenig Streit, größeres gegenseitiges Verständnis und weniger bohrende Nachforschungen meinerseits, was andere Damen betrifft, die plötzlich einen bedeutenden Platz in seinem Herzen einnehmen. Wie Du siehst, habe ich endlich begriffen, daß das Leben *so ist* – alles andere sind Hirngespinste. Wenn es mir gesundheitlich besserginge, könnte man sagen, daß ich glücklich bin, aber daß ich vom Kopf bis zu den Füßen ein solches Wrack bin, bringt manchmal meinen Verstand durcheinander und läßt mich bittere Momente durchleben.

Übrigens, kommst Du nicht zu dem internationalen Medizinerkongreß, der in dieser herrlichen Stadt stattfindet, die man die Stadt der Paläste nennt? Gib Dir einen Ruck, nimm einen Stahlvogel, und ab zum Zócalo, Mexiko. Was ist – ja oder ja?

Bring mir viele Luckys oder Chesterfields mit, denn die sind hier ein Luxus, Compañero, und ich kann nicht jeden Tag einen Fünfer in Rauch *investieren*.

Erzähl mir von Deinem Leben – etwas, was mir beweist, daß Du immer daran denkst, daß es in diesem Land der Indios und Gringotouristen ein Mädchen gibt, das Dir eine wahre, echte Freundin ist.

Ricardo war ein bißchen eifersüchtig auf Dich, weil ich Dich duze. Aber ich habe ihm alles erklärt, was es zu erklären gibt. Ich liebe ihn so sehr und habe ihm schon gesagt, daß Du das weißt.

Ich höre jetzt auf, weil ich nach Mexiko fahren muß, um Pinsel und Farben für morgen zu kaufen, und ich bin schon ziemlich spät dran.
Mal sehen, wann Du mir einen langen, langen Brief schreibst. Grüße an Stack und Ginette und an die Krankenschwestern im Saint Luke. Vor allem an die, die so nett zu mir war – Du weißt schon, welche, mir fällt ihr Name gerade nicht ein. Er beginnt mit M. Bis bald, liebster Doctorcito. Vergiß mich nicht.
Viele Grüße und Küsse von
      Frida

Papas Tod war schrecklich für mich. Ich glaube, das ist der Grund, warum sich mein Zustand so verschlechtert hat und ich wieder ziemlich abgemagert bin. Erinnerst Du Dich, wie lieb und gut er war?

Veröffentlicht in: Teresa del Conde, *Frida Kahlo. La pintora y el mito*, Mexiko, Instituto de Investigaciones Estéticas UNAM 1992. – Diego und Frida waren Ende 1939 vor dem Gericht in Coyoacán geschieden worden, um »den De-facto-Zustand zu legalisieren«, wie Rivera sagte. In der Zeit der Trennung war ihr Verhältnis weiterhin sehr eng. – Bei dem »Kind« handelt es sich um einen Fötus, den Dr. Eloesser Frida geschenkt hatte. – Der spanische Flüchtling Ricardo Arias Viñas war Fridas damaliger Liebhaber.

FRIDA KAHLO

Beleg für die Central de Publicaciones

23. September 1941

Empfangsbestätigung für die »Central de Publicaciones« über die Summe von $ 1000,00 – eintausend Pesos – für Haushaltsausgaben im *Oktober* 1941. Der Betrag ist Sr. Diego Rivera in Rechnung zu stellen.
         Frida Kahlo

Photokopie im Archiv Raquel Tibol.

Schreiben an Alberto Misrachi

17. Nov. 1941

Albertito.
Ein weiteres Mal belämmere ich Sie mit der gleichen Bitte wie schon in anderen Monaten.
Können Sie mir $ 500,00 Vorschuß auf Dezember gewähren? Ich konnte das Bild, das in Auftrag gegeben wurde, nicht nach New York schicken und bin wieder knapp bei Kasse. *Petzen Sie nicht bei Diego*, und bewahren Sie diesen Wisch *als Quittung* auf. Am 1. Dezember habe ich also nur 500 armselige Pesos zu bekommen.
Tausend Dank von Ihrer Freundin
         Frida

Photokopie im Archiv Juan Coronel Rivera.

Schreiben an Alberto Misrachi

Coyoacán, der 10. Dez. 1941

Albertito.
Und wieder einmal belästige ich Sie mit der Bitte um $ 500,00 Vorschuß für den Januar. Das Geld reicht nicht bis zum Ende des Monats. Von dem Bild, das Paulette gekauft hat, habe ich nämlich nur die »Rückstände« bezahlt.
Tausend Dank.
                Frida

Hier die offizielle Quittung.

Ich habe von Sr. Alberto Misrachi die Summe von $ 500,00 (fünfhundert Pesos) als Vorschuß auf die monatliche Zahlung für Januar 1942 erhalten. Somit stehen mir nur noch $ 500,00 zu, die ich am 1. Januar erhalten werde.
                Frida Kahlo

Photokopie im Archiv Juan Coronel Rivera. – Paulette Goddard hatte das Bild *Blumenkorb* gekauft (Öl auf Kupfer, 64,5 cm Durchmesser).

FRIDA KAHLO

Widmung an die Töchter des Botschafters von Venezuela, Sr. Zawadsky

1. Dezember 1941

Für Clarita, Gloria und Mireya, drei Mädchen, die ich sehr liebe und die mehr Licht nach Mexiko brachten.
Eure treue Freundin mit den langen Röcken.
Vergeßt mich nicht.
       Frida

Photokopie im Archiv Martha Zamora.

Brief an Emmy Lou Packard

Coyoacán, der 15. Dezember 1941
Liebste Emmylucha,
ich liege immer noch mit einer gottverfluchten Grippe im Bett, die sich einfach nicht verabschieden will. Mir ging es dermaßen besch…eiden, und darum habe ich Dir nicht geschrieben, meine Süße.
Ich habe mich so gefreut, daß Du es endlich geschafft hast, Deine Ausstellung zu machen – nur schade, daß ich am Tag des *opening* keinen »Kennerblick« darauf werfen konnte. Wir hätten ein Gelage veranstaltet, das sogar in Zeiten des Krieges in die Geschichte eingegangen wäre. Seit Du gefahren bist, bin ich wirklich eine elende Krücke; ich weiß nicht genau, was zum Teufel mit mir los ist, aber offen gestanden,

JETZT, WO DU MICH VERLÄSST

Compañera, geht es mir nicht gut. Ich könnte den ganzen Tag schlafen, ich fühle mich wie ein durchgekauter, ausgelutschter Kaugummi.

Stell Dir vor, »Bonito«, der kleine Papagei, ist gestorben. Ich habe eine kleine Beerdigung mit allem Drum und Dran für ihn veranstaltet, und ich habe schrecklich geweint – er war so niedlich, erinnerst Du Dich? Diego war auch sehr traurig darüber. »El Caimito«, das Äffchen, hatte eine Lungenentzündung und wäre auch fast hops gegangen, aber das »Sulphamidyl« hat ihm geholfen. Deinem kleinen Papagei geht es prächtig, ich habe ihn hier bei mir. Wie geht es Pandy #2?

Hör mal, meine Schöne, erzähl mir, wie es mit dem Bilderverkauf gelaufen ist und wie Du das Publikum in Los Angeles fandest – ziemlich scheußlich, oder?

Sag mir, wie es Donald geht, Deinen Eltern, Deiner Schwester und der Rasselbande.

Was die Arensbergs betrifft, sag ihnen bitte, daß Kaufmann das Bild *Die Geburt* hat. Es wäre mir sehr lieb, wenn sie *Ich nuckele* kaufen würden, denn damit wäre ich einige Sorgen los – wo ich doch zur Zeit wirklich klamm bin. Wenn Du die Möglichkeit hast, dann bearbeite sie, aber tu so, als ginge es von Dir aus. Erzähl ihnen, daß ich es zur gleichen Zeit gemalt habe wie *Die Geburt* und daß es Dir und Diego sehr gut gefällt. Du weißt doch, welches es ist, oder? Das von mir und meiner Amme, die mich mit allerbester Milch versorgt! Erinnerst Du Dich? Hoffentlich kannst Du sie dazu bringen, es mir abzukaufen – Du kannst Dir nicht vorstellen, wie nötig ich das Geld brauche. Ich schicke Dir ein Photo davon, damit Du ein Loblied darauf singen und sie vielleicht für dieses »Kunstwerk« erwärmen kannst. Erzähl ihnen auch von dem mit dem Bett, das sich in New York befindet – vielleicht interessieren sie sich ja dafür. Es ist das mit dem

Gerippe obendrauf, erinnerst Du Dich? Es soll 300 Pesos kosten. *Mal sehen, ob Du mir ein bißchen auf die Sprünge helfen kannst – ich brauche das Geld wirklich dringend.*
Diego arbeitet wie ein Besessener an dem Bild von Paulette. Am Donnerstag habe ich Paulette kennengelernt und fand sie netter, als ich dachte.
Wann kommst Du zurück? Du wirst schon schrecklich vermißt in Coyoacán. Schreib mir hin und wieder.
Millionen von Küssen an Donald und Deine Eltern. Viele Grüße an die Homolkas, und sag ihnen, sie sollen lieber herkommen. Vergiß mich nicht, meine Schöne, und sag mir, ob ich Dir etwas von hier schicken kann.
Hast Du hübsch ausgesehen beim *opening*? Erzähl mir viel Klatsch. Vergiß nicht die Sache mit den Arensbergs.
Diego schickt Dir Küsse und ich mein ganzes Herz. Deine
Frida

Aus dem Nachlaß Emmy Lou Packard in der Smithsonian Institution.

Telegramm an Emmy Lou Packard

Coyoacán, 17. Dezember 1941

EMMY LUCHA BRIEF GING HEUTE MORGEN RAUS KOMMT LEIDER ZU SPÄT BITTE UM RIESENGEFALLEN SAG ARENSBERGS BILD GEBURT GEHÖRT KAUFMANN STOP BITTE ÜBERZEUG SIE STATT DESSEN »MEINE AMME UND ICH« ZU KAUFEN GLEICHES FORMAT GLEICHER PREIS 300 BRAUCHE DAS GELD GANZ DRINGEND VOR ERSTEM JANUAR BITTE TU DEIN MÖGLICHSTES

JETZT, WO DU MICH VERLÄSST

STOP SCHICKE PHOTO SAG MIR WIE ES GELAUFEN IST TAUSEND
DANK ALLES LIEBE
FRIDA KAHLO
300 BUCKS

Aus dem Nachlaß Emmy Lou Packard in der Smithsonian Institution. Original in englischer Sprache. – Walter G. Arensberg war ein Sammler aus Los Angeles, Edgar J. Kaufmann ein Industrieller und Sammler aus Pennsylvania. – Frida spricht von den Gemälden *Meine Geburt* (1932), *Meine Amme und ich* (1937) und *Der Traum* (1940).

Brief an den Ingenieur Marte R. Gómez

Coyoacán, der 15. März 1943

Sr. Ing. Marte R. Gómez
Hier.

Lieber Compañero,
ich wollte schon längst mit Ihnen über etwas sprechen, was mir persönlich sehr am Herzen liegt, das aber auch, wie ich glaube, von allgemeinem Interesse ist. Ich schreibe Ihnen, weil es mir leichterfällt, das, was ich sagen will, ganz konkret zu Papier zu bringen, als Ihnen die Angelegenheit persönlich zu erläutern, und vor allem stehle ich Ihnen auf diesem Weg nicht soviel von Ihrer Zeit. Es geht darum, daß ich Sie um einen freundschaftlichen Rat bitten möchte. Ich wage es, in dieser Sache an Sie heranzutreten, weil ich Sie für einen der wenigen wahren Freunde halte, die Diego in Mexiko hat, und denke, daß Sie mir Ihre offene und ehrliche Meinung sagen werden.

Ich mache mir schon geraume Zeit große Sorgen um Diego, zum einen wegen seiner Gesundheit – er hat ständig Probleme mit den Augen, und überhaupt ist er nicht mehr in so guter Verfassung wie früher. Sie werden bemerkt haben, daß er auch mit der Arbeit an dem Fresko, das er im Nationalpalast malt, viel langsamer vorangekommen ist, weil er sich dauernd mit dieser Bindehautentzündung herumschlägt, die ihn daran hindert, so effektiv zu arbeiten wie vor einigen Jahren noch. Außerdem haben die wirtschaftlichen Probleme infolge des Krieges, unter denen zur Zeit alle leiden, Diego viel härter getroffen, als ich mir dies jemals hätte vorstellen können. Es schmerzt mich sehr, daß diese Krise just zu einer Zeit eingetreten ist, wo ich mir Sicherheit und Ruhe für ihn gewünscht hätte, damit er ohne größere Sorgen malen kann, denn wenn jemand so geschuftet hat wie Diego, hat er sich wirklich ein paar sorgenfreie Jahre verdient, um das machen zu können, wozu er Lust hat. Es ist nicht so sehr das unmittelbare Problem, genug Geld zum Leben zu verdienen, das mir Sorgen macht, denn wenn wir beide arbeiten, wird es schon irgendwie gehen. Meine größte Sorge betrifft eine Sache, die viel wichtiger ist für Diego, und ich sehe mich völlig außerstande, sie zu lösen.

Wie Sie wissen, gilt Diegos größte Hingabe neben der Malerei vor allem *seinen Statuen*. In über fünfzehn Jahren hat er den größten Teil des Geldes, das er durch unermüdliche Arbeit verdiente, dazu verwendet, seine wunderbare archäologische Sammlung aufzubauen. Ich glaube nicht, daß es in Mexiko eine bedeutendere Privatsammlung gibt. Seine Idee war es immer, ein Haus für die Sammlung zu bauen, und vor einem Jahr fand er im Pedregal de Coyoacán, in einem kleinen Dorf namens San Pablo Tepetlapa, den Ort, der für dieses »Haus der Idole« wie geschaffen war. Er begann, mit dem Stein aus dem Pedregal zu bauen, und sparte so eine Menge Material. Er fertigte eigenhändig die Pläne an, mit einer Liebe, die ich Ihnen nur schwer beschreiben kann; er hat nächtelang daran gearbeitet, wenn er müde nach Hause kam, nachdem er den ganzen Tag gemalt hatte. Glauben Sie mir – noch nie habe ich jemanden mit solcher Freude und Begeisterung etwas planen sehen. Ich will Ihnen die Entwürfe nicht beschreiben, es wäre mir wesentlich lieber, wenn er selbst sie Ihnen zeigte.

Nun ist es so, daß er durch die aktuellen Umstände kein Geld mehr hat, um mit dem Bau weiterzumachen. Ich kann Ihnen gar nicht sagen, was das für Diego bedeutet – seit ich ihn kenne, hat ihn noch nie etwas so traurig gemacht. Ich würde ihm gern so gut wie möglich helfen, damit er nicht den Mut und jede Hoffnung verliert, dieses für ihn so drängende Problem zu lösen, und nachdem ich alle Möglichkeiten tausendmal hin und her gewendet habe, dachte ich, die einzig erfolgversprechende Lösung bestünde vielleicht darin, wenn sich die mexikanische Regierung der Sache annähme. Es wäre keinesfalls eine persönliche Hilfe für Diego, sondern so etwas wie ein *Abkommen, um mit Diegos Sammlung ein archäologisches Museum aufzubauen. Eine Art Tauschhandel also: Die Regierung würde das Gebäude errichten –* nach Diegos Plänen natürlich –, *und er würde dem Staat nach seinem Tod die komplette Sammlung vermachen.* Damit wären zwei entscheidende Punkte erfüllt: Diego könnte sich zu Lebzeiten an seiner Sammlung erfreuen, und später würde diese *bedeutende* Sammlung nicht aufgelöst oder zerstreut. Sie wissen ja, was es bedeuten würde, wenn Gegenstände von so unschätzbarem Wert der Familie zufielen: Am Ende landen sie immer auf dem Trödelmarkt in Lagunilla.

Ich weiß nicht, ob meine Idee albern oder unsinnig ist – ich weiß nicht einmal, was Diego selbst davon hielte. Ich habe mich nämlich nicht getraut, ihm von meinem Vorschlag zu erzählen, weil ich nicht möchte, daß er denkt, es sei nur der rührselige Wunsch, ihm zu helfen, der mich dazu bewegt, das Thema zur Sprache zu bringen. Aber glauben Sie mir, Marte, ich mache mir wirklich Gedanken deswegen, weil ich weiß, welchen Stellenwert diese Sache in seinem Leben hat. Ich möchte Sie nur darum bitten, mir Klarheit zu verschaffen und mir zu sagen, ob meine Idee eine Möglichkeit sein könnte oder nicht und ob Sie es für ratsam halten, daß ich mit ihm darüber spreche. Wenn Sie meinen Vorschlag für gut halten und die Freundlichkeit hätten, dieser Tage zum Essen zu uns zu kommen, dann könnten Sie und ich ihm diesen Vorschlag unterbreiten, um zu sehen, wie er darauf reagiert. Falls nicht, bitte ich Sie, ihm niemals zu erzählen, daß ich mit Ihnen über diese Sache gesprochen habe, denn sonst wird er vielleicht denken, daß ich mich unberechtigterweise in seine Angelegenheiten einmische.

Verzeihen Sie, daß ich Sie mit dieser Sache behellige, die letzten Endes nur ein persönliches Problem ist. Aber es beruhigt mich, zu wissen, daß Sie Diego schätzen, und die Gewißheit zu haben, daß Sie verstehen werden, daß einzig und allein meine große Liebe zu Diego und meine Anteilnahme an all seinen Angelegenheiten mich dazu bewegen, mit diesem Brief an Sie heranzutreten. Natürlich ist das alles nur eine Idee, die mir durch den Kopf geht. Ich weiß nicht einmal, ob ich sie Ihnen richtig präsentiert habe, denn vermutlich wäre alles viel komplizierter, falls sie durchführbar sein sollte, aber in diesem Fall müßten Sie und Diego sich dann über Einzelheiten unterhalten. Aber ich möchte einfach, daß Sie mir ganz offen sagen, was Sie davon halten. Ich möchte Diego nicht leiden sehen, weil er nicht bekommt, was er so sehr verdient hätte, denn das, was er verlangt, ist wirklich *nichts* im Vergleich zu dem, was er gegeben hat.

Außerdem glaube ich, daß es wirklich wundervoll wäre, wenn Mexiko ein solches Museum hätte.

Ich weiß nicht, Marte, wie ich Ihnen für Ihr Urteil danken soll. Ich werde diese Woche mit Hilda etwas ausmachen wegen des Essens, über das wir am Telephon gesprochen haben; deshalb möchte ich, daß Sie diesen Brief vorher bekommen, damit Sie mir, wenn wir uns sehen, sagen können, was Sie von der Sache halten.

Tausend Dank für Ihre Freundlichkeit, viele Grüße an Hilda und die Kinder und an Ihre Frau Mama, und an Sie ganz herzliche Grüße von

    Frida

Original im Archiv Marte Gómez Leal. – Der Agraringenieur Marte R. Gómez (1896–1973) beauftragte Diego Rivera 1923 mit den Wandgemälden für die Escuela Nacional de Agricultura in Chapingo. Als Frida ihm diesen Brief schrieb, war er Staatssekretär für Landwirtschaft unter Präsident Manuel Ávila Camacho (1940–46). 1944 gab Marte R. Gómez bei Frida sein Porträt für die Direktorengalerie der Schule in Chapingo in Auftrag. Frida malte zwei identische Bilder (Öl auf Masonit, 32,5 × 26,5 cm), eines für die Schule und eines für die Privatsammlung des Ingenieurs. Das zweite Bild entstand im Auftrag des Ingenieurs Eduardo Morillo Safa.

Brief an Florence Arquin

    Coyoacán, der 30. November 1943

Liebste Florence,

bitte entschuldige meine Faulheit! Du weißt ja, was für ein »Rohrkrepierer« ich bin, was das Schreiben angeht. Aber *Du bist immer in meinem Herzen*, und trotz meiner scheinbaren Vergeßlichkeit bin ich dieselbe Frida wie immer.

Darling, Diego hat sich sehr über das wunderschöne Farbphoto gefreut, das Du ihm geschickt hast. Es hängt genau gegenüber von seinem Bett, und ich kann Dich jeden Morgen dort sehen. *Wir vermissen Dich sehr.*
Mein Leben ist unverändert. Manchmal okay, manchmal verdammt langweilig. Von Diego kann ich das nicht behaupten. Er langweilt sich nie. Er arbeitet wie ein Irrer und ist ständig dabei, etwas zu planen. Seine Pyramide in Pedregal wird jeden Tag großartiger, und das Gemälde, das er im Kardiologischen Institut anfertigt, ist eine Wucht.
Seit Du weg bist, habe ich *drei* (kleine) Bilder gemalt. Eins habe ich verkauft, und die anderen beiden sind in der Verlullaire's Gallery. Aber ich glaube, ich werde sie dort wegnehmen, weil diese beschissene Galerie jeden Tag schlechter wird. Was das Bild von den vier Äffchen angeht, das Du in die Staaten mitgenommen hast, so habe ich noch kein Wort von Julien gehört. Ich mache mir ein bißchen Sorgen, daß etwas damit passiert sein könnte. Was meinst Du? Hast Du Julien deswegen geschrieben? Soll ich ihm schreiben? Oder was kann ich sonst unternehmen? Entschuldige, daß ich Dich damit belästige, aber ich mache mir Sorgen, daß er es nicht bekommen hat, und ich habe keine Papiere hier, um etwas in die Wege zu leiten.
Wenn Du glaubst, daß nur die momentanen Umstände an der Verzögerung schuld sind, dann lassen wir alles, wie es ist, aber ich finde, die Leute an der Grenze hatten genug Zeit, es nach N.York zu schicken. Meinst Du nicht? Wie auch immer, sag mir, was ich tun soll. Vielleicht ist alles in Ordnung.
Wie geht es Dir jetzt gesundheitlich? Ich habe mir solche Sorgen gemacht, als Du gefahren bist. Wie geht es Deinem Mann und Deiner Mutter? Bitte grüß die beiden ganz herzlich von mir, und sag ihnen, *wie gern ich sie habe.*

Vergib mein Englisch und meine Handschrift. Miserabel!!!!
Aber wenn ich den Brief neu schreibe, werde ich ihn niemals abschicken, also verzeih mir lieber den furchtbaren Brief.
Darling Baby, erzähl mir alles über Dich, jede Kleinigkeit.
Ich werde Dir bald wieder schreiben. Ganz bestimmt!!!
Alles Liebe von mir und Diego für unsere kleine Florence.
Frida

Frohe Weihnachten Euch allen.
Komm bald nach Mexiko!

Aus dem Nachlaß Florence Arquin in der Smithsonian Institution. Original in englischer Sprache. – Die amerikanische Malerin, Photographin, Pädagogin und Kritikerin Florence Arquin (1900–1974) hielt sich 1943 in Mexiko auf, wo ihre Werke in der Benjamin-Franklin-Bibliothek in Mexiko-City gezeigt wurden. Ihre Vorträge und Kunstforschungen führten sie durch ganz Südamerika. – Fridas Sorge galt dem Ölgemälde *Selbstbildnis mit Affen* (81,5 × 63 cm) von 1943, das später von Jacques und Natasha Gelman gekauft wurde.

Brief an den Ingenieur Marte R. Gómez

Coyoacán, der 7. März 1944

Compañero Marte,
anbei sende ich Ihnen eine Einladung, für den Fall, daß Sie »ein Minütchen« Zeit finden, um sich die Wandmalereien anzusehen, die die Schüler aus meiner Klasse an der Maler- und Bildhauerschule des Erziehungsministeriums in einer öffentlichen Wäscherei in Coyoacán angefertigt haben.

Ing. Morillo hat sie bereits gesehen und kann Ihnen seinen Eindruck schildern. Ich bin sicher, daß Sie kommen werden. Falls Sie keine Lust auf die *offizielle* Feier um 10 Uhr vormittags haben, dann kommen Sie ein bißchen später, oder wann immer es Ihnen möglich ist, aber bitte vergessen Sie es nicht.

Sie kommen ganz einfach hin: Von der Straßenbahnhaltestelle »La Carmen« (gegenüber der Casa de Cuna) gehen Sie nach rechts bis zur Plaza »La Concepción« mit einer wunderhübschen kleinen Kolonialkirche. An der letzten Abzweigung auf dem Platz biegen sie links ein und gehen einen Häuserblock weiter; das Waschhaus befindet sich gegenüber einer riesigen Fabrik, die schon bald in Sicht kommt.

Tausend Dank für Ihr Kommen und dafür, daß Sie diesen lästigen Brief gelesen haben.

Viele Grüße von

   Frida

Archiv Marte Gómez Leal. – Frida begann 1943, in einem ungemütlichen Raum in der nationalen Maler- und Bildhauerschule eine große Anfängerklasse von Kunststudenten zu unterrichten. Die tyrannischen Forderungen ihres gequälten Körpers zwangen sie, den Unterricht bei sich zu Hause fortzusetzen. Die Leitung der Schule unterstützte den Wechsel, indem sie die Fahrtkosten der Schüler übernahm, die von Montag bis Freitag nach Coyoacán hinausfuhren. Zunächst war es eine ziemlich große Gruppe, die den Weg auf sich nahm, aber bald blieben nur noch vier Schüler übrig: Fanny Rabel, Arturo Estrada, Guillermo Monroy und Arturo García Bustos. Frida ermöglichte ihnen die Ausführung von Wandgemälden in einem öffentlichen Waschhaus, das von einer Gruppe armer Wäscherinnen errichtet worden war. Das Gebäude bekam den Namen »Casa de la mujer Josefa Ortiz de Domínguez«.

JETZT, WO DU MICH VERLÄSST

Brief an Bertram und Ella Wolfe

Coyoacán, 1944, Mexiko

Liebster Boitito, liebste Ella,
wenn Ihr diesen einzigartigen Brief bekommt, werdet Ihr denken, daß ich *von den Toten auferstanden* und in diese trügerische Welt zurückgekehrt bin, oder daß ich mich einfach taub gestellt und Euch nicht einen einzigen »Krakel« hingeworfen habe, seit wir uns vor drei Jahren in New York zuletzt gesehen haben. Denkt, was Ihr wollt, aber auch wenn ich Euch keine einzige Zeile schreibe, seid Ihr immer in meinen Gedanken.

Ich wünsche Euch, daß das Jahr 1944 (auch wenn ich die Zahl furchtbar finde) für Euch beide das glücklichste und fröhlichste werden möge, das Ihr bisher erlebt habt und noch erleben werdet. (Ich klinge ja fast wie Cervantes vor lauter »möget« und »werdet«.)

Gut, Kinder, und jetzt beginnen wir mit dem Kreuzverhör: Wie geht es Euch gesundheitlich? Was für ein Leben führt Ihr? Was für »Leutchen« seht Ihr, und mit wem plaudert Ihr dann und wann?

Erinnert Ihr Euch noch, daß es in Coyoacán eine hochwohlgeborene, allseits geschätzte Dame gibt, die der alte Gevatter immer noch nicht geholt hat und die stets darauf hofft, Eure geliebten faces wiederzusehen, eines Tages, in diesem schönen Land, Tenochtitlán genannt? Sollte dies der Fall sein, dann schreibt rasch, *please*, und erzählt mir *all* von Euch, damit mein Herz in trügerische Freude verfällt.

Ohne sehr ins Detail zu gehen, will ich Euch »summa summarum« (dieses Wort ist hundert Pesos wert) erzählen, wie es mir nach der Wiederverheiratung so geht, der zweiten Episode in meinem Leben, die Ihr ja schon kennt:

- Gesundheit: Die übliche Flickschusterei, meine Wirbelsäule kann noch ein paar Nähte vertragen.
- Liebe: Besser als je zuvor, da gegenseitiges Verständnis zwischen den Gatten herrscht, ohne daß dies auf Kosten der dem jeweiligen Ehepartner angemessenen Freiheit ginge. Völlige Abschaffung von Eifersucht, heftigen Streitereien und Mißverständnissen. Viel *Dialektik*, basierend auf der vorhergehenden Erfahrung. Wie gesagt!
- »Moneten«: Ziemlich wenig, fast null, aber es reicht für die nötigsten Ausgaben: Essen, Kleidung, Steuern, Zigaretten und die eine oder andere Flasche gut gereifter Tequila »Cuervo« zu $3,50 (der Liter).
- Arbeit: Zuviel für meinen Elan, denn ich bin jetzt Lehrerin an einer Malschule (viel Ruhm, wenig Ruh). Um 8 Uhr morgens fange ich an. Um 11 Uhr ist Schluß. ½ Stunde Weg von der Schule nach Hause = 12 Uhr. Ich erledige einen Teil von dem, was so nötig ist, um einigermaßen »anständig« zu leben, kümmere mich um das Essen, saubere Handtücher, Seife, Tisch decken etc., etc. = 2 Uhr. Essen fassen, dann Beißerchen und Klappe putzen (will sagen Zähne und Mund).

Bleibt der Nachmittag, um mich den schönen Künsten zu widmen. Ich male immer nur kleine Bildchen, denn kaum habe ich eines fertig, muß ich es schon verkaufen, um die Kröten für die ganzen monatlichen Ausgaben zusammenzubekommen. (Beide Gatten tragen zum Unterhalt des Haus-

- Alkohol:
- Alles weitere,
was jedem so passiert:

halts bei.) Zu nächtlicher Stunde gehe ich ins Kino oder in ein heruntergekommenes Theater, und wenn ich wieder zu Hause bin, schlafe ich wie ein Stein. (Manchmal leide ich an Schlaflosigkeit, und dann bin ich wirklich im A...!!!!)

Dank meines *eisernen* Willens habe ich es geschafft, die Dosis des einzunehmenden Alkohols auf zwei »ordentliche Schlückchen« by day einzuschränken. Nur in *seltenen* Fällen übersteigt die *Dosierung* diese Menge und verwandelt sich wie durch Hexerei in einen »Suff« mit dem entsprechenden morgendlichen »Kater«, aber diese Gelegenheiten sind weder besonders häufig noch besonders folgenreich.

Nach 19 Jahren ist Don Diegos Vaterliebe wiedererwacht, was zur Folge hat, daß die kleine Lupita, *so called* Picos, seit zwei Jahren bei uns lebt. Ihre immer unter Hochdruck stehende *mother, die große Lupe*, ist nämlich *against Klein-Lupe* explodiert, und diese Ereignisse haben aus mir eine Adoptivmama mit ihrem *adoptive child* gemacht. Ich kann nicht klagen, denn die Kleine ist artig wie Michelangelo und kommt charakterlich mehr oder weniger auf ihren Papa, aber nichtsdestoweniger sind meine Lebensumstände nicht eben umwerfend. Ich kann mich nämlich nicht erinnern, daß das Ehepaar Rivera zwischen 1929 und 1944 *nicht wenigstens eine* weibliche Gesellschafterin in seinem Haus gehabt hätte. *Home, sweet home!* Lediglich die Art der Gesellschaft hat sich verändert – früher war sie näher an der weltlichen Liebe, heute bewegt sie sich in Richtung Tochterliebe. Ihr versteht.

Gut, meine Freunde, ich verabschiede mich. Ich habe Euch so ungefähr mein momentanes Leben erzählt. Ich hoffe, ruckzuck eine Antwort zu bekommen, die diesem ungewöhnlichen, abrupten, heterogenen und nahezu surrealistoiden Brief angemessen ist.

Eure getreue Dienerin

        Doña *Frida*, die Garstige

Manuskript im Nachlaß B. Wolfe.

Nachricht zu einem Geschenk für Alejandro Gómez Arias

24. April 1944

This is the present of the biggest Närrin there is in the Welt. Untersteh Dich, zu lachen und zu lachen. Nimm es with pleasure and Freude, in remembrance of all the years and years I have loved you for ever and ever.

    F.

Kopie im Archiv Martha Zamora.

JETZT, WO DU MICH VERLÄSST

Brief an Dr. Leo Eloesser

24. Juni 1944

[...] Es geht mir mit jedem Tag schlechter [...] Am Anfang ist es mir sehr schwer gefallen, mich daran zu gewöhnen, denn diese Scheißdinger sind wirklich unerträglich, aber Du kannst Dir nicht vorstellen, wie schlecht es mir ging, bevor ich dieses Gerät bekam. Ich konnte buchstäblich nicht mehr arbeiten, weil mich jede noch so kleine Bewegung erschöpfte. Mit dem Korsett wurde es ein bißchen besser, aber jetzt geht es mir wieder genauso mies wie vorher, und ich bin sehr verzweifelt, weil ich merke, daß sich der Zustand der Wirbelsäule durch nichts verbessert. Die Ärzte sagen, daß ich eine Nervenentzündung habe, aber ich kann mir das Ganze nicht erklären: Wenn es so ist, daß die Wirbelsäule ruhiggestellt werden muß, um eine Nervenreizung zu vermeiden, wie kommt es dann, daß ich trotz Korsett wieder dieselben Schmerzen und Beschwerden habe?
Wenn Du diesmal herkommst, dann erklär mir um Himmels willen, was verdammt noch mal mit mir los ist, ob sich irgend etwas dagegen unternehmen läßt oder ob ich sowieso draufgehe. Einige Ärzte haben wieder auf eine Operation gedrängt, aber ich lasse mich nicht operieren, es sei denn, *Du* würdest es machen, falls es wirklich nötig sein sollte.

Veröffentlicht in: Hayden Herrera, *Frida: Una biografía de Frida Kahlo*, Mexiko, Editorial Diana 1984. – Der Arzt Dr. Alejandro Zimbrón hatte Frida absolute Bettruhe und das Tragen eines Stahlkorsetts verordnet.

FRIDA KAHLO

Nachricht an Diego Rivera

Mein Augenstern,
Cuquita hat mich zum Essen aufs Land eingeladen, ich habe bis 12 Uhr auf Dich gewartet, aber Du hast nicht einmal angerufen.
Ich bin so gegen sechs zurück.
Der Blonde hat mir erzählt, daß Du Milagros zum Essen eingeladen hast. Sag ihr bitte, daß es mir sehr leid tut, daß ich sie nicht treffe, aber wenn sie nichts weiter vorhat, sehen wir uns, wenn ich zurückkomme (um sechs).
Bitte leg mir den »Zaster« in die oberste Schublade in Deiner Kommode, unter Deine Hemden, oder steck ihn in einen Umschlag und gib ihn Manolo oder dem Blonden, vielen Dank, und ich hoffe, daß ich Dich sehe, wenn ich zurückkomme. Heute abend sehe ich Dich auf jeden Fall, oder?
Ich schenke Dir wie immer mein Herz und mein Leben.
Deine kleine
   Frida

Aus dem Archiv des Centro Nacional de Investigación de Artes Plásticas/ INBA-CENIDIAP.

Postkarte an Diego Rivera

13. November 1944, Coyoacán

Mein Augenstern,
Sie wissen ja, wie sehr ich Sie liebe und wie sehr ich mir wünsche, dieser Tag möge, wie alle Tage, der beste sein. Trinken Sie ein Gläschen Wein auf meine Gesundheit.
Ihr kleines Mädchen
   Fisita

Geschenk von Juana Luisa Proenza an Xavier Guzmán Urbiola.

Brief an Ruth Rivera Marín

17. Juni 1945

Liebste Ruth,
hier kommt rechtzeitig ein Paar güldne Ringelein für Ihre hübschen Öhrchen. Immer, wenn Sie sie tragen, sollen Sie sich daran erinnern, daß es im fernen Coyoacán jemanden gibt, der Sie sehr liebt – aus dreierlei Gründen: Zum einen, weil Sie Sie sind, zum zweiten, weil Sie die Tochter von Don Pelelico sind, und zum dritten, weil Sie so hübsch sind. Sie können nichts für alle drei Gründe, so wie ich nichts dafür kann, daß ich Sie gerne habe.
   Ihre
   Frida

Abgedruckt im Begleitheft zu der Ausstellung *Frida Kahlo. The Unknown Frida. The Woman Behind the Work* in der Galerie Louis Newman, Beverly

FRIDA KAHLO

Hills, Kalifornien, 12. Oktober – 9. November 1991. – Ruth (1927–1969) war die jüngste Tochter von Guadalupe Marín und Diego Rivera (*Don Pelelico*), für die Frida eine besondere Vorliebe hatte. – Die Galerie Louis Newman bot sehr persönliche Dokumente von Frida zum Verkauf an, die mit großer Wahrscheinlichkeit aus dem Besitz von Rafael Coronel und Juan Coronel Rivera, Ruths Sohn, stammten.

Präsentation der Malerin Fanny Rabel

Fanny Rabinovich malt, wie sie lebt – mit enormem Mut, wachem Verstand, Sensibilität und aller Liebe und Fröhlichkeit ihrer zwanzig Jahre. Aber was mich an ihrer Malerei am meisten fasziniert, ist ihre starke Verbundenheit mit der Tradition und der Kraft ihres Volkes. Ihre Malerei ist nicht persönlich, sondern gesellschaftlich motiviert. Sie beschäftigt sich intensiv mit der Klassenproblematik und hat mit außerordentlicher Reife das Charakteristische und Wesentliche ihrer Modelle beobachtet und ihnen stets eine lebhafte Emotion verliehen. Das alles unprätentiös und mit einer Weiblichkeit und Zartheit, die ihre Arbeit so vollkommen machen.

Katalog der ersten Einzelausstellung Fanny Rabels, die damals noch Fridas Schülerin war und mit ihrem Mädchennamen Rabinovich signierte. – Fanny Rabel wurde am 27. August 1922 in Polen geboren. Ab 1929 besuchte sie in Frankreich die Schule. 1938 kam sie nach Mexiko und studierte ab 1944 an der Escuela de Pintura y Escultura (»La Esmeralda«). Zu ihren Lehrern zählten Frida Kahlo, José Chávez Morado und Feliciano Peña. Diese erste Ausstellung mit 24 Ölgemälden, 13 Zeichnungen und 8 Stichen fand im August 1945 in den Räumen der Liga Popular Israelita statt.

JETZT, WO DU MICH VERLÄSST

Gedanken zu einem meiner Gemälde

Wie ich auf Anregung des Ingenieurs José D. Lavín und
nach der Lektüre von Freud eine Moses-Darstellung malte
Von Frida Kahlo
Exklusiv für *Así*

Häufig sucht das Publikum nach Erklärungen und möchte wissen, was ein bestimmtes Gemälde bedeutet; dies gilt insbesondere für die moderne Kunst. Picasso, der nichts von Erklärungen hält, erwiderte einmal einer Dame, die behauptete, sein Werk nicht zu verstehen:
»Mögen Sie Austern?«
»Sehr!« antwortete die Dame.
»Und, verstehen Sie sie?«
Bei einer anderen Gelegenheit sagte derselbe Künstler: »Alle wollen die Kunst verstehen. Warum versuchen Sie nicht, den Gesang eines Vogels zu verstehen?«
Orozco äußerte einmal: »Das Publikum will gar keine Malerei sehen ... Es will Malerei hören.«
Frida Kahlo hat ihre Bilder niemals »öffentlich« erläutert, weniger aus ästhetischen als aus anderen Gründen.
Vor einigen Tagen jedoch erklärte sich Frida Kahlo bereit, vor einer Gruppe von Freunden, die sich im Haus des bekannten Industriellen José Domingo Lavín eingefunden hatten, um ein Gemälde zu betrachten, das dieser von der angesehenen Künstlerin erworben hatte, über ihr jüngstes Werk zu sprechen.
Mit feinem Humor erläuterte Frida Kahlo auf die ihr eigene heitere, bescheidene und unprätentiöse Art die Bedeutung der Symbole und Figuren dieses Gemäldes, dessen zentrales Thema die Gestalt des Moses ist.
Da die Ausführungen der Künstlerin von einigem Interesse sind, veröffentlichen wir für unsere Leser eine Photoreproduktion des

Gemäldes sowie die annähernde Wiedergabe des Vortrags, die von einem unserer Redakteure angefertigt wurde.
Natürlich »erläuterte« Frida Kahlo nicht, daß ihr Gemälde von außerordentlicher Vorstellungskraft und großer Plastizität zeugt und das Talent dieser außergewöhnlichen Künstlerin unter Beweis stellt, die sich bereits einen festen Platz unter den größten Malern Mexikos erobert hat.
Im folgenden präsentieren wir Ihnen das Resümee von Frida Kahlos Ausführungen zu dem genannten Gemälde.

Da dies das erstemal in meinem Leben ist, daß ich vor mehr als drei Personen eines meiner Gemälde zu »erklären« versuche, mögen Sie mir verzeihen, wenn ich ein bißchen durcheinander bin und ziemlichen »Bammel« habe.

Vor ungefähr zwei Jahren sagte José Domingo eines Tages zu mir, daß er es schön fände, wenn ich Freuds *Moses* lesen und meine eigene Interpretation des Buches malen würde.

Dieses Bild ist das Resultat jenes kleinen Gesprächs zwischen José Domingo Lavín und mir.

Ich las das Buch nur ein einziges Mal und begann unter dem ersten Eindruck, den es bei mir hinterließ, mit dem Malen. Gestern las ich es erneut, und ich muß gestehen, daß ich das Bild sehr unvollständig finde und ziemlich weit von der hervorragenden *Moses*-Analyse Freuds entfernt. Aber nun läßt sich nichts mehr wegnehmen oder hinzufügen, und so rede ich über das Bild, wie es ist und wie Sie es hier vor sich sehen.

Das zentrale Thema ist natürlich *Moses* oder *Die Geburt des Helden*. Ich habe jedoch die Ereignisse und Bilder, die mich beim Lesen des Buches am stärksten beeindruckt haben, auf meine eigene (sehr konfuse) Weise verallgemeinert. Sie werden mir sagen, ob ich mit dem, was »auf meine Kappe« geht, falsch liege oder nicht.

Was ich eindringlicher und klarer herausarbeiten wollte, ist die Erkenntnis, daß das Bestreben des Menschen, sich Helden oder Götter zu erschaffen oder vorzustellen, in purer *Angst* begründet ist. Angst vor dem Leben und Angst vor dem Tod. Ich begann mit der Figur des Moses-Knaben. (Im Hebräischen heißt Moses soviel wie »der aus dem Wasser Geborgene«, im Ägyptischen bedeutet Moses »Kind«.) Ich malte ihn so, wie er in vielen Legenden beschrieben wird: in einem Binsenkorb ausgesetzt auf einem Fluß treibend. Ich versuchte, dem mit einer Tierhaut bespannten Korb möglichst das Aussehen eines Uterus zu verleihen, denn Freud zufolge ist der Korb der preisgegebene Uterus, das Wasser steht für das Fruchtwasser bei der Geburt. Um diesen Sachverhalt zu unterstreichen, malte ich den menschlichen Fötus während der letzten Phase in der Plazenta. Die an Hände erinnernden Eileiter strecken sich der Welt entgegen.

Dem bereits entwickelten Kind stellte ich die Grundlagen seines Werdens zur Seite, das befruchtete Ei und die sich teilende Zelle.

Freud analysiert auf sehr klare, aber für mein Verständnis sehr komplizierte Weise den entscheidenden Umstand, daß Moses kein Jude, sondern Ägypter war. In meinem Bild fand ich allerdings keine Form, ihn als Ägypter oder Juden darzustellen, und so malte ich einfach einen kleinen Jungen, der sowohl für Moses steht wie auch für alle anderen, die der Legende nach einen solchen Ursprung hatten und später zu bedeutenden Persönlichkeiten und Führern ihrer Völker, das heißt zu *Helden* wurden (die öfter mißbraucht werden als andere, weshalb ich ihn mit dem »allwissenden Auge« ausstattete). Dies ist bei Sargon der Fall, bei Cyrus, Romulus, Paris etc.

Die andere hochinteressante Schlußfolgerung Freuds ist die, daß Moses als Nichtjude dem Volk, das er sich auserwählte, um es zu führen und zu retten, eine Religion gab, die ebenfalls keine jüdische, sondern eine ägyptische war, und zwar keine geringere als den von Amenhotep IV. bzw. Echnaton wiederbelebten Aton- oder Sonnenkult, der auf die uralte Religion von On (Heliopolis) zurückgeht.

Also malte ich die Sonne als Zentrum aller Religionen, als *erste Gottheit* und Schöpferin und Bewahrerin des *Lebens*.

Es gab und gibt viele große Gestalten wie Moses, die Religionen und Gesellschaften ein neues Antlitz verliehen. Man könnte sie als eine Art Mittler zwischen den von ihnen gelenkten Menschen und jenen »Göttern« bezeichnen, die von ihnen erfunden wurden, um jene lenken zu können.

Wie Sie wissen, gibt es noch einen »ganzen Schwung« von diesen »Göttern«. Natürlich reichte der Platz nicht für alle, und so plazierte ich zu beiden Seiten der Sonne diejenigen, die, ob es ihnen gefällt oder nicht, in einem direkten Bezug zur Sonne stehen – zur Rechten jene der westlichen und zur Linken jene der östlichen Welt.

Der geflügelte assyrische Stier, Amon, Zeus, Osiris, Horus, Jehova, Apollo, der Mond, die Jungfrau Maria, die Göttliche Vorsehung, die Heilige Dreifaltigkeit, Venus und... der Teufel.

Zur Linken der Blitzschlag, der Blitzstrahl und die Spur des Blitzes – Huraka, Kukulkan und Gukamatz. Tlaloc, die schöne Coatlicue, Mutter aller Gottheiten, Quetzalcoatl, Tezcatlipoca, Centeotl, der chinesische Drachengott und der Hindugott Brahma. Es fehlt ein afrikanischer Gott – ich konnte ihn nicht begrenzen, aber man kann ein Plätzchen für ihn freilassen.

Ich kann Ihnen nicht über jeden etwas erzählen, da mein Wissen über ihren Ursprung, ihre Bedeutung usw. bescheiden ist.

Nachdem ich die Götter, für die ich Platz hatte, in ihrem jeweiligen Himmel gemalt hatte, wollte ich die himmlische Welt der Phantasie und der Poesie von der irdischen Welt der Angst vor dem Tod abgrenzen. Deshalb malte ich das menschliche und das tierische Skelett, die Sie hier sehen. Die Erde legt schützend ihre Hände um sie. Zwischen dem Tod und der Gruppe der »Helden« gibt es keine Trennung, denn auch sie sind sterblich, und die großmütige Erde nimmt sie ohne Unterschied zu sich.

Auf derselben Erde, aber als größere Köpfe gemalt, um sie von der »Masse« abzuheben, sind die »Helden« dargestellt (nur wenige von ihnen, aber ausgewählte), Religionsreformer, Glaubensgründer oder -erfinder, Eroberer, Revolutionäre ... die »ganz Großen« also.

Zur Rechten (und dieser Figur hätte ich beim Malen wesentlich mehr Bedeutung verleihen müssen als allen anderen) sieht man Amenhotep IV., der sich später Echnaton nannte, einen jungen Pharao der 18. Dynastie (1370–1350 v. Chr.). Er verordnete seinen Untertanen eine Religion, die im Gegensatz zu ihren polytheistischen Traditionen stand: streng monotheistisch, mit Anklängen an den Kult von On (Heliopolis), den Atonkult – einen Sonnenkult also. Ihre Anhänger verehrten die Sonne nicht nur als Himmelskörper, sondern als Schöpferin und Bewahrerin allen Lebens in Ägypten und darüber hinaus. Ihre Kraft manifestierte sich in ihren Strahlen – eine Anschauung, die den modernsten wissenschaftlichen Erkenntnissen über die Sonnenenergie vorausgreift. Breasted nennt Amenhotep IV. »das erste Individuum in der Geschichte der Menschheit«.

Dann folgt Moses, der Freud zufolge seinem erwählten

Volk die Religion Echnatons gab, nachdem er sie ein wenig den Erfordernissen und Umständen seiner Zeit angepaßt hatte.
Zu diesem Schluß gelangt Freud mittels einer ausführlichen Untersuchung, in der er die enge Verbindung zwischen dem monotheistischen Atonkult und der gleichfalls monotheistischen mosaischen Religion offenlegt. (Ich wußte nicht, wie ich diesen wichtigen Teil des Buches bildlich umsetzen sollte.)
Es folgen Christus, Zoroaster, Alexander der Große, Cäsar, Mohammed, Luther, Napoleon und »der verlorene Sohn« ... Hitler. Zur Linken die wundervolle Nefertiti, Echnatons Gemahlin; ich stelle mir vor, daß sie über ihre außergewöhnliche Schönheit hinaus eine in Vergessenheit geratene, überaus kluge Beraterin ihres Mannes gewesen sein muß. Dann Buddha, Marx, Freud, Paracelsus, Epikur, Dschingis-Khan, Gandhi, Lenin und Stalin. (Die Reihenfolge ist wirr, aber ich malte sie nach meinen historischen Kenntnissen, die ebenfalls wirr sind.)
Zwischen diese und die »große Masse« malte ich ein Meer aus Blut, um den Krieg darzustellen, unvermeidlich und fruchtbar.
Und schließlich dann die mächtige, nie genug gewürdigte Menschenmasse, bestehend aus Kreaturen aller Art: Kriegstreiber und Friedliebende, Wissenschaftler und Unwissende, Erbauer von Monumenten, Rebellen, Bannerträger, Ordensträger, Wortführer, Verrückte und Gescheite, Fröhliche und Traurige, Gesunde und Kranke, Dichter und Toren und alle anderen, die Sie in dieser gewaltigen Menge erkennen möchten.
Lediglich die ganz im Vordergrund Stehenden sind einigermaßen deutlich zu erkennen, über die anderen, dort im Gewühl, erfährt man nichts.

Links im Vordergrund der Mann, der Erbauer, in vier Farben (die vier Rassen).
Auf der rechten Seite die Mutter, die Schöpferin, mit dem Kind in den Armen. Hinter ihr der Affe.
Die beiden Bäume, die eine Arche Noah und zugleich einen Triumphbogen formen, stehen für das neue Leben, das stets aus dem Stamm des Alten keimt. Unten in der Mitte das, was für Freud und viele andere das Wichtigste ist... die Liebe, dargestellt durch die Muschel und die Schnecke, die beiden Geschlechter, die von immer neuen, lebendigen Wurzeln umfangen werden.
Das ist alles, was ich Ihnen über mein Gemälde sagen kann, aber Fragen und Kommentare jeglicher Art sind erlaubt. Ich werde mich nicht aufregen.
Vielen Dank.

Veröffentlicht in der Nr. 249 der Zeitschrift *Así*, Mexiko, D.F., vom 18. August 1945.

Glückwünsche an Diego Rivera

8. Dezember 1945

Diego, mein Junge, mein Liebster,
Du weißt, wie gern ich Dich beschenken würde, nicht nur heute, sondern ein Leben lang, aber dieses Jahr hatte ich Pech und konnte Dir nichts selber machen und auch nichts kaufen, was Dir wirklich gefallen hätte. Ich biete Dir alles an, was ich mein eigen nenne und seit jeher besitze – meine

Liebe, die in jeder Stunde neu erwacht und lebendig ist, einzig und allein, weil es Dich gibt und Du sie empfängst. Deine kleine
>Fisita
>(tu antigua ocultadora)
>[Deine alte Heimlichtuerin]

Photoreproduktion in: Hayden Herrera, *Frida Kahlo. Las pinturas*, Mexiko, Editorial Diana 1997. – »Antigua Ocultadora« ist eine Sagenfigur.

Brief an Ella und Bertram D. Wolfe

14. Februar 1946

Liebste Ella, lieber Boit,
hier ist er wieder, der Komet – Doña Frida Kahlo, auch wenn Ihr es nicht glauben wollt! Ich schreibe Euch aus dem Bett, denn seit *vier* Monaten spielt mir die krumme Wirbelsäule übel mit. Nachdem ich mittlerweile bei so vielen Ärzten hier im Land gewesen bin, habe ich mich entschieden, zu einem Arzt nach New York zu fahren, von dem es heißt, er verstehe sich auf seine Sache wie ein kinderreicher Vater auf seine... Sämtliche »Knochenflicker« und Orthopäden hier raten zur Operation. Ich halte das für sehr riskant, denn ich bin spindeldürr, erschöpft und völlig am A..., und in diesem Zustand möchte ich mich nicht operieren lassen, ohne vorher einen »Spitzendoktor« aus Gringolandia konsultiert zu haben. Aus diesem Grund möchte ich Euch um einen riesengroßen Gefallen bitten. Es geht um folgendes:

Anbei findet Ihr eine Kopie meiner Krankengeschichte, der Ihr entnehmen könnt, was ich in diesem beschissenen Leben alles mitgemacht habe. Aber darüber hinaus möchte ich Euch bitten, sie, wenn möglich, *Doktor Wilson* vorzulegen – das ist der Arzt, den ich dort konsultieren will, ein Knochenspezialist. Sein voller Name lautet: Doktor Philip Wilson, 321 East 42nd Street, N.Y.C.

Mich interessieren folgende Punkte:

1) Ich könnte ungefähr Anfang April in die USA kommen. Ist Dr. Wilson dann in New York? Und falls nicht – wann könnte ich ihn antreffen?

2) Wenn er meinen Fall durch die Krankenakte, die Ihr ihm bitte vorlegt, so einigermaßen kennt – wäre er bereit, mich gründlich zu untersuchen und mir seine Meinung mitzuteilen?

3) Falls er zustimmt: Hält er es für nötig, daß ich direkt in *ein Krankenhaus* gehe, oder kann ich woanders wohnen und lediglich ein paarmal in seine Praxis kommen?

(Das alles ist enorm wichtig für mich, denn ich muß mir die »Moneten« einteilen, die zur Zeit recht spärlich fließen.) *You know what I mean kids?*

4) Zwecks größerer Klarheit könnt Ihr ihm folgendes mitteilen: Ich liege seit *vier* Monaten im Bett und bin sehr schwach und erschöpft. Ich würde mit dem Flugzeug anreisen, um Schlimmeres zu vermeiden. Zur Linderung der Beschwerden wird mir ein *Korsett* angepaßt (ein orthopädisches oder Gipskorsett). Wie lange wird er seiner Ansicht nach für die Diagnose brauchen, wenn man in Betracht zieht, daß ich Röntgenaufnahmen, Analysen und all solchen »Plunder« mitbringe? Es sind 25 Röntgenaufnahmen aus dem Jahr 1945 von der Wirbelsäule und 25 Röntgenbilder von Januar 1946 von dem Wirbel, dem Bein und dem Fuß. (Falls dort oben noch mehr gemacht werden müs-

sen, ich stehe ihm zur Verfügung – für jede Unannehmlichkeit!)

5) Versucht ihm klarzumachen, daß ich keine »Millionärin« oder so etwas bin. Vielmehr sieht es in Sachen »Zaster« eher mau aus.

6) SEHR WICHTIG
Sagt ihm, ich begebe mich in seine wunderbaren Hände, weil ich nicht nur durch die Ärzte von seinem hervorragenden Ruf gehört habe, sondern weil er mir in Mexiko persönlich von einem ehemaligen Patienten empfohlen wurde, Herrn *Arcady Boytler*, der ihn bewundert und verehrt, weil er ihn ebenfalls von einem Rückenleiden geheilt hat. Sagt ihm, Boytler und seine Gemahlin hätten in den höchsten Tönen von ihm gesprochen, und ich sei sehr erfreut, ihn aufsuchen zu können, da ich wisse, daß die Boytlers ihn hochschätzten und es gut mit mir meinten, wenn sie mich an ihn verwiesen.

7) Wenn Euch noch andere Dinge praktischer Natur einfallen sollten (Ihr wißt doch, was für ein dummes Huhn ich bin), wäre ich Euch von ganzem Herzen dankbar, meine geliebten Kinder.

8) Für den Besuch bei Doktor Wilson schicke ich Euch so viel Geld, wie Ihr mir sagt.

9) Ihr könnt ihm so in ungefähr erzählen, was Eure Freundin Frida Hinkebein für eine komische Heilige ist. Ich lasse Euch völlig freie Hand, ihm alle möglichen Erklärungen zu geben und mich sogar zu beschreiben (falls es nötig sein sollte, fragt Nick nach einem Photo, damit er weiß, mit was für einem Gesicht ich herumlaufe).

10) Sollte er noch weitere Angaben haben wollen, dann schreibt mir schnellstens, damit alles geregelt ist, ehe ich antrete.

11) Sagt ihm, daß ich eine ziemlich geduldige Patientin

bin, daß ich mich mittlerweile aber ein bißchen zusammenreißen muß, denn in diesem besch… Leben muß man leiden, aber das lernt man. Und außerdem bin ich mit den… Jahren be…sonnener geworden.

Jetzt noch ein paar Mitteilungen für Euch, nicht für den lieben Doctorcito Wilsoncito:

1. Ihr werdet mich ein bißchen verändert finden. Meine grauen Haare machen mir zu schaffen, die Gewichtsabnahme auch, und durch die ganzen Schmerzen bin ich ein wenig trübsinnig.

Das zweite Eheleben funktioniert sehr gut. Alles ändert sich, und mittlerweile nehme ich alles viel ruhiger und gefaßter.

Ich liebe Euch nach wie vor sehr und hoffe, Ihr mich auch. Oder täusche ich mich?

Bis ich von Euch höre, einen dicken Gruß. Bitte schreibt mir bald wegen dieser dringenden Angelegenheit. Viele, viele Küsse und allerherzlichsten Dank von Eurer Freundin

Frida

Grüße an alle Freunde.

Manuskript im Nachlaß B. Wolfe.

FRIDA KAHLO

Corrido für A und L

Mai 1946

Einsam lief das Wild umher,
tieftraurig und schwerverletzt,
bis es bei Arcady und Lina
Wärme und ein Zuhause fand.

Wenn das Wild zurückkehrt,
stark, fröhlich und genesen,
werden die Wunden, die es nun trägt,
allesamt verschwunden sein.

Dank Euch, meine geliebten Kinder,
danke für so viel Trost.
Im Wald des Wildes
beginnt sich der Himmel zu lichten.

Coyoacán, Freitag, der 3. Mai 1946

Hier lasse ich Euch mein Bild,
damit Ihr mich bei Euch habt
jeden Tag und jede Nacht,
die ich fern von Euch bin.

Die Traurigkeit ist stets
in meiner Malerei enthalten,
doch das ist so meine Art:
Mir ist nicht zu helfen.

Aber auch Freude
trage ich in meinem Herzen,

JETZT, WO DU MICH VERLÄSST

denn ich weiß, Arcady und Lina
lieben mich, so wie ich bin.

Nehmt dieses kleine Bild,
in Zärtlichkeit gemalt,
zum Dank für Eure Liebe
und Eure unermeßliche Freundschaft. [*]

Frida

Im April 1946 malte Frida *Das kleine Wild* (Öl auf Masonit, 22,4 × 30 cm), das sie am 3. Mai dem Ehepaar Lina und Arcady Boytler zusammen mit diesem Gedicht überreichte. 1981 erhielt ich von Ana María Montero de Sánchez, die mit Lina Boytler zusammengearbeitet hatte, eine Kopie der Verse. – * Spanisches Original: »Solito andaba el Venado / rete triste y muy herido / hasta que en Arcady y Lina / encontró calor y nido // Cuando el Venado regrese / fuerte, alegre y aliviado / las heridas que ahora lleva / todas se le habrán borrado // Gracias niños de mi vida, / gracias por tanto consuelo / en el bosque del Venado / ya se está aclarando el cielo /// Ahí les dejo mi retrato, / pa' que me tengan presente, / todos los días y las noches, / que de ustedes yo me ausente. // La tristeza se retrata / en todita mi pintura, / pero así es mi condición, / ya no tengo compostura. // Sin embargo, la alegría / la llevo en mi corazón, / sabiendo que Arcady y Lina / me quieren tal como soy. // Acepten este cuadrito / pintado con mi ternura, / a cambio de su cariño / y de su immensa dulzura.«

FRIDA KAHLO

Telegramm an Ella Wolfe

10. Mai 1946

ELLA WOLFE 68 MONTAGUE ST BROOKLYN NY

DARLING DR WILSON TELEGRAPHIERTE MIR DASS ER MICH AM 23 MAI EMPFANGEN KANN FLIEGE AM 21 NACH NEW YORK VIELEN DANK FÜR ALLES WOHNE WAHRSCHEINLICH DIE ERSTEN TAGE IN 399 PARK AVENUE MISS SONJA SEKULA ALLES LIEBE EUCH BEIDEN

FRIDA

Aus dem Nachlaß B. Wolfe. Original in englischer Sprache.

Brief an Alejandro Gómez Arias

30. Juni 1946. New York

Alex *darling*,
ich darf nicht viel schreiben, aber ich will Dir nur kurz mitteilen, daß ich *the big* Operation schon hinter mir habe. Vor drei *weeks* haben sie an den Knochen herumgeschnitten. Dieses Medikament ist so wunderbar und mein *body* so voller Energie, daß sie mich heute schon für zwei Minütchen auf meine armseligen *feet* gestellt haben. Ich kann es selbst nicht *believen*. Die *first* beiden Wochen habe ich sehr gelitten und viel geweint – diese Schmerzen wünsche ich *nobody*. Sie sind furchtbar durchdringend und bösartig, aber diese Woche ist es nicht mehr so zum Heulen, und dank der Tabletten habe ich es einigermaßen gut überstanden. Ich habe am Rücken zwei riesige Narben in *this* Form. Hier

wurde mir ein Stückchen aus dem Becken entnommen, um es in die Wirbelsäule einzusetzen – diese Narbe ist weniger häßlich und verläuft gerader. Fünf Wirbel waren beschädigt, aber jetzt sind sie kerzengerade wie ein Repetiergewehr. *The* Übel ist nur, daß es lange dauert, bis der Knochen richtig angewachsen ist, und so muß ich noch sechs Wochen das Bett hüten, ehe ich entlassen werde und aus dieser fürchterlichen *city* in mein geliebtes Coyoacán abhauen kann. Wie geht es Dir? *Please* schreib mir und schick mir *one* kleines Büchlein. *Please don't forget me.* Wie geht es Deiner Mama? Alex, laß mich in diesem verfluchten Krankenhaus nicht ganz allein, und schreib mir. Cristi langweilt sich zu Tode, und wir vergehen fast vor Hitze. Es ist so höllisch heiß, daß wir uns keinen Rat mehr wissen. Was gibt's Neues in Mexiko? Wie geht's den Leuten da unten?

Erzähl mir von allen und vor allem von Dir.

Deine F.

Ich sende Dir alles, alles Liebe und viele Küsse. Ich habe Deinen Brief bekommen, er hat mich so aufgemuntert! Vergiß mich nicht.

Veröffentlicht in: Raquel Tibol, *Frida Kahlo. Crónica, testimonios y aproximaciones*, Mexiko, Ediciones de Cultura Popular 1977.

Brief an José Bartolí

Bartolí – letzte Nacht hatte ich das Gefühl, als streichelten mich viele Flügel überall, als säßen an Deinen Fingerkuppen Münder, die meine Haut küßten.

FRIDA KAHLO

Die Atome meines Körpers gehören Dir und schwingen gemeinsam, damit wir uns lieben. Ich will leben und stark sein, um Dich mit aller Zärtlichkeit zu lieben, die Du verdienst, um Dir alles Gute zu geben, das in mir ist, und damit Du spürst, daß Du nicht alleine bist. Ob nah oder fern, ich möchte, daß Du Dich von mir begleitet fühlst, daß Du intensiv mit mir lebst, ohne daß meine Liebe Dich bei Deiner Arbeit oder Deinen Plänen stört. Ich will ein so inniger Bestandteil Deines Lebens sein, daß ich eins werde mit Dir. Wenn ich für Dich da bin, wird das nie heißen, daß ich etwas von Dir fordere – ich lasse Dir Deine Freiheit, weil alles, was Du tust, mein völliges Einverständnis findet. Ich liebe Dich so, wie Du bist, ich liebe Deine Stimme, alles, was Du sagst, tust und vorhast. Ich habe das Gefühl, Dich schon immer geliebt zu haben, seit Deiner Geburt und schon davor, als Du empfangen wurdest. Und manchmal kommt es mir vor, als hättest Du mir das Leben geschenkt. Ich möchte, daß alle Dinge und Menschen auf Dich achtgeben, Dich lieben und stolz sind, Dich zu haben, so wie ich. Du bist so edel und gut, Du verdienst es nicht, daß die Welt Dich verletzt.

Ich könnte Dir stundenlang schreiben – ich werde Geschichten lernen, um sie Dir zu erzählen, ich werde neue Wörter erfinden, um Dir zu sagen, daß ich Dich liebe wie niemanden sonst.
     Mara

29. August [1946]

Unser erster Nachmittag allein.

Abgedruckt im Versteigerungskatalog für lateinamerikanische Kunst bei Sotheby's New York, 20. und 21. November 2000. – Frida verbirgt sich in diesem Brief hinter dem Pseudonym Mara, das sie im November 1947 in einem heimlichen Liebesbrief an den Dichter Carlos Pellicer ein weiteres Mal benutzte. Frida schrieb ungefähr zwanzig Briefe an den katalanischen Maler, Karikaturisten und politischen Zeichner José Bartolí (1910–1995), den Gründer und Vorsitzenden der Gewerkschaft der Zeichner Kataloniens (1936). Im spanischen Bürgerkrieg kämpfte er auf republikanischer Seite und wurde nach Beendigung der Kämpfe in Konzentrationslager in Frankreich und Deutschland gebracht. 1942 ging er ins mexikanische Exil. 1946 ging er in die Vereinigten Staaten, kehrte aber in den fünfziger Jahren während der McCarthy-Ära nach Mexiko zurück. Er lebte einige Jahre in Frankreich, und nach 1978 pendelte er zwischen Spanien und den Vereinigten Staaten. Seine Witwe Dr. Berenice Bromberg ließ einige Objekte mit Liebeswidmungen versteigern, die Frida José Bartolí geschenkt hatte.

Brief an Ella Wolfe

Coyoacán, der 23. Oktober 1946
Meine herzallerliebste Ella,
Du wirst erstaunt sein, daß dieses faule, unverschämte Mädchen Dir schreibt, aber Du weißt ja, daß ich Dich auf jeden Fall furchtbar liebhabe – Briefe hin oder her. Hier gibt es keine großen Neuigkeiten. Mir geht es besser, ich male wieder (ein wirklich miserables Bild), aber immerhin besser als nichts. Diego arbeitet wie immer – das doppelte Pensum. Seit dem Streit mit Boitito hat in diesem Haus keine hitzige Diskussion mehr stattgefunden, seine Wut ist verraucht, und ich glaube, es hat den beiden gutgetan, ihren Herzen Luft zu machen.
Wie geht es Boit? Und Sylvia? (meine Is stehen auf dem Kopf). Viele Küsse an Boit, Jimmy, Sylvia, Rosita und alle Freunde, die sich noch an Mich…elangelo erinnern.
Ich möchte Dich um einen Riesengefallen bitten, so groß

wie die Pyramide von Teotihuacán. Wärst Du so lieb? Ich werde *Bartolí* an Deine Adresse schreiben, so daß Du die Briefe an seinen jeweiligen Aufenthaltsort weiterleiten kannst – oder Du bewahrst sie auf, um sie ihm persönlich auszuhändigen, wenn er in New York vorbeischaut. Bei allem, was Dir lieb ist im Leben – gib sie nicht aus der Hand, nur *direkt an ihn.* – You know what I mean Kid! – Ich möchte, daß nicht einmal Boitito etwas davon erfährt, wenn Du es vermeiden kannst – es ist besser, wenn Du das Geheimnis ganz für Dich behältst, verstehst Du? Hier weiß *niemand* Bescheid, nur Cristi, Enrique... *Du*, ich und der besagte junge Mann wissen, worum es geht. Wenn Du mich in Deinen Briefen etwas über ihn fragen möchtest, dann verwende den Namen SONJA – verstanden? Bitte erzähl mir, wie es ihm geht, was er macht, ob er glücklich ist, ob er gut auf sich achtgibt etc.
Nicht einmal Sylvia weiß davon, also »verplappere« Dich bitte bei *niemandem.*
Dir kann ich ja sagen, daß ich ihn wirklich liebe und daß er der *einzige* Grund ist, weshalb ich wieder Freude am Leben habe. Erzähl ihm nur Gutes von mir, damit er glücklich ist und weiß, daß ich, wenn schon kein guter Mensch, so doch einigermaßen passabel bin...
Bitte *zerreiß* diesen Brief, sobald Du alles in Erfahrung gebracht hast, was Du mir über diesen wunderbaren Jungen erzählen kannst.
Ich schicke Dir Millionen von Küssen und alles Liebe.

                                             Frida

Vergiß nicht, diesen Brief zu zerreißen, um Mißverständnisse zu vermeiden. Versprochen?

Kopie im Archiv Martha Zamora.

JETZT, WO DU MICH VERLÄSST

Brief an den Ingenieur Eduardo Morillo Safa

Coyoacán, der 11. Oktober 1946

Lieber Ingenieur,
heute habe ich Ihren Brief erhalten. Danke, daß Sie so aufmerksam zu mir sind, wie immer, und für die Glückwünsche zu dem Preis (den ich noch nicht bekommen habe). Gut möglich, daß sie sich drücken wollen – Sie wissen ja, wie diese be...gnadeten Ar...mleuchter sind! Zusammen mit Ihrem Brief – also mit gleicher Post – erhielt ich ein Schreiben von Dr. Wilson – das ist der Arzt, der mich operiert und ein Repetiergewehr aus mir gemacht hat! Er sagt, daß ich jetzt wieder *zwei Stunden* am Tag malen darf. Aber schon bevor ich seine Anweisungen bekam, habe ich wieder mit dem Malen begonnen und bis zu *drei* Stunden den Pinsel geschwungen. Das erste Bild für Sie ist schon fast fertig, aber es ist natürlich nur das Resultat der verdammten Operation! Ich sitze darauf am Rand eines Abgrunds, das Stahlkorsett in der Hand. Dahinter liege ich auf einer Krankenbahre – das Gesicht einer Landschaft zugewandt –, ein Stück des Rückens ist entblößt und gibt den Blick auf die Narbe frei, wo diese hundsverfluchten Chirurgen an mir herumgeschnitten haben. Die Landschaft hat eine Tag- und eine Nachtseite, und es gibt einen »Knochenmann« (oder Tod), der angesichts meines *Lebenswillens* entsetzt die Flucht ergreift. Sie können es sich vorstellen – so in etwa jedenfalls, denn die Beschreibung ist wirklich miserabel. Wie Sie sehen, verfüge ich weder über die Sprache eines Cervantes noch über poetisches oder deskriptives Geschick oder Talent, aber Sie sind eine »Wucht« darin, meine etwas »unsortierte« Sprache zu verstehen.
Ihr Brief hat mich sehr gefreut, auch wenn ich den Eindruck habe, daß Sie sich immer noch ziemlich *einsam* und iso-

liert fühlen unter diesen Leuten, die in einer so antiquierten, be...schaulichen Welt leben. Aber so können Sie einen »Kennerblick« auf Südamerika im allgemeinen werfen, um später die pure, ungeschminkte Wahrheit zu schreiben und einen Vergleich zu dem zu ziehen, was Mexiko trotz allem erreicht hat.

Ich würde sehr gerne etwas über die Maler dort unten erfahren. Können Sie mir Photos oder Zeitschriften mit Abbildungen schicken? Gibt es indianische Maler? Oder nur Mestizen?

Hören Sie, junger Mann, mit größter Freude male ich für Sie eine Miniatur von Doña Rosita. Ich lasse Photos von den Gemälden machen und male dann das kleine Bild nach einer Photographie des großen Porträts – was halten Sie davon? Ich werde auch den Altar mit der schmerzensreichen Jungfrau malen und die kleinen Schälchen mit grünem Weizen, Gerste etc. – meine Mama hat jedes Jahr so einen Altar aufgestellt, und er war wundervoll. Ich habe den Salbei und alles andere schon ausgesät, und sobald ich das erste Bildchen abgeschlossen habe – wie gesagt, es ist schon fast fertig –, fange ich mit Ihrem an. Ich finde es auch eine schöne Idee, den Tod mit der Frau im Rebozo zu malen. Ich werde mein Möglichstes tun, damit die Bildchen einigermaßen was werden. Ich werde sie bei Ihnen zu Hause abliefern, bei Ihrer Tante Julia, wie Sie mir sagten, und Ihnen ein Photo von jedem schicken, das ich fertiggestellt habe. Die Farben müssen Sie sich dazudenken, Compañero – das dürfte nicht schwierig für Sie sein, wo Sie schon so viele Fridas besitzen.

Wissen Sie, das Malen ist immer ein bißchen ermüdend für mich, vor allem, wenn es mich packt und ich länger als drei Stunden herumpinsele, aber ich hoffe, daß ich in zwei Monaten nicht mehr so ein Wrack bin. In diesem beschisse-

nen Leben macht man eine Menge mit, Bruder, und auf die Dauer fällt es einem verdammt schwer, auch wenn man sich abfindet. Sosehr ich mich auch bemühe, stark zu sein, manchmal würde ich das Korsett am liebsten zum Teufel feuern!
Hören Sie, es gefällt mir nicht, daß Sie so traurig klingen – wissen Sie, es gibt Menschen auf dieser Welt, so wie mich, die schlimmer dran sind als Sie und sich genauso zusammenreißen müssen, also lassen Sie den Kopf nicht hängen. Kommen Sie so bald wie möglich ins Mexicalpán des Agavensafts zurück – Sie wissen ja, das Leben dort ist hart, aber angenehm, und Sie haben so viel Gutes verdient, denn Sie sind wirklich ein »Pfundskerl«, Compañero. Und das meine ich aus ganzem Herzen.
Im Augenblick kann ich Ihnen keinen Klatsch von hier erzählen, weil ich völlig zurückgezogen in diesem gottvergessenen Haus lebe und meine Zeit damit verbringe, wieder auf die Beine zu kommen und in meiner freien Zeit zu malen. Ich sehe keine Leute, weder Prominenz noch Proletarier, und ich gehe auch nicht zu »literarisch-musikalischen« Ereignissen. Ich höre allenfalls dieses grauenvolle Radio, und das ist eine schlimmere Strafe als Durchfall. Ich lese die *Zeitungen* (eine schlimmer als die andere). Zur Zeit lese ich ein dickes Buch von Tolstoi mit dem Titel *Krieg und Frieden*, das ich ganz sagenhaft finde. Diese Herz-Schmerz-Romane sind nichts mehr für mich, und nur manchmal bekomme ich einen *Detektivroman* in die Finger. Die Gedichte von Carlos Pellicer und dem einen oder anderen wahren Dichter, wie Walt Whitman, gefallen mir immer besser, aber darüber hinaus beschäftige ich mich nicht mit Literatur. Sagen Sie Bescheid, was Sie gerne lesen möchten, damit ich es Ihnen schicken kann.
Sie werden bestimmt schon gehört haben, daß Doña Ester-

cita Gómez gestorben ist, Martes Mutter. Ich habe ihn nicht persönlich gesehen, aber Diego und ich haben ihm einen Brief geschrieben. Diego sagte mir, daß es ein schwerer Schlag für ihn war und daß er sehr traurig ist. Schreiben Sie ihm.

Danke für Ihr Angebot, mir etwas von dort unten zu schikken. Was auch immer Sie mir schenken, es wird eine liebevolle Erinnerung für mich sein.

Ich habe einen Brief von der kleinen Marianita bekommen, über den ich mich sehr gefreut habe. Viele Grüße an Licha und die Kinder.

Ihnen sende ich einen Kuß, und alles Liebe von Ihrer Freundin
    Frida

Danke, daß Sie mir das Geld schicken wollen, ich bin nämlich ziemlich blank. Grüße von der Kleinen, Diego und den Kindern.

Original im Archiv Mariana Morillo Safa. – Der Ingenieur, Diplomat und Kunstsammler Eduardo Morillo Safa, damals mexikanischer Botschafter in Venezuela, war mit Frida übereingekommen, sie finanziell zu unterstützen, wenn sie im Gegenzug eine bestimmte Anzahl von Bildern malte. Er erwarb 35 ihrer Gemälde. – Bei dem von Frida beschriebenen Bild handelt es sich um *Baum der Hoffnung, bleibe stark* aus dem Jahr 1946 (Öl auf Masonit, 55,9 × 40,6 cm). – Der Verbleib der Miniatur, die Frida nach der Vorlage des Porträts von Doña Rosita Safa de Morillo (1944, Öl auf Leinwand, 76 × 60,5 cm) malen wollte, ist unbekannt. – Doña Estercita war die Mutter des Ingenieurs Marte R. Gómez, Licha (Alicia) war Safas Frau. Mit der »Kleinen« und den Kindern sind Fridas Schwester Cristina und ihre Kinder Isolda und Antonio gemeint. – Der Preis, den Frida erwähnt, wurde an die Finalisten der offenen Ausschreibung der Secretaría de Educación Pública zum Nationalen Kunstpreis verliehen, der bei dieser Gelegenheit José Clemente Orozco zuerkannt wurde. An dem Wettbewerb hatten sich 10 Architekten, 23 Graphiker, 192 Maler (49 von ihnen außer Konkurrenz) und 18 Bildhauer beteiligt. Insgesamt wurden 500 Werke von 245 Künstlern eingereicht. Die Ausstellung wurde am 22. Juli 1946 im Palacio de Bellas Artes eröffnet. Frida zeigte das Bild *Moses* aus dem Jahr 1945 (Öl auf Masonit, 61 × 75,6 cm).

Brief an die kleine Mariana Morillo Safa

Coyoacán, der 23. Oktober 1946

Cachita, changa maranga,
heute schicke ich Dir ein paar kleine Verslein, damit Du nicht sagst, ich hätte Dich vergessen. Erzähl mir, wie es so ist dort in Caracas. Auf welche Schule gehst Du? Was hast Du Dir angeschaut?
Ich bin immer noch ein bißchen angeschlagen von der Wirbelsäulenoperation.
Was machen Lupita und Yito? Und Deine Mama und Dein Boß? Grüß alle von mir, und vergiß nicht, mir zu schreiben.
[...]
Ganz viele Küsse und alles, alles Liebe von Deiner großen Freundin
Frida

Original im Archiv Mariana Morillo Safa. – Lupita und Yito (Eduardo) waren Marianas Geschwister. Frida malte 1944 Lupitas Porträt (Öl auf Masonit, 58,7 × 53,3 cm). Eduardo stellte sie zusammen mit seiner Mutter Alicia de Morillo Safa dar (Öl auf Leinwand, 56 × 88,5 cm), wahrscheinlich ebenfalls 1944, dem Jahr, in dem sie eine ganze Reihe von Porträts der Familie Safa fertigstellte.

FRIDA KAHLO

Corrido für Mariana Morillo Safa

Aus Coyoacán, tieftraurig,
ach! Cachita de mi vida,
sendet Dir diese »krummen« Verse
Deine treue Freundin Frida.

Nicht, daß Du denkst, ich drücke mich
und schreibe Dir kein Lied,
denn mit all meiner Liebe
schicke ich Dir diesen Corrido.

Du bist nach Caracas geflogen
in einem riesigen Flugzeug,
und ich vermisse Dich hier
aus tiefstem Herzen.

Venezuela raubte mir
meine süße Cachita,
und Frida ist hier zurückgeblieben,
sehr traurig und betrübt.

Ihr verfluchten Venezolaner,
Söhne des siebten Schwertes,
bringt mir meine Cachita zurück,
oder ich nehme sie euch weg... mit Hieben!

Die kleine Lupe und der kleine Yito
haben gar keinen Blick für mich.
Sie treiben es schon ziemlich bunt
und lassen mich im Regen stehen.

Gib Deinen Eltern Küsse,

denn ich schicke ihnen eine Menge davon!
Sag ihnen, sie sollen mir auch einen schicken,
um mich damit zu überraschen!

Trotz der Entfernung
trage ich Euch in meinem Herzen
und warte auf Eure Rückkehr,
um ein großes Fest zu geben.

Ein Vogel mit schwarzen Augen
sagte, Du seist wunderschön,
dieser geschwätzige Vogel
kennt Cachita sehr genau!

Ein anderer Vogel sagte mir,
Du seist in der Schule eine »Wucht«,
ich antwortete ihm stolz:
Mein Mädchen ist sehr gescheit!

Cachita Morillo Safa,
Besitzerin meiner Zuneigung,
vergiß mich nicht, mein süßes Mädchen,
eines Tages werden wir uns wiedersehen.

An dem Tag, an dem Du zurückkommst,
gebe ich ein rauschendes Fest für Dich,
mit Piñatas und vielen Raketen,
die »wie der Blitz« nach oben zischen.

Bis in den Himmel werden sie fliegen,
um Dir die Sterne herunterzuholen,
und solange Du weg bist,
sollen sie ihr schönes Strahlen behalten!

FRIDA KAHLO

Vergiß nicht Dein Mexiko,
das die Wurzel Deines Lebens ist,
und vergiß nicht, daß dort oben
Deine Freundin Frida auf Dich wartet. [*]

ENDE

Original im Archiv Mariana Morillo Safa. – Mariana Morillo Safa, deren Porträt Frida 1944 malte (Öl auf Leinwand, 36 × 26 cm), ging mit ihrer Familie nach Venezuela, weil ihr Vater, der Ingenieur Eduardo Morillo, zum dortigen mexikanischen Botschafter ernannt worden war. – * Spanisches Original: »Desde Coyoacán, muy triste, / ay, Cachita de mi vida, / te manda estos versos ›gachos‹ / tu mera cuate, la Frida. // No pienses que me hago ›rosca‹ / y no te escribo cantando, / pues con todo mi cariño / este corrido te mando. // Te fuiste para Caracas / en un poderoso avión, / y yo desde aquí te extraño / con todo mi corazón. // Venezuela me robó / a mi Cachita la hermosa, / y Frida aquí se quedó / rete triste y pesarosa. // Venezolanos malvados, / jijos del siete de espadas, / regrésenme a mi Cachita / o se las quito a… trompadas! // Que no me tiren de a ›lucas‹ / los chamacos Lupe y Yito, / pues ya ni la tronchan verde, / ¡ino me echan ya ni un lacito!! // A tus papás les das besos / que les mando de a montón! / Diles que me manden uno / pa' que me dé yo un quemón! // A pesar de la distancia / los llevo en mi corazón / y espero su regresada / pa' echar harto vacilón. // Un pájaro de ojos negros / dijo que estás re bonita, / ese pájaro chismoso / conoce bien a Cachita! // Otro pájaro me dijo / que en la escuela eres un ›hacha‹, / yo le contesté orgullosa: / ¡es muy lista mi muchacha! // Cachita Morillo Safa, / dueña de la simpatía, / no me olvides, niña linda, / ya nos veremos un día. // El día en que tú regreses / te haré una fiesta re ›piocha‹ / con piñatas y hartos cohetes / que salgan ›hechos la mocha‹. // Hasta el cielo subirán / a bajarte las estrellas / y mientras estés ausente / ¡que guarden sus luces bellas! // No te olvides de tu México / que es la raíz de tu vida / y ten presente que ›acantos‹ / te espera tu cuate Frida.«

Erklärung, angefordert vom Instituto Nacional de Bellas Artes

Mit dem Malen begann ich ... aus purer Langeweile, als ich nach einem Unfall, bei dem ich Frakturen der Wirbelsäule, eines Fußes und verschiedener anderer Knochen erlitt, ein Jahr lang das Bett hüten mußte. Ich war damals sechzehn Jahre alt und wollte unbedingt Medizin studieren. Aber der Zusammenprall eines Busses aus Coyoacán und einer Straßenbahn aus Tlalpan machte alle Pläne zunichte ... Da ich jung war, entstand aus diesem Unglück damals keine Tragödie: Ich fühlte mich stark genug, um irgend etwas anderes zu machen, anstatt Medizin zu studieren. Und ohne lange darüber nachzudenken, begann ich zu malen.
Ich weiß wirklich nicht, ob meine Bilder surrealistisch sind oder nicht, aber was ich weiß, ist, daß ich mich in ihnen ausdrücke, ohne jemals etwas auf die Urteile oder Vorurteile anderer zu geben. Ich habe nur wenig gemalt, ohne den geringsten Ehrgeiz oder den Wunsch nach Ruhm, sondern vor allem zu meinem eigenen Vergnügen und später auch in der Hoffnung, durch meine Arbeit meinen Lebensunterhalt verdienen zu können. Meine Reisen, auf denen ich mir so viel wie nur möglich ansah, wundervolle Gemälde und auch sehr schlechte, haben mich zwei entscheidende Dinge gelehrt: so gut wie möglich zu versuchen, stets ich selbst zu sein, und die bittere Erkenntnis, daß auch viele Leben nicht ausreichen, um so zu malen, wie ich es wollte, und alles zu malen, was ich wollte.

Im Jahr 1947 präsentierte das Instituto Nacional de Bellas Artes in den Sälen des Palacio de Bellas Artes eine Ausstellung mit 45 Selbstporträts mexikanischer Maler vom 18. bis zum 20. Jahrhundert. Jedes Selbstporträt (Frida nahm mit dem Bild *Diego in meinen Gedanken* von 1943 teil) war auf

Anregung Fernando Gamboas, Leiter der Abteilung für bildende Kunst und Organisator der Ausstellung, von einer schriftlichen Erklärung des Künstlers begleitet. In den biographischen Angaben wurde als Geburtsjahr das Jahr 1910 genannt, ein Fehler, den Frida selbst lange zuvor in Umlauf gebracht hatte. Das tatsächliche Geburtsdatum, der 6. Juli 1907, wurde 1981 durch einen Zufall bekannt, als zwei Mitarbeiter des deutschen Fernsehens, die Drehbuchautorin Gislind Nabakowsky und der Kameramann Peter Nicolay, nach Mexiko kamen, um eine halbstündige Dokumentation über die mexikanische Malerin zu drehen. Um dem Filmprojekt zu neuen Erkenntnissen zu verhelfen, bat ich den Schriftsteller Marco Antonio Campos, das deutsche Filmteam zu seiner Patentante Isabel Campos zu begleiten. Im Verlauf des Interviews erzählte Isabel Campos den Deutschen, daß Frida nicht 1910 geboren sei, da sie ein Jahr jünger gewesen sei als sie selbst, und Isabel Campos war 1906 geboren. Es genügte, die Geburtsurkunde einzusehen, um Isabel recht zu geben. Nicht selten jedoch taucht in der Literatur weiterhin das falsche Datum auf.

Brief an Carlos Chávez

Coyoacán, der 18. Februar 1947

Lieber Carlitos,

an meiner Stelle kommt dieses Brieflein, mit meinen allerherzlichsten Grüßen überbracht von drei jungen Malern, [Arturo García] Bustos, [Guillermo] Monroy und [Arturo] Estrada, die in meiner Klasse an der Zeichenschule »La Esmeralda« waren. Ich wäre gerne mitgekommen, aber leider hat mich eine »Grippösität« erwischt, und ich liege im Bett.

Diego und ich haben Dir schon einmal von ihnen erzählt; unserer Meinung nach sind sie die besten unter den jungen Malern in Mexiko. Sie sind nicht nur talentiert, sondern auch enorm eifrig, aber wie immer in solchen Fällen

fehlt ihnen die »Kohle«. Ihr größter Wunsch ist es, nach Yucatán zu reisen, um dort eine Ausstellung zu machen. Sie bräuchten wirklich nichts weiter als die Reisekosten und ein bißchen »Knete«, um *ganz bescheiden* zu leben, solange sie dort arbeiten (sie werden Dir sagen, für welche Zeitdauer der Aufenthalt geplant ist). Wenn Du eine Möglichkeit hättest, sie *offiziell zu unterstützen* – selbst wenn es nur das Allernötigste wäre –, würdest Du ihnen enorm weiterhelfen, denn dadurch hätten sie die Möglichkeit, nach Herzenslust zu arbeiten, während Unterkunft und Verpflegung gesichert wären – und sei es nur für kurze Zeit. Es würde mich riesig freuen, wenn Du etwas für sie in die Wege leiten könntest, denn ich weiß, daß die Jungs es *wert sind*, und bin überzeugt, daß sie ganz gewissenhaft arbeiten werden. Ich kenne sie seit über vier Jahren, in denen sie stets mit Feuereifer gearbeitet und ständige Fortschritte gemacht haben, und das ohne jede Pedanterie oder Überheblichkeit. Hoffentlich kannst Du etwas für sie tun, Carlitos. Ich danke Dir im voraus, denn ich bin mir sicher, daß Du alles tun wirst, was in Deiner Macht steht. Gleichzeitig bitte ich Dich, an sie zu denken, wenn Du damit beginnst, Werke von ausgewählten Künstlern für das von Dir geplante Museum anzukaufen. Entschuldige die Mühe, die meine Bitte Dir verursacht, es grüßt Dich wie immer ganz herzlich
Frida

Veröffentlicht in: *Epistolario selecto de Carlos Chávez*, zusammengestellt und kommentiert von Gloria Carmona, Fondo de Cultura Económica 1989. – Carlos Chávez war der erste Direktor des Instituto Nacional de Bellas Artes, gegründet auf Anweisung des mexikanischen Präsidenten Miguel Alemán, der am 1. Dezember 1946 ins Amt gekommen war.

FRIDA KAHLO

Brief an Antonio Ruiz, »el Corcito«

Coyoacán, der 20. Februar 1947

Liebster Corcito, mein Herzensfreund,
zunächst einmal grüße ich Dich ganz herzlich, und dann möchte ich Dir auch ein paar Neuigkeiten mitteilen. Zum einen wohne ich nicht mehr dort, wo ich bisher gewohnt habe, will heißen, ich habe meine Bleibe gewechselt. Ich habe nämlich vor, den riesigen Kasten in der Allende 59 von Coyoacán zu vermieten – Du weißt ja, die Situation ist be...gnadet, für jeden Bewohner der mexikanischen Hochebene. Ich wohne jetzt bei der kleinen Cristi in der Aguayo Nummer 22 in der altehrwürdigen Stadt Coyoacán, wo es ein Telefunken, so called Ericsson, mit »the following« Nummer gibt: 19-58-19. Mein Aufenthalt in diesem Haus ist natürlich nur von begrenzter Dauer, denn »in the future« will ich »avec« den Mieten im ersten Patio des Hauses, das ich verlassen habe, eine klitzekleine Wohnung bauen lassen, die nicht so schwierig zu unterhalten und im Handumdrehen sauberzuhalten ist. »You know what I mean, don't you Kid?« Also gut, hiermit setze ich Dich über meine Existenz in der obengenannten Straße und Hausnummer in Kenntnis, damit Du mir einen Besuch abstatten kannst, wenn Dir danach ist und Du ein kleines bißchen oder jede Menge »time« hast – worüber ich mich sehr freuen würde, wie Du Dir denken kannst. Der zweite Teil des Briefes dient dazu, Dich zu fragen, was ich bezüglich der Schule tun soll. Du hast Dich als wirklich guter Freund erwiesen, und dafür danke ich Dir mit »all my heart«, aber es treibt mir die Schamesröte ins Gesicht, daß ich öffentliche Gelder »auffresse«, ohne etwas dafür zu tun. Ehrlich gestanden, Bruder, kann ich nicht mehr unterrichten wie früher, weil ich mit die-

sem Ding, also dem Korsett, einfach nicht jeden Tag dorthin fahren kann. Aber der Hauptgrund ist, daß ich nur »in the mornings« genug »atomare« Energie habe – »in the afternoons« schnurre ich zusammen wie ein Ballon, aus dem die Luft herausgelassen wurde, und dann muß ich mich dringend für ein paar Stündchen in Morpheus' Arme begeben, wie es mir der H.Doktor und Retter meiner unbedeutenden Existenz, Mr. Wilson, in New York geraten hat. Das sind die Gründe, und weil ich keine besonders große Lust zum Malen habe, vor allem aber, weil es Dich betrifft, der seine Freundin nach Kräften gefördert hat, wofür ich Dir von Herzen dankbar bin. Dieser Tage habe ich Carlos Chávez getroffen und ihm gesagt, daß Du Dich mir gegenüber wirklich prima verhalten hast, aber daß ich aus allen Gründen, die ich Dir hier genannt habe, darüber nachdenke, in diesem Jahr nicht mehr zu unterrichten. Er hat mir gesagt, *daß er auf keinen Fall möchte, daß ich aufhöre.* Was soll ich jetzt tun, Bruder? Soll ich mit mexikanischer Korr…ektheit weiterhin ungerührt »die Knete einsacken« und mich an den dreihundert »Scheinchen« erfreuen, die Miguel gar nicht wegtragen kann… oder soll ich Dir – *ehrenhaft! ehrenhaft!* – den Schrieb oder das Zettelchen schicken, gemeinhin »Kündigung« genannt? Please, junger Mann, sag mir, was Dein Herz Dir eingibt, denn ich fühle mich sehr unwohl – denk darüber nach, was ich tun soll, damit ich vor Deinen schönen Augen nicht als alter Raffzahn dastehe. Denn erinnere Dich, unsere Mütter haben uns sehr anständig erzogen und uns gesagt, daß wir nichts mit nach Hause nehmen dürfen, was uns nicht gehört, und deshalb drückt mich wirklich das »Gewissen«. Hilf mir aus dieser »Zwickmühle« heraus, ja? Ich möchte nämlich nicht, daß die Jungs selbst merken, daß ihre Lehrerin eine hundsgewöhnliche Betrügerin ist. Ich warte sehnsüchtig auf Deine Lösung des

Kreuzworträtsels! Schlag meine Worte nicht in den Wind, und ruf mich unter der obengenannten Nummer 19-58-19 an – oder wenn Du ein ganz lieber Junge bist, komm bei mir vorbei, wann immer es Dir paßt. Unterdessen und bis dahin sende ich Dir einen Sack voller Küsse, Umarmungen und guten Wünschen, auf daß Dein Leben leicht und erträglich sei. Ich habe gesprochen. Deine Freundin und Kameradin
Frida

P. S.: Erzähl mir, woran Du gerade malst, was Du so machst, welchen heimlichen Aktivitäten Du Dich widmest und wie es Dir in diesem einzigartigen jungen Leben ergangen ist. Hat Dich Traurigkeit ergriffen, Melancholie? Bist Du ihr nicht in die Fänge gegangen?

Veröffentlicht in: *Arena*, Kulturbeilage der Zeitung *Excélsior*, 28. Oktober 2001. Original im Archiv Luisa Barrios Honey Ruiz. – Antonio Ruiz, »el Corcito« (1895–1964), war Gründungsdirektor der Maler- und Bildhauerschule »La Esmeralda« der Secretaría de Educación Pública. Er bat Frida 1944, Mitglied des Lehrkörpers zu werden.

Brief an Carlos Chávez

Coyoacán, der 25. März 1947

Liebster Carlitos,
es ist schwierig, Dich telephonisch in Deinem Büro zu erreichen, und ich will Dich nicht zu Hause belästigen, in den einzigen Stunden, die Dir zur Erholung bleiben. (Deshalb schreibe ich Dir diesen Brief.) Gestern habe ich Diego ge-

sehen; er sagte mir, daß Du ihn vor einigen Tagen besucht hast, worüber er sich sehr gefreut hat.
Hör mal, Bruder, er erzählte auch, daß Du ihm zugesichert hast, mein Bild *Die zwei Fridas* für das Museum anzukaufen, und daß Du außerdem das Bild *Die Rettiche* haben willst, das sich zur Zeit in der Galerie von Gabriel Orendáin befindet.
Ich persönlich würde Dich am liebsten gar nicht auf die Sache ansprechen, was mein Bild betrifft, aber bei unserem Treffen gestern sagte Diego mir, daß er keinen einzigen Centavo besitzt, daß es gerade eben für die Krankenhauskosten reicht und er kein Geld mehr hat, um den Arbeitern im Pedregal ihre Löhne auszuzahlen (am nächsten Samstag).
Du kannst Dir vorstellen, wie ich mich dabei fühle, Diego in so einer be…glückenden Lage zu wissen. Ich möchte Dich bitten, wenn möglich den Ankauf der *Zwei Fridas* so zügig wie möglich *voranzutreiben* – Du würdest mich von einem Riesenproblem befreien.
Wenn Dir die ganze Sache zuviel Umstände macht, dann *sag es mir ganz offen und ehrlich*, sobald Du diesen Wisch gelesen hast. In diesem Fall werde ich nämlich so schnell wie möglich zwei Bilder fertigstellen, an denen ich gerade arbeite, um die Kröten zusammenzubekommen. (Ich weiß nicht, ob ich es bis Samstag schaffe, aber wenn nicht, werde ich sehen, daß ich einen anderen Weg finde, um das Geld für Diego zu besorgen.) Hoffentlich kannst Du etwas ausrichten, denn ich bin mit den Nerven am Ende und völlig durch den Wind.
Tausend Dank, und Du weißt ja, wie sehr ich Dich liebe.
Frida

Veröffentlicht in: *Epistolario selecto de Carlos Chávez*, zusammengestellt und kommentiert von Gloria Carmona, Fondo de Cultura Económica 1989. –

Im Rechenschaftsbericht *(Zweieinhalb Jahre INBA)*, den der Direktor, der stellvertretende Direktor und die Verwaltung des Instituto Nacional de Bellas Artes 1950 vorlegten, erscheint *Die zwei Fridas* unter den Anschaffungen des Jahres 1947. Es wurden 4000 Pesos dafür gezahlt, plus 36 Pesos für den Rahmen.

Widmung an Diego Rivera

Für Diego. Frida.
Straße des Betrugs Nummer...
Ruine!
Vogelhaus
Liebesnest
Alles umsonst
Vergebens
Ruine
Februar 1947
F. Kahlo

Auf der Bleistiftzeichnung *Ruine*, Museum Frida Kahlo.

Brief an Diego Rivera

Mein Augenstern, mein Liebster,
Emmita hat mich angerufen – ich bin beruhigt, weil sie sagt, daß es Dir viel besser geht, daß Du ein wirklich hübsches

Zimmer hast, wo Du den ganzen Tag malst, und daß Du viel ausgeglichener und insgesamt glücklich bist. Ich vermisse Dich unbeschreiblich, aber ich möchte nur, daß Du gesund wirst, damit Du bald zurückkommst, um mit mir, Señor Xólotl und Señora Xolotzin zu leben. Wenn Du bei mir bist, werde ich wieder ich selbst sein.

Es geht mir nicht besonders, aber auch nicht schlechter; ich werde wie immer schnell müde, aber es werden Tage kommen, in denen Du und ich wieder ganz gesund sein werden. Kümmere Du Dich *ausschließlich* um Deine *Gesundheit*, denn das ist das einzige, was zählt.

In meinem letzten Brief habe ich Dir nicht alle Details über die Bauarbeiten und die Kosten geschrieben, weil ich diesen Samstag abwarten wollte, um Dir genauere Auskunft geben zu können. Ich werde Dir in groben Zügen erzählen, was gemacht wurde und was noch fehlt. Das neue Badezimmer ist soweit fertig, was die Maurerarbeiten angeht; die Vorarbeiten für den Boden und die Terrasse sind gemacht, und Arámburu sagt, daß in *zwei Tagen* der Estrich gegossen wird. Die Badezimmermöbel werden heute aufgestellt, damit festgelegt werden kann, wohin die Anschlüsse sollen. Im Grunde müssen in diesem Raum nur noch die Wände von innen und außen geglättet und der Boden poliert werden. Die beiden anderen Zimmer, das Schlafzimmer und das Atelier, sind schon fertig, es müssen nur noch die Türen gestrichen werden. Die unteren Zimmer in dem Häuschen hinter dem großen Garten, in dem Liborio und Cruz wohnen werden, sind bereits komplett *fertig*, samt Bad und allem, ebenso der Vorratsraum. Ich denke, diese Woche wird *das meiste* fertig werden, bis auf ein paar Kleinigkeiten wie das Streichen der Türen und das Polieren der Böden, und dann müssen noch die Möbel an ihren endgültigen Platz gestellt werden. Die gesamte Elektroinstallation ist gemacht, von den Patios bis in alle Zimmer des großen und des kleinen Hauses. In San Ángel sind schon die Wand und das Dienstbotenzimmer fertig, es muß nur noch dort ausgebessert und angestrichen werden, wo jetzt die Platten des kleinen Hauses liegen. Diese werden nach Coyoacán in die leeren Zimmer gebracht, wenn ich in meinen Bereich ziehe. In dem Raum, in dem jetzt provisorisch die Möbel aus meinem Atelier stehen, werde ich Dir *Dein Schlafzimmer* einrichten – ich glaube, Du wirst Dich dort sehr wohl fühlen, denn Du hast einen direkten Zugang zur Terrasse und bist in der Nähe Deiner Statuen. Meinst Du nicht auch? Dort, wo jetzt der Vorratsraum ist, muß noch die kleine Diele hin, aber das wird erst ganz am Schluß gemacht, damit sie die Tür am selben Tag setzen können, an dem der Durchbruch gemacht wird. Da mir *niemand* dabei hilft, die Arbeiten *fachmännisch* zu beaufsichtigen – Juan O'Gorman läßt sich nur hin und wieder blicken –, weiß ich nicht, ob alles nach Deinem Geschmack ist. Aber Arámburo hat getan, was er konnte, und Du weißt ja, daß José sehr gut arbeitet, genau wie Isabel. Hoffentlich gefällt Dir alles, wenn Du kommst.

Emma und ich haben darüber gesprochen, wo Du hingehen sollst, wenn Du zurückkommst, ob nach Coyoacán, nach San Ángel oder dorthin, wo Du vorher gewohnt hast, und wir sind zu dem Schluß gekommen, daß es am praktischsten wäre, wenn Du in die Wohnung in Mexiko zurückkehrst, auch wenn ich Dich dann noch länger nicht bei mir habe. Du mußt ja das Penicillin nehmen und Deinen Mund in Ordnung bringen lassen, und das wäre in Coyoacán oder in Deinem Atelier sehr schwierig. Aber natürlich entscheidest Du, was Dir besser erscheint – aber denk *nur* an Deine Gesundheit und wie es für Dich bequemer ist, was die Krankenschwester, den Zahnarzt und Davids Besuche angeht.

JETZT, WO DU MICH VERLÄSST

Und ich komme Dich so oft besuchen, wie Du willst, *wo auch immer*.

Ortega fährt am Sonntag morgen um acht nach San José, damit er um zwölf Uhr dort ist, wie Du es über Emma hast ausrichten lassen, und Du kommst am selben Sonntag oder am Montag morgen zurück, oder? Ich freue mich *riesig*, Dich zu sehen.

Jetzt werde ich Dir das mit den Ausgaben erklären. Zunächst einmal habe ich das Geld vom Colegio Nacional bekommen, aber sie haben nur für zwei Monate gezahlt. Sr. Cisneros sagte mir, Du hättest das Geld für den *Januar* bereits erhalten, und es stünden nur noch *zwei Monate* aus, also Februar und März. Das Geld für den laufenden Monat wird am 1. Mai ausgezahlt. Er hat mir also einen Scheck über $1579,34 gegeben, die ich unter *Einnahmen* verbucht habe – ich erkläre es Dir später noch genauer. Ich glaube, für diese Woche wird das Geld gerade so reichen, aber für die kommende Woche, also ab Samstag, den 3. Mai – und da sind dummerweise die Maikreuz-Feiern –, ist keine »Kohle« mehr da, und dann […]

Maschinenschriftliche Kopie im Archiv des Centro de Investigación de Artes Plásticas/CENIDIAP. – Diego begann 1946 ein Verhältnis mit Emma Hurtado (»casa chica« oder »segundo frente« – »kleines Haus« oder »zweite Front« –, wie solche Verbindungen im Volksmund genannt werden), als er mit ihr eine Vereinbarung zur Vermarktung seines Werks traf. Die beiden heirateten 1955, nach Fridas Tod. – Señor Xólotl und Señora Xolotzin waren zwei Itzcuintl-Hunde.

FRIDA KAHLO

Nachricht an Diego Rivera

[undatiert]

Mein Junge,
richte Sr. Benjamín bitte aus, wenn sie nicht den *ganzen* Brief abdrucken können, sollen sie ihn lieber gar nicht veröffentlichen, denn es könnte zu vielen Fehlinterpretationen führen, wenn er gekürzt wird. Findest Du nicht auch?
Millionen Küsse von Deinem Mädchen
Frida

Maschinenschriftliche Kopie im Archiv des Centro Nacional de Investigación de Artes Plásticas/CENIDIAP.

Nachricht an Diego Rivera

[undatiert]

Mein Junge,
Du wirst mich für eine echte Nervensäge halten, aber vergiß nicht den Wochenlohn für Amelia (125,00). Wenn Du sie nicht hast, gebe ich sie ihr, und Du kannst sie mir später zurückzahlen. Es wäre mir unangenehm, wenn sie glaubt, daß wir ihr nichts zahlen, weil sie schlecht arbeitet.
Riquelme sagt, daß sie ziemlich angeschlagen ist.
Du hast sie nicht einmal gefragt, wie sie sich fühlt.

Kopie des Manuskripts im Archiv des Centro Nacional de Investigación de Artes Plásticas/CENIDIAP.

JETZT, WO DU MICH VERLÄSST

Brief an Carlos Pellicer

12. Juli 47

Liebster Carlitos,
anbei schicke ich Dir das kleine Büchlein, das ich Dir neulich geschenkt habe. Wenn Du eine Kopie von dem Gedicht hast, das Du mir vorgetragen hast, dann schick sie mir bitte. Ich hätte es so gern bei mir!
Liebe Grüße an Deine Mama, und Dir alles, von dem Du glaubst, daß ich es Dir schicken kann.
Frida

Archiv Carlos Pellicer López. – Carlos Pelliver Cámara (1897–1977) und Diego Rivera schlossen in den frühen zwanziger Jahren Freundschaft, als der aus dem Bundesstaat Tabasco stammende Dichter Sekretär von José Vasconcelos war. Diego malte 1946, dem letzten Jahr seiner Amtszeit als Direktor der Abteilung für schöne Künste in der Secretaría de Educación Pública, sein Porträt. In dieser Zeit entwickelte sich Pellicers Freundschaft zu Frida, der er im August und Oktober 1953 drei bewegende Sonette widmete. 1958, kurz vor Riveras Tod, richtete er im Auftrag des Malers in dem Haus in Coyoacán das Museum Frida Kahlo ein.

Brief an Arcady Boytler

31. August 1947

Mein reizender Arcasha,
ich wollte Dein wundervolles Bildnis zeichnen, aber es ist mir ein bißchen »furchterregend« geraten – doch wenn die gute Absicht zählt, die ist reichlich vorhanden, ganz abgesehen von meiner ganzen Liebe.
Falls Dich das symbolische Auge befremdet, das ich Dir auf

die Stirn gemalt habe, so wollte ich damit lediglich bildhaft zum Ausdruck bringen, was Du in Dir trägst, aber nur selten äußerst: eine blühende Phantasie, Intelligenz und eine genaue Beobachtungsgabe für das Leben. Ist es nicht so?
Zu Deinem heutigen Geburtstag und für Dein ganzes Leben wünsche ich Dir, daß Du glücklich bist.
Dein kleines Wild
Frida
Hier ist mir die Tinte ausgelaufen.

Kopie im Archiv Raquel Tibol. – Der in Rußland geborene Filmregisseur Arcady Boytler (1895–1965) war Frida ein uneigennütziger, wohlgesinnter Freund.

Brief an Carlos Pellicer

November 1947

Ich weiß nicht, wie ich es wagen kann, Dir zu schreiben, aber *gestern* haben wir gesagt, daß es mir guttun würde. Verzeih meine armseligen Worte, aber ich weiß, daß Du spüren wirst, daß ich in meiner Wahrheit zu Dir spreche, die stets die Deine gewesen ist, und das ist es, was zählt.
Kann man Verben erfinden? Ich will Dir eines nennen:
Ich *himmle* Dich, meine Flügel spannen sich weit aus, um Dich grenzenlos zu lieben.
Ich spüre, daß wir seit unseren Ursprüngen zusammengewesen sind, daß wir aus derselben Materie gemacht sind, aus denselben Wellen, daß wir dasselbe Bewußtsein in uns tragen. Dein ganzes Wesen, Deine wunderbare Art und

Deine Bescheidenheit sind unvergleichlich – Du bereicherst das Leben. In Deiner außergewöhnlichen Welt ist das, was ich Dir geben kann, nur eine weitere Wahrheit, die Du annimmst und die Dich stets in Deinem tiefsten Inneren liebkosen wird. Danke, daß Du sie angenommen hast, danke, daß es Dich gibt, denn gestern hast Du mich Dein innerstes Licht berühren lassen und mit Deiner Stimme und Deinen Augen ausgesprochen, worauf ich mein Leben lang gewartet habe.

Wenn ich Dir schreibe, wird mein Name *Mara* sein, einverstanden?

Wenn Du irgendwann das Bedürfnis hast, mir Deine Worte zu schenken, die für mich der stärkste Grund wären, Dich weiter zu leben, dann schreib mir ohne Furcht... »Postlagernd«, Coyoacán. Wirst Du?

Mein wunderbarer Carlos,
Bitte ruf mich an, wenn Du kannst.

Mara

Aus dem Archiv Carlos Pellicer López. – Der letzte Satz ist auf den Umschlag geschrieben, der neben dem Brief zwei echte Blüten enthielt.

Brief an Dr. Samuel Fastlicht

Coyoacán, der 13. November 1947

Sehr geehrter Compañero,
ich weiß, daß Sie mich zur Hölle wünschen werden, weil ich mich seit drei Wochen nicht mehr bei Ihnen habe blik-

ken lassen, aber bitte verstehen Sie, daß es weder Gleichgültigkeit noch Faulheit war. Ich habe gearbeitet (sooft meine Wirbelsäule es zuläßt) und bin mit dem Porträt für Sie schon ziemlich weit vorangekommen. Ich will es diese oder nächste Woche fertig haben – letzte Woche mußte ich ein paar Tage das Bett hüten, weil ich immer so »hundemüde« bin, will heißen, *völlig am Ende*. Deshalb komme ich nicht *heute*, wie ich versprochen hatte, aber *Ende nächster Woche* habe ich das Bild *ganz bestimmt* fertig und bringe es Ihnen vorbei. Meinen Backenzähnen geht es dank Ihnen prächtig.

                                                        Frida Kahlo

Verzeihen Sie mir, und viele Grüße.

                          Frida

Seien Sie mir nicht böse, einverstanden?
Hier schicke ich Ihnen den kleinen Blumentopf, den ich Ihnen versprochen hatte.

Original im Besitz von Dr. Jorge Fastlicht Ripstein. – Frida war mit dem Zahnarzt Samuel Fastlicht übereingekommen, seine Behandlung in Bildern zu bezahlen. Sie beglich ihre Schulden mit zwei Stilleben, einem aus dem Jahr 1951 (Öl auf Leinwand, 28,2 × 36 cm) mit folgender Inschrift auf einem Spruchband: »Ich gehöre Samuel Fastlicht. Frida Kahlo malte mich mit großer Zuneigung im Jahr 1951. Coyoacán« und einem weiteren von 1952 (Öl auf Leinwand, 25,8 × 44 cm), auf dessen Spruchband zu lesen ist: »Für Samuel Fastlicht malte dies in großer Liebe Frida Kahlo. In der Stadt Puebla, 1952«. Zuvor hatte der Zahnarzt in dem Jahr, aus dem der Brief stammt, bei Frida ein Selbstporträt in Auftrag gegeben. Frida stellte sich als Tehuana in Festtagstracht dar (1948, Öl auf Leinwand, 50 × 39,5 cm).

JETZT, WO DU MICH VERLÄSST

Karte für Diego Rivera zum Geburtstag

8. Dezember 1947. Coyoacán
Mein Augenstern,
Du weißt, was ich Dir gerne gäbe, heute und ein Leben lang.
Läge es in meinen Händen, besäßest Du es schon.
Ich kann Dir wenigstens anbieten, stets bei Dir zu sein in meinem ganzen ... Herzen.
Deine kleine
      Fisita

Aus dem Archiv Juan Coronel Rivera.

Brief an Dr. Samuel Fastlicht

9. Januar 1948, Coyoacán
Sr. Dr. Samuel Fastlicht
Hier.

Sehr geehrter Compañero,
hier ist endlich Ihr Bild. Ich habe viel länger gebraucht als ausgemacht, weil ich eine wirklich furchtbare Zeit hinter mir habe, die ich gar nicht beschreiben kann. Dieser ganze Seelenzustand spiegelt sich natürlich in meinem Selbstporträt wider. Vielleicht gefällt es Ihnen überhaupt nicht, und Sie haben jedes Recht, mir das offen zu sagen. Mir allerdings gefällt es, weil es genau meine Stimmung ausdrückt, und das ist es, was jeden wahrhaftigen Maler interessiert. Aber für Sie als Käufer ist das etwas anderes. Anita Bremer

hat mir erzählt, daß Sie den Preis sehr hoch fanden. Hören Sie, Compañero, bitte denken Sie nicht, daß ich Sie übers Ohr haue – ganz im Gegenteil. Normalerweise verkaufe ich meine Bilder für 3000 Pesos; Ihnen überlasse ich es für $ 2500,00, weil Sie so freundlich zu mir waren. Davon behalten Sie 500 ein, die ich Ihnen für die Backenzähne schulde – bleiben mir nur noch *2000*, die einem in diesen Zeiten nur so durch die Finger rinnen. Aber ich will Sie zu nichts zwingen. Wenn Sie den Handel nicht gut finden, kann ich Ihnen später ein kleineres malen, das nicht so viel Arbeit macht, und dieses hier können wir anderweitig verkaufen. Allerdings steht mir zur Zeit »das Wasser bis zum Hals«, und ich brauche dringend Geld. Deshalb wage ich es sogar, Ihnen das Bild noch *feucht* zu schicken. In einer Woche komme ich vorbei und trage den Firniß auf. Wissen Sie, Compañero, Sie und ich sind offen zueinander – Sie können mir alles sagen, was Ihnen in den Sinn kommt. Wenn Sie mir das Geld schikken, geben Sie es bitte meiner Schwester Cristina – das ist die Kleine, die Ihnen das Bild bringt. Ich kann nicht selbst kommen, weil ich mich fühle wie eine nasse Katze.
Tausend Dank, und ich hoffe, Sie werden verstehen, daß es keine Abzockerei oder dergleichen von mir ist.
Ich schicke Ihnen viele Grüße – bitte seien Sie mir nicht böse, weil ich nicht selbst gekommen bin. Wenn Sie an meiner Stelle wären, hätten Sie sich schon von der Kathedrale gestürzt.
Möge es das Leben 1948 und immer gut mit Ihnen meinen. Das wünscht Ihnen Ihre Compañera und treue Freundin.

Frida Kahlo

Original im Besitz von Dr. Jorge Fastlicht Ripstein.

JETZT, WO DU MICH VERLÄSST

Brief an den mexikanischen Präsidenten Miguel Alemán Valdés

Streng persönlich und vertraulich

Coyoacán, der 29. Oktober 1948

An den Präsidenten von Mexiko
Sr. Lic. Miguel Alemán Valdés
Hier

Miguel Alemán,
mit diesem Protestbrief, den ich an Sie persönlich richte, möchte ich meine berechtigte Entrüstung über einen hinterhältigen und beschämenden Anschlag zum Ausdruck bringen, der zur Zeit in diesem Land verübt wird.
Ich spreche von dem unerhörten, beispiellosen Vorgang, den die Eigner des Hotel del Prado zu verantworten haben, indem sie Diego Riveras Wandmalereien im Speisesaal des besagten Hotels hinter einer Holzvertäfelung verschwinden lassen. Vor einigen Monaten verursachte dieses Gemälde den schändlichsten und ungerechten Angriff auf einen mexikanischen Künstler in der Geschichte Mexikos, weil es den *umstrittenen, aber historischen Satz* von Ignacio Ramírez, »dem Nekromanten«, wiedergibt.
Nach dieser schmutzigen, heimtückischen Kampagne setzen die Herren Hoteliers *ihrer Heldentat* nun die Krone auf, indem sie das Fresko mit Holzplatten verschalen, und... es geschieht nichts! Niemand in Mexiko protestiert! Man läßt »Gras über die Sache wachsen«, wie man gemeinhin so sagt.
Ich aber protestiere und möchte Sie auf die ungeheure historische Verantwortung hinweisen, die Ihre Regierung auf

sich lädt, wenn sie zuläßt, daß man dem Volk dieses Landes und dem internationalen Publikum aus *sektiererischen, demagogischen und kommerziellen* Beweggründen das Werk eines mexikanischen Malers vorenthält, der weltweit Anerkennung als einer der bedeutendsten Vertreter der mexikanischen Kultur genießt.

Diese Art von Verbrechen gegen die Kultur eines Landes, gegen das Recht eines jeden Menschen auf freie Meinungsäußerung – solche Mordanschläge auf die Freiheit wurden nur unter Regimes wie jenem Hitlers begangen, sie geschehen heute unter der Regierung Francisco Francos, und es gab sie in der Vergangenheit, während der finsteren, unseligen Zeit der »Heiligen« Inquisition.

Es kann nicht sein, daß Sie als derzeitiger Vertreter des mexikanischen Volkes – das dank der unvergleichlichen Anstrengungen eines Morelos oder eines Juárez demokratische Freiheiten genießt, für die das Blut ebendieses Volkes vergossen wurde – es zulassen, daß eine Handvoll Investoren, unterstützt von einigen unredlichen Mexikanern, die Worte der *Geschichte Mexikos* und das Kunstwerk eines mexikanischen Staatsbürgers überdecken, der in der zivilisierten Welt als einer der bedeutendsten Maler seiner Zeit anerkannt wird.

Allein der Gedanke an einen solchen Affront ist beschämend.

Ich habe mich freundschaftlich an den Direktor des Instituto Nacional de Bellas Artes gewandt, unseren gemeinsamen Freund Carlos Chávez; er hat sich sehr bemüht und sich offiziell an Bienes Nacionales gewandt – jene Einrichtung, die angeblich dafür zuständig ist, Kunstwerke in Konflikten wie diesem zu schützen –, um sie auf den Vorfall aufmerksam zu machen.

All diese bürokratischen Bemühungen verlaufen normaler-

weise im Sande, trotz des guten Willens von Freunden und Beamten.
Mir ist auch bekannt, daß künstlerisches Eigentum leider nicht ausreichend gesetzlich garantiert ist, aber Sie als Rechtsanwalt wissen, daß Gesetze stets flexibel waren und sind.
Es gibt etwas, das in keinem Gesetzbuch niedergeschrieben ist: das kulturelle Bewußtsein der Völker, das es nicht zuläßt, daß man aus der Sixtinischen Kapelle von Michelangelo ein Apartmenthaus macht.
Aus diesem Grund wende ich mich an Sie – ich will ganz deutlich und offen zu Ihnen sprechen, nicht als Ehefrau des Malers Diego Rivera, sondern als Künstlerin und mexikanische Staatsbürgerin, und kraft meines Rechts, das mir diese Staatsbürgerschaft verleiht, frage ich Sie:
Wollen Sie zulassen, daß die *von Ihnen selbst erlassene Präsidentialverordnung* zum Schutz von Kunstwerken in staatlichen Gebäuden (und um ein solches handelt es sich beim Hotel del Prado, das dem Verwaltungsministerium gehört, also den öffentlichen Angestellten des Landes, auch wenn »rechtlich« eine fingierte Gesellschaft als Besitzerin auftritt) von ein paar sektiererischen, klerikalen Unternehmern mit Füßen getreten wird?
Wollen Sie als mexikanischer Staatsbürger und vor allem als Präsident Ihres Volkes zulassen, daß die Geschichte, das Wort, das kulturelle Schaffen, die geistige Botschaft eines mexikanischen Künstlers mundtot gemacht werden?
Wollen Sie zulassen, daß das Recht auf öffentliche Ausdrucks- und Meinungsäußerung, das Privileg eines jeden freien Volkes, zerstört wird?
All das im Namen der Dummheit, der Volksverdummung, der Bestechung und des *Verrats an der Demokratie*.
Ich bitte Sie, sich selbst eine ehrliche Antwort zu geben und

die historische Rolle zu bedenken, die Ihnen als Staatschef von Mexiko in einer Angelegenheit von solcher Tragweite zukommt.

Ich appelliere in dieser Frage an Ihr Gewissen als Bürger eines demokratischen Landes.

Sie müssen sich in dieser Sache einsetzen, die uns alle angeht, die wir nicht unter der schändlichen, zerstörerischen Unterdrückung von Diktaturen leben.

Mit Ihrem Eintreten für die Kultur beweisen Sie den Völkern der Welt, daß Mexiko *ein freies Land* ist. Daß Mexiko nicht die unzivilisierte, ungesittete Nation der Pancho Villas ist. Daß im demokratischen Mexiko *der Segen von Erzbischof Martínez ebenso respektiert wird wie die historischen Worte des »Nekromanten«. Daß Bilder von Heiligen und der Jungfrau von Guadalupe ebenso gemalt werden wie Darstellungen revolutionären Inhalts im monumentalen Treppenaufgang des Nationalpalasts.*

Aus der ganzen Welt sollen sie kommen und sehen, daß in Mexiko das Recht auf freie Meinungsäußerung geachtet wird!

Sie haben die Pflicht, den zivilisierten Völkern zu beweisen, daß Sie nicht käuflich sind, daß wir in Mexiko mit unserem Blut gekämpft haben und weiterhin kämpfen werden, um das Land von Kolonisatoren zu befreien, ungeachtet dessen, ob sie viele Dollars haben.

Dies ist der Moment, Farbe zu bekennen und Ihre Persönlichkeit als Mexikaner, als Präsident Ihres Volkes und als freier Mann geltend zu machen.

Ein Wort von Ihnen an diese Herren Hoteleigner wäre beispielhaft in der Geschichte der Freiheit, die Mexiko errungen hat.

Sie können nicht zulassen, daß mit »Gangsterdemagogie« gegen die Würde Ihrer eigenen Verordnung und das Kulturgut des ganzen Landes vorgegangen wird.

JETZT, WO DU MICH VERLÄSST

Wenn Sie in diesem entscheidenden Moment nicht wie ein echter Mexikaner handeln und Ihre eigenen Gesetze und Rechte verteidigen, dann werden die Verbrennung wissenschaftlicher und historischer Bücher folgen, die Zerstörung von Kunstwerken mit Steinen und Feuer, die Vertreibung der freien Menschen außer Landes, Folter, Gefängnisse und Konzentrationslager!! Und ich versichere Ihnen, daß wir in kürzester Zeit und ohne die geringste Anstrengung einen neuen Faschismus *made in Mexiko* haben werden!

Sie haben mich einmal angerufen – aus Diego Riveras Atelier übrigens –, um mir Hallo zu sagen und mich daran zu erinnern, daß wir Schulkameraden an der Preparatoria waren.

Jetzt schreibe ich Ihnen, um Hallo zu sagen und Sie daran zu erinnern, daß wir vor allem Mexikaner sind und daß wir nicht zulassen dürfen, daß irgend jemand – und schon gar nicht ein paar Yankee-Hoteliers – der mexikanischen Kultur, der *wichtigsten Wurzel des Lebens in diesem Lande*, die Luft abschnürt und nationale Werte von weltweiter Bedeutung verhöhnt und geringschätzt, indem aus einem Wandgemälde von universeller Bedeutung ein verkleideter Floh gemacht wird (Mexican curious).

Frida Kahlo

Photokopie im Archiv Raquel Tibol. – Bei dem »*umstrittenen, aber historischen Satz*« handelt es sich um die Aussage: »Gott existiert nicht.« In seiner Antwort vom 2. November erklärte Miguel Alemán, daß die von Frida vorgetragene Angelegenheit nicht in den Zuständigkeitsbereich des Staatspräsidenten falle, sondern Sache der Stiftung für Nationale Kulturgüter (Bienes Nacionales) und der Leitung des Instituto Nacional de Bellas Artes sei. »Ich weiß«, schrieb er ihr, »den Nachdruck zu schätzen, mit dem Sie in Ihrem Brief Ihre Überzeugungen vertreten, und gebe zu, daß die Leidenschaft, die daraus spricht, einem hehren Ziel gilt.«

FRIDA KAHLO

Brief an Diego Rivera

4. Dezember 1948
Mein Augenstern,
ich bin bei Cuquita zu Hause, weil ich nicht davon ausging, daß Du letzte Nacht zurückkommen würdest.

Den Scheck habe ich gestern eingelöst, weil ich die Medikamente für d'Harnoncourt kaufen mußte und keinen einzigen Peso mehr hatte. (Du schuldest mir noch $ 50,00, und Ruth habe ich 40,00 gegeben.) Entschuldige, daß ich es gewagt habe, ihn einzulösen, aber mir blieb nichts anderes übrig.

Anbei schicke ich Dir $ 685,00 (sechshundertfünfundachtzig).

Cucas Chauffeur bringt mich nach Hause. Kommst Du zum Essen? Ich würde Dich so gern sehen, denn ohne Dich ist das Leben nicht lebenswert.

Der Lieferwagen ist Schrott und springt kaum an. Hoffentlich kommt er rechtzeitig. Wir sehen uns gegen Mittag zu Hause. Bist Du gut angekommen? War die Fahrt nicht zu anstrengend für Dich?

Ich hoffe, Du bist guter Dinge und es geht Dir besser.
Ich bin so dünn und kränklich und ver...sonnen wie eh und je.

Deine kleine

    Fisita

Original in der Sammlung Ignacio M. Galbis. – Der Österreicher René d'Harnoncourt war nach Mexiko gekommen, als sein Chef Fred Davis Mitte der zwanziger Jahre einen Laden für Volkskunst in der mexikanischen Hauptstadt eröffnete. Als Assistent von Alfred Barr am Museum of Modern Art in New York arbeitete er mit Miguel Covarrubias an der Ausstellung *Twenty Centuries of Mexican Art*, die 1940 gezeigt wurde. Er war mit zahlreichen mexikanischen Künstlern und Archäologen befreundet und hielt sich häufig in Mexiko auf.

Porträt Diegos

Ich möchte darauf hinweisen, daß ich dieses Porträt mit Farben male, die mir nicht vertraut sind: mit Worten. Es wird also ein armseliges Porträt werden. Außerdem liebe ich Diego so sehr, daß ich keine »Beobachterin« seines Lebens sein kann, sondern ein Teil davon bin. Deshalb werde ich vielleicht die positiven Seiten seiner außergewöhnlichen Persönlichkeit überbetonen und gleichzeitig zu zerstreuen versuchen, was ihn auch nur im entferntesten verletzen könnte. Dies wird kein biographischer Überblick werden – es erscheint mir ehrlicher, nur über den Diego zu schreiben, den ich in den zwanzig Jahren, die ich in seiner Nähe verbrachte, kennengelernt zu haben glaube. Ich werde von Diego nicht als von »meinem Ehemann« sprechen, denn das wäre lächerlich. Diego war nie irgend jemandes »Ehemann« und wird es niemals sein. Ich werde ihn auch nicht als Geliebten bezeichnen, denn sein Wesen reicht weit über die Begrenzungen des Sexuellen hinaus. Und würde ich ihn einen Sohn nennen, dann beschriebe oder malte ich nichts weiter als meine eigenen Gefühle, mein Selbstporträt fast, nicht dasjenige Diegos. Nach diesem Hinweis versuche ich ganz aufrichtig die einzige Wahrheit zu sagen: meine Wahrheit, um im Rahmen des mir Möglichen sein Bild zu skizzieren.

SEINE GESTALT: Mit seinem asiatischen Kopf und dem dunklen Haar, das so dünn und fein ist, daß es in der Luft zu schweben scheint, ist Diego ein riesengroßes Kind mit freundlichem Gesicht und ein wenig traurigem Blick. Seine vorstehenden, dunklen, enorm klugen, großen Augen quellen hinter geschwollenen, vorspringenden Froschlidern fast aus den Augenhöhlen, sehr weit auseinanderstehend, weiter als bei anderen. So kann er mit seinem Blick ein viel größeres Sichtfeld erfassen – als seien seine Augen speziell für einen Maler großer Flächen und Menschenmassen geschaffen. Zwischen diesen so weit auseinanderstehenden Augen erahnt man das Unsichtbare der orientalischen Weisheit, und nur ganz selten weicht ein spöttisches, zärtliches Lächeln, die Vollendung seines Bildes, von seinem Buddha-Mund mit den vollen Lippen.

Sieht man ihn nackt, so denkt man sofort an ein Froschkind, das auf seinen Hinterbeinen steht. Seine Haut ist von einem grünlichen Weiß, wie bei einem Wassertier. Nur seine Hände und sein Gesicht sind dunkler, weil sie von der Sonne gegerbt sind.

Seine kindlichen Schultern, schmal und rund, gehen fließend in feminine Arme über, um schließlich in einem Paar wunderbarer Hände zu enden, klein und feingliedrig, sensibel und zart, wie Antennen, die mit dem ganzen Universum in Verbindung stehen. Es ist erstaunlich, daß diese Hände so viel gemalt haben sollen und noch immer unermüdlich arbeiten.

Zu seiner Brust ist zu sagen: Wäre er auf der Insel gestrandet, über die Sappho herrschte, ihre Kriegerinnen hätten ihn verschont. Die Empfindsamkeit seiner wunderbaren Brüste hätte ihm Zutritt verschafft. Doch seine besondere, ungewöhnliche Männlichkeit läßt ihn auch in den Ländern jener Herrscherinnen begehrenswert erscheinen, die nach männlicher Liebe dürsten.

Sein gewaltiger Bauch, glatt und weich wie eine Kugel, ruht auf kräftigen, säulengleichen Beinen. Diese enden in großen Füßen, die im stumpfen Winkel nach außen weisen, so als wollten sie die ganze Erde umfassen und felsenfest auf ihr ruhen – wie bei einem vorsintflutlichen Wesen, dem zwei- oder dreitausend Jahre vor unserer Zeit von der Taille aufwärts ein Exemplar der künftigen Menschheit entwächst.

Er schläft in Embryoposition, und wenn er wach ist, bewegt er sich mit eleganter Langsamkeit, so als lebte er in einer flüssigen Umgebung. Für seine Empfindsamkeit, die sich in seinen Bewegungen ausdrückt, scheint die Luft dichter zu sein als das Wasser.

Diegos Gestalt ist die eines liebenswerten Monsters, das die Urmutter, die Antigua Ocultadora, die unverzichtbare, ewige Materie, die Mutter der Menschen und aller Götter, die jene in ihrem aus Angst und Hunger geborenen Wahn erschufen – das DIE FRAU und damit auch ICH stets in ihren Armen halten möchte wie ein neugeborenes Kind.

SEIN INNERES: Diego steht außerhalb jeder exakt begrenzten, persönlichen Beziehung. Widersprüchlich wie alles, was das Leben in Gang hält, ist er ungeheure Zärtlichkeit und heftige Entladung gewaltiger, einzigartiger Kräfte zugleich. Man erlebt ihn von innen heraus, wie das in der Erde ruhende Samenkorn, und von außen, wie die Landschaften. Wahrscheinlich erwarten einige ein sehr persönliches Porträt Diegos von mir, »weiblich«, anekdotisch, unterhaltsam, voller Klagen und einer gewissen Menge an Klatsch – jenem »dezenten« Klatsch, der sich, der jeweiligen Boshaftigkeit des Lesers entsprechend, interpretieren und verwenden läßt. Möglicherweise erwarten Sie von mir Klagen darüber, »wie sehr man leidet«, wenn man mit einem Mann wie Diego zusammenlebt. Doch ich glaube nicht, daß die Ufer eines Flusses leiden, weil sie ihm seinen Lauf lassen, daß die Erde leidet, weil es regnet, daß das Atom leidet, weil sich seine Energie entlädt... für mich hat alles einen natürlichen Ausgleich. Für meine schwierige, dunkle Rolle als Verbündete eines außergewöhnlichen Menschen werde ich ebenso entlohnt wie ein grüner Punkt in einer großen Menge von Rot: Der Lohn ist die *Ausgeglichenheit*. Die Leiden und Freuden, die das Leben in dieser verlogenen Ge-

sellschaft bestimmen, in der ich lebe, sind nicht die meinen. Wenn ich voreingenommen bin und mich die Handlungen anderer, auch jene Diego Riveras, verletzen, bin ich selbst verantwortlich für meine Unfähigkeit, klar zu sehen. Und bin ich es nicht, so muß ich mir eingestehen, daß es natürlich ist, wenn die roten Blutkörperchen ohne Rücksichtnahme gegen die weißen kämpfen und daß dieses Phänomen lediglich Gesundheit bedeutet.
Ich werde die wundervolle Persönlichkeit Diegos, den ich zutiefst respektiere, nicht herabwürdigen, indem ich Unsinn über sein Leben erzähle. Im Gegenteil möchte ich das, was Diego wirklich ist, so ausdrücken, wie er es verdient, mit einer Poesie, die ich nicht besitze.
Seine Malerei spricht – auf wunderbare Weise – für sich selbst.
Mit seiner Funktion als menschlicher Organismus sollen sich die Wissenschaftler befassen, mit seinem wertvollen Beitrag zur gesellschaftlichen Revolution und seinem persönlichen Werk all jene, die seine unschätzbare Bedeutung in der Zeit ermessen können. Ich aber, die ihn zwanzig Jahre habe leben sehen, verfüge nicht über die Mittel, die lebhaften Bilder zu ordnen und zu beschreiben, die nur undeutlich, aber doch tiefgehend zumindest das Elementarste seiner Erscheinung umreißen könnten. In meiner Unbeholfenheit werde ich nur einige persönliche Ansichten hervorbringen – sie sind das einzige Material, mit dem ich dienen kann.
Die tieferen Wurzeln, die äußeren Einflüsse und die wahren Hintergründe, die Diegos unvergleichliche Persönlichkeit ausmachen, sind so umfassend und komplex, daß meine Beobachtungen kleine Triebe im weitverzweigten Geäst des riesigen Baumes sein werden, der Diego ist.
Es sind drei Hauptrichtungen oder -linien, die ich als grund-

legend für sein Porträt erachte: Erstens ist er ein beharrlich kämpfender Revolutionär, dynamisch, außerordentlich sensibel und vital; ein unermüdlicher Arbeiter in seinem Metier, das er beherrscht wie kaum ein anderer Maler auf der Welt; ein Mensch mit einer phantastischen Begeisterung für das Leben und dabei stets unzufrieden, daß er nicht mehr hat lernen, schaffen und malen können. Zweitens ist er ein ewig Neugieriger, der unermüdlich allem auf den Grund geht. Und drittens mangelt es ihm gänzlich an vorgefertigten Meinungen und folglich an Glauben, denn wie Montaigne ist Diego der Ansicht, daß »dort, wo der Zweifel endet, die Dummheit beginnt« und daß derjenige, der an etwas glaubt, die bedingungslose Unterwerfung akzeptiert und auf die Freiheit verzichtet, zu analysieren oder den Lauf der Dinge zu verändern. Diese scharfsinnige Auffassung der Realität und seine Kenntnis der materialistischen Dialektik des Lebens machen Diego zum Revolutionär. Von diesem Dreieck, aus dem heraus sich die übrigen Wesenszüge Diegos entwickeln, geht eine Art Sphäre aus, die alles umfaßt. Diese bewegliche Sphäre ist die Liebe, aber als generelle Struktur, als eine Bewegung, aus der heraus Schönheit entsteht. Ich denke mir die Welt, in der er gerne leben würde, als ein großes Fest, an dem alles, jedes einzelne Lebewesen, teilnähme – von den Menschen bis zu den Steinen, Licht und Schatten, alle mit der ihnen eigenen Schönheit und schöpferischen Kraft zusammenwirkend. Ein Fest der Form, der Farbe, der Bewegung, des Klanges, der Intelligenz, des Wissens, des Gefühls. Ein sphärisches Fest, klug und liebevoll, das sich über die gesamte Erdoberfläche erstreckte. Für dieses Fest kämpft er ohne Unterlaß und setzt alles ein, was er hat: sein Talent, seine Phantasie, seine Worte und seine Taten. Jeden einzelnen Augenblick kämpft er dafür, dem Menschen die Angst und die Dummheit zu nehmen.

Für seinen innigen Wunsch, dazu beizutragen, die Gesellschaft, in der er lebt, in eine schönere, gesündere, weniger schmerzliche und intelligentere zu verwandeln, und dafür, daß er seine ganze Schaffenskraft, sein schöpferisches Talent, seine tiefe Empfindsamkeit und seine stete Arbeit in den Dienst dieser unvermeidlichen, positiven gesellschaftlichen Revolution stellt, wird Diego fortwährend angegriffen. In diesen zwanzig Jahren habe ich ihn gegen das hochkomplizierte Räderwerk negativer Kräfte kämpfen sehen, die seinem Drang nach Freiheit und Veränderung entgegenstehen. Er lebt in einer feindseligen Welt, denn der Gegner ist in der Überzahl, doch das schreckt ihn nicht, und solange er lebt, wird aus seinen Händen, seinem Mund und seinem ganzen Wesen stets neue, lebendige, mutige, tiefe Kampfkraft erwachsen.

Wie Diego haben schon zuvor all jene gekämpft, die ein Licht in die Welt trugen; wie sie hat Diego keine »Freunde«, sondern Verbündete. Jene, die über sich selbst hinauswachsen, sind wunderbar – ihr brillanter Geist, ihre fundierte, präzise Kenntnis des menschlichen Wesens, ihr großer Erfahrungsschatz, ihre umfassende Bildung, die nicht aus Büchern stammt, sondern induktiv und deduktiv ist; ihre Begabung und ihr Wunsch, auf der Grundlage der Realität eine Welt ohne Niedertracht und Lüge zu schaffen. In der Gesellschaft, in der er lebt, sind wir alle seine Verbündeten, die wir wie er die zwingende Notwendigkeit erkennen, die falschen Fundamente der heutigen Welt zu zerstören.

Auf die schäbigen Anfeindungen, denen er ausgesetzt ist, reagiert Diego stets unbeirrt und mit großem Sinn für Humor. Niemals gibt er nach oder weicht zurück: Er stellt sich offen seinen Feinden, von denen die meisten hinterhältig sind und nur einige wenige Mut beweisen. Dabei beruft er sich immer auf die Realität, niemals auf »Illusionen« oder

»Ideale«. Diese Unnachgiebigkeit und Widerständigkeit sind wesentlich für Diego: Sie vervollständigen sein Porträt. Unter den vielen Dingen, die über Diego behauptet werden, sind dies die gängigsten: Man nennt ihn einen Mythomanen, einen Publicity-Süchtigen und, was das Lächerlichste ist, einen Millionär. Seine angebliche Mythomanie steht in direktem Zusammenhang zu seiner unbändigen Phantasie – das heißt, er ist ebensosehr ein Lügner wie ein Schriftsteller oder die Kinder, die noch nicht von der Schule oder ihren Müttern verdummt wurden. Ich habe ihn alle möglichen Lügen erzählen hören, von ganz harmlosen bis hin zu den kompliziertesten Geschichten über Personen, die er in seiner Vorstellung durch aberwitzige Situationen und Handlungen miteinander in Verbindung bringt, und dies stets mit großem Sinn für Humor und einem wunderbar kritischen Verstand. Niemals aber habe ich auch nur eine einzige dumme oder banale Lüge von ihm gehört. Indem er lügt oder mit Lügen spielt, reißt er vielen die Maske herunter und erkennt den inneren Mechanismus anderer, die wesentlich unbedarfter lügen als er. Das Erstaunlichste an Diegos angeblichen Lügen ist, daß die in imaginäre Zusammenhänge Gebrachten früher oder später ungehalten werden – nicht wegen der Lüge, sondern wegen des wahren Kerns, der dabei stets ans Tageslicht kommt. Dann beginnt der »Tumult im Hühnerhaus«, weil sie sich genau dort entlarvt sehen, wo sie sich sicher wähnten. Tatsächlich ist Diego einer der ganz wenigen, die den frontalen, furchtlosen Angriff auf die Grundfesten der sogenannten MORAL der scheinheiligen Gesellschaft wagen, in der wir leben. Und da die Wahrheit zwar unbequem, aber kein Vergehen ist, können jene, die ihre verborgensten Beweggründe offenbart sehen, nicht anders, als Diego der Lüge oder doch wenigstens der Übertreibung zu bezichtigen.

Es heißt, er suche die Öffentlichkeit. Ich habe beobachtet, daß vielmehr die anderen versuchen, durch ihn Meinungsmache für ihre eigenen Interessen zu betreiben, nur daß sie sich jesuitischer Methoden bedienen, die sie nicht beherrschen, denn im allgemeinen »geht der Schuß nach hinten los«. Diego braucht keine Öffentlichkeit und schon gar nicht die, die ihm in seinem eigenen Land zuteil wird. Seine Arbeit spricht für sich – nicht nur das, was er in Mexiko geschaffen hat, wo man ihn schamloser beleidigt als irgendwo sonst, sondern in allen zivilisierten Ländern der Welt, in denen er als einer der bedeutendsten und genialsten Kulturschaffenden anerkannt wird. Es ist wirklich unglaublich, daß die schäbigsten, niederträchtigsten und dümmsten Beleidigungen Diego in seinem eigenen Zuhause entgegengespien wurden: in Mexiko. Durch die Presse und durch barbarische Akte von Vandalismus, durch die man versucht hat, sein Werk zu zerstören, wobei von den unschuldigen Sonnenschirmchen »anständiger« Damen, die scheinheilig und wie im Vorbeigehen seine Gemälde zerkratzen, bis hin zu Säure und Küchenmessern alles zum Einsatz kam – nicht zu vergessen das gängige Anspucken, jener würdig, die so viel Spucke haben, wie es ihnen an Hirn mangelt. Durch Schmierereien an den Häuserwänden, die in ihrer Wortwahl einem so katholischen Volk nicht angemessen sind. Durch Gruppen »wohlerzogener« Jugendlicher, die sein Haus und sein Atelier mit Steinen bewerfen und unersetzliche Werke präkolumbischer Kunst aus Diegos Sammlungen zerstören, um nach ihrem »Streich« davonzulaufen. Durch anonyme Briefe (überflüssig, vom Mut ihrer Absender zu sprechen) oder das unparteiische Pilatusschweigen einflußreicher Persönlichkeiten, die solchen Angriffen auf das Werk eines Mannes, der mit seinem ganzen Genie und seiner einzigartigen schöpferischen Kraft die freie Meinungsäußerung nicht

nur für sich, sondern für alle zu verteidigen versucht, »keine Bedeutung« beimessen, obwohl es doch ihre Aufgabe ist, für den guten Ruf des Landes die Kultur zu schützen und weiterzugeben.
All diese verborgenen und offenen Machenschaften werden begangen im Namen der Demokratie, der Moral und des »Viva Mexiko!« – manchmal heißt es auch »Im Namen Jesu Christi!«. Diese ganze Öffentlichkeit, die Diego weder sucht noch braucht, beweist zweierlei: daß Diegos Arbeit, sein gesamtes Werk und seine unbestreitbare Persönlichkeit von einer solchen Bedeutung sind, daß sich ihnen auch jene nicht entziehen können, denen er ihre Scheinheiligkeit und ihre karrieristischen, schamlosen Absichten ins Gesicht schleudert. Und sie beweist den jämmerlichen, schwachen Zustand eines halbkolonialen Landes, in dem 1949 Dinge geschehen, die nur im tiefsten Mittelalter, zu Zeiten der Heiligen Inquisition oder unter Hitler vorstellbar gewesen wären.
Man wartet seinen Tod ab, um den Menschen, den wunderbaren Maler, den mutigen Kämpfer und den aufrechten Revolutionär zu würdigen. Solange er lebt, werden viele Dummköpfe, die ihre Lektion im Verleumden gelernt haben, damit fortfahren, sein Haus mit Steinen zu bewerfen und ihn anonym oder in der Presse seines eigenen Landes zu verunglimpfen, und andere, noch dümmere Duckmäuser werden ihre Hände in Unschuld waschen und, in die Fahne der Vorsicht gehüllt, in die Geschichte eingehen.
Und einen Millionär nennt man ihn ... Die einzige Wahrheit über Diegos Millionen ist folgende: Da er Kunsthandwerker und kein Proletarier ist, besitzt er seine Produktions-, das heißt Arbeitswerkzeuge, ein Haus, in dem er lebt, Kleider zum Anziehen und einen klapprigen Lieferwagen, den er so nötig braucht wie ein Schneider die Schere. Sein Schatz ist

eine Sammlung wundervoller Skulpturen, Juwelen indigener Kunst – das lebendige Herz des wahren Mexiko –, die er unter unsäglichen finanziellen Opfern in mehr als dreißig Jahren zusammengebracht hat, um sie in einem Museum zu präsentieren, an dem er seit sieben Jahren baut. Dieses Projekt hat er aus eigener schöpferischer und finanzieller Kraft zustande gebracht, das heißt mit seinem erstaunlichen Talent und mit dem, was man ihm für seine Malerei zahlt. Er wird es seinem Land stiften und Mexiko damit den reichsten Fundus an Schönheit übereignen, den es je gab, ein Geschenk an jene Mexikaner, die Augen haben zu sehen, und Quelle unermeßlicher Bewunderung für Fremde. Darüber hinaus nennt er, finanziell gesehen, nichts sein eigen; er besitzt nichts als seine Arbeitskraft. Vergangenes Jahr hatte er nach einer Lungenentzündung nicht genug Geld für das Krankenhaus. Noch während der Rekonvaleszenz begann er zu malen, um die Lebenshaltungskosten und die Löhne für die Handwerker aufbringen zu können, die – wie die Zünfte der Renaissance – mit ihm gemeinsam an der Errichtung des herrlichen Baus im Pedregal arbeiten.

Aber die Beleidigungen und Angriffe verändern Diego nicht. Sie sind Teil der gesellschaftlichen Phänomene einer dekadenten Welt, weiter nichts. Er steht dem Leben mit all seinen Facetten interessiert und staunend gegenüber – alles überrascht ihn durch seine Schönheit, doch nichts *enttäuscht* oder schreckt ihn, denn er weiß um den dialektischen Mechanismus von Erscheinungen und Sachverhalten.

Als scharfer Beobachter hat er einen Erfahrungsschatz gewonnen, der es ihm zusammen mit seiner inneren Kenntnis der Dinge und seiner immensen Bildung ermöglicht, den Dingen auf den Grund zu gehen. Wie ein Chirurg öffnet er, um zu sehen, um das Tiefste und Verborgenste zu entdekken und etwas Wahrhaftiges, Greifbares zu finden, das die Daseinsumstände und Funktionsweise der Organismen verbessert. Deshalb ist Diego weder defätistisch noch traurig. Er ist Baumeister und vor allem Architekt, von Grund auf. Er ist Architekt in seiner Malerei, in seiner Denkweise und in seinem leidenschaftlichen Wunsch, eine harmonische, funktionierende, stabile Gesellschaft zu gestalten. Er bedient sich stets exakter, mathematischer Elemente, gleichgültig, ob es sich um ein Gemälde, ein Gebäude oder ein Argument handelt. Sein Fundament ist immer die Realität. Die seinen Werken innewohnende Poesie ist die Poesie der Zahlen, der lebendigen Quellen der Geschichte. Seine Gesetze sind die unumstößlichen Gesetze der Physik, die das gesamte Leben bestimmen, von den Atomen bis zu den Gestirnen. Ein wunderbarer Beweis für seine Begabung als Architekt sind seine Wandmalereien, die sich mit dem Gebäude, in dem sie sich befinden, mit der ihnen vorgegebenen Funktion verbinden und leben.

Das großartige Bauwerk, das er in dem Dorf San Pablo Tepetlapa errichtet, von ihm *anahuacalli* (Haus des Anáhuac) genannt und dazu bestimmt, seine einzigartige Sammlung antiker mexikanischer Skulpturen aufzunehmen, ist eine Verbindung alter und neuer Formen, in der die unvergleichliche Architektur Mexikos fortbestehen und wiederaufleben wird. Es erwächst aus der unsagbar schönen Landschaft des Pedregal wie ein riesiger, gen Ajusco gerichteter Kaktus, schlicht und elegant, mächtig und zart, alt und ewig. Mit den Stimmen von Jahrhunderten und Tagen schreit es aus dem Inneren seines vulkanischen Gesteins: Mexiko lebt! Wie die Göttin Coatlicue enthält es Leben und Tod, wie die herrliche Gegend, in der es errichtet ist, wurzelt es mit der Standhaftigkeit einer immergrünen Pflanze in der Erde.

Da Diego unentwegt arbeitet, kann man das Leben, das er führt, nicht als normal bezeichnen. Seine Tatkraft sprengt Uhren und Kalender. Ihm fehlt im wahrsten Sinne des Wortes die Zeit, ohne Unterlaß zu kämpfen, da er ständig mit der Planung und Umsetzung seines Werks beschäftigt ist. Er erzeugt und greift Wellen auf, die nur schwer mit anderen vergleichbar sind, und trotz seiner enormen Aufnahmefähigkeit und schöpferischen Energie stellt ihn das Ergebnis nie zufrieden. Die Bilder und Gedanken durchströmen sein Gehirn in einem außergewöhnlichen Rhythmus – daher die Intensität seiner Eingebungen und sein unbezähmbarer Wunsch, immer noch mehr zu machen. Dieser Mechanismus macht ihn entscheidungsschwach. Seine Unentschlossenheit ist jedoch nur oberflächlich, denn mit festem, planvollem Willen erreicht er letzten Endes, was er will. Nichts könnte diesen Wesenszug seines Charakters besser veranschaulichen als jene Geschichte, die mir seine Tante Cesarita, eine Schwester seiner Mutter, einmal erzählte. Sie erinnerte sich, wie Diego als kleiner Junge ein Geschäft betrat, einen dieser kleinen Kramläden voller Magie und Überraschungen, an die wir alle voller Wehmut zurückdenken. Mit ein paar Centavos in der Hand stand er vor der Ladentheke und betrachtete immer und immer wieder das ganze Universum, das der Laden barg, während er verzweifelt und wütend schrie: »Was will ich denn bloß?« Das Geschäft hieß »Die Zukunft«, und diese Unentschlossenheit hat Diego ein Leben lang begleitet. Doch obwohl er nur selten eine Wahl trifft, so besitzt er doch eine innere Vektorlinie, die direkt ins Zentrum seines Wollens und Wünschens führt.

Als ewig Neugieriger ist er auch ein unermüdlicher Plauderer. Er kann Stunden und Tage ununterbrochen malen und sich währenddessen unterhalten. Er redet und diskutiert über alles, wirklich alles. Wie Walt Whitman freut er sich über jeden, der ihm zuhören will. Ein Gespräch mit ihm ist niemals langweilig. Seine Aussagen können erstaunen, manchmal verletzen oder auch bewegen, niemals aber hinterläßt er beim Zuhörer den Eindruck von Sinnlosigkeit oder Leere. Seine Worte sind zutiefst beunruhigend, weil sie lebendig sind und wahr. Die Schroffheit seiner Urteile läßt den Zuhörer die Beherrschung und die Zurückhaltung verlieren, weil keines von ihnen den etablierten Verhaltensmustern entspricht. Sie sprengen stets den Rahmen des Höflichen, um neue Keime zu treiben, sie verletzen, um neue Zellen entstehen zu lassen. Manchen – den Stärkeren – erscheinen Diegos Aussagen und ihr Wahrheitsgehalt monströs, sadistisch und grausam; andere – die Schwächeren – fühlen sich gedemütigt und erniedrigt. Ihre Verteidigung besteht darin, ihn einen Lügner und Phantasten zu nennen. Aber sie alle versuchen sich in einer Form zur Wehr zu setzen, die sehr an die Verweigerung jener erinnert, die zum erstenmal geimpft werden sollen: Sie klammern sich an die Hoffnung oder irgend etwas, das die bedrohliche Wahrheit von ihnen fernhalten möge. Doch Diego kennt keinen Glauben, keine Hoffnung und keine Barmherzigkeit. Er ist von Natur aus außergewöhnlich intelligent und lehnt Phantome ab. Er steht zu seinen Überzeugungen, gibt niemals nach und ernüchtert all jene, die sich hinter dem Glauben oder falscher Barmherzigkeit verschanzen. Deshalb nennt man ihn unmoralisch, und tatsächlich hat er nichts mit denen gemeinsam, die sich moralischen Gesetzen und Normen beugen.

Unter dem quälenden Zeitdruck, den Uhren und Kalender für ihn bedeuten, versucht er das zu tun und ausführen zu lassen, was ihm im Leben richtig erscheint: arbeiten und schaffen. Er erkennt alle anderen Richtungen an und schätzt sie niemals gering, doch verteidigt er die seine, weil er weiß, daß sie in Rhythmus und Proportionen der reellen Welt entspricht. Bei ihm steht Vergnügen für Vergnügen, Mühsal für Mühsal. Da er den anderen an Talent überlegen ist, beweist er das wesentlich größere Einfühlungsvermögen, wenn er lediglich um Verständnis bittet. Oft bekommt er nicht einmal das, aber das ist kein Grund für ihn, sich zu beugen oder aufzugeben. Viele der Konflikte, die seine außergewöhnliche Persönlichkeit im täglichen Leben verursacht, rühren von dieser verständlichen Entrüstung her, die seine revolutionären Ideen bei denen verursachen, die sich bereits einer strengen Norm gefügt haben. Die Probleme – man könnte sie als Probleme häuslicher Art bezeichnen –, die wir Frauen verschiedentlich mit Diego gehabt haben, sind derselben Natur. Diego hat ein tiefgehendes Klassenbewußtsein und weiß genau um die Rolle der übrigen gesellschaftlichen Klassen im Lauf der Welt. Von den Menschen, die in seinem Umfeld lebten, wollten einige Verbündete in der Sache sein, für die er arbeitet und kämpft, andere nicht. Daher rührt eine Reihe von Konflikten, in die er zwar verwickelt, für die er jedoch nicht verantwortlich ist, denn seine Position ist klar und eindeutig. Sein gesamtes Wesen, das keine Voreingenommenheit kennt – ob nun aufgrund von Veranlagung, Erziehung oder Veränderung –, trägt nicht die Schuld am Unvermögen der anderen und den daraus resultierenden Folgen für das soziale Leben. Er arbeitet daran, daß alle Kräfte voll ausgeschöpft werden und harmonischer zusammenspielen.

Wie soll man mit moralischen Waffen für oder gegen einen Menschen kämpfen können, der näher an der Realität und an der Wahrheit ist – mit Waffen also, die den Normen einzelner Personen oder Personenkreise entsprechen? Naturgemäß müssen es amoralische Waffen sein, die sich dem

Etablierten und für gut oder schlecht Befundenen widersetzen. Ich bin aus vollster Überzeugung der Ansicht, daß ich nicht gegen Diego sein kann, und wenn ich nicht eine seiner treuesten Verbündeten bin, so wäre ich es gern. Aus meiner Haltung in diesem Versuch eines Porträts lassen sich viele Schlüsse ziehen – es hängt ganz davon ab, wer sie zieht. Aber dies ist meine Wahrheit, die einzige, die ich über Diego vorbringen kann. Sie ist aufrichtig, nicht in »Ehrlichkeitseinheiten« meßbar – die es nicht gibt –, aber aus ihr spricht meine Überzeugung, meine eigene Erfahrung.

Diegos ungeheure Liebe zu den schönen Dingen läßt sich nicht mit Worten beschreiben, seine Liebe zu denen, die in der gegenwärtigen Klassengesellschaft keinen Platz haben, seine Achtung vor jenen, die in dieser Gesellschaft unterdrückt werden. Er hegt eine besondere Bewunderung für die Indios, denen er durch sein Blut verbunden ist. Er liebt sie um ihrer Anmut und ihrer Schönheit willen, und weil sie die lebendige Blüte der kulturellen Tradition Amerikas sind. Er liebt Kinder, alle Tiere – insbesondere mexikanische Nackthunde und Vögel –, Pflanzen und Steine. Er liebt alle Lebewesen, ohne unterwürfig oder indifferent zu sein. Er ist sehr liebevoll, aber er gibt sich niemals auf. Deshalb und weil er kaum Zeit findet, persönliche Beziehungen zu pflegen, nennt man ihn undankbar. Er ist rücksichtsvoll und aufmerksam, und nichts verletzt ihn mehr als mangelnder Respekt und Vertrauensbruch. Betrug und hinterhältige Täuschung sind ihm unerträglich. Intelligente Feinde sind ihm lieber als dumme Verbündete. Er hat ein eher sonniges Gemüt, aber wenn man ihm bei der Arbeit die Zeit stiehlt, wird er furchtbar ungehalten. Die Arbeit ist sein eigentliches Vergnügen. Er haßt gesellschaftliche Ereignisse und begeistert sich für echte Volksfeste. Manchmal ist er scheu, und genauso, wie es ihn fasziniert, mit jedermann zu reden und zu diskutieren, genießt er es manchmal, ganz für sich zu sein. Er langweilt sich nie, weil ihn alles interessiert. Er studiert, analysiert und ergründet alle Ausdrucksformen des Lebens. Er ist nicht sentimental, wohl aber zutiefst emotional und leidenschaftlich. Trägheit bringt ihn zur Verzweiflung, weil er selbst eine stete, lebendige, mächtige Strömung ist. Mit seinem außerordentlich guten Geschmack bewundert und schätzt er alles Schöne, sei es nun eine Frau oder ein Gebirge. Völlig im reinen mit all seinen Emotionen, Gefühlen und Handlungen, welche von einer präzisen, realistischen materialistischen Dialektik geleitet werden, bleibt er sich stets selbst treu. Wie die Kakteen seiner Heimat wächst er mit erstaunlicher Kraft, auf Sand ebenso wie auf Fels. Er erblüht in feurigstem Rot, durchscheinendstem Weiß und sonnigem Gelb. Mit Dornen bewehrt, verbirgt er seine Zärtlichkeit im Inneren. Mit seinem kräftigen Mark überlebt er in einer unbarmherzigen Umwelt. Einsam strahlend wie die Sonne, rächt er sich am Grau der Steine. Seine Wurzeln leben, auch wenn man sie aus der Erde reißen mag, sie überwinden die Angst vor Einsamkeit und Traurigkeit und alle Schwächen, die andere Lebewesen beugen. Mit erstaunlicher Kraft erhebt er sich, und wie keine andere Pflanze blüht er und trägt Früchte.

Frida schrieb diesen Text für den Katalog zu der Ausstellung *Diego Rivera – fünfzig Jahre künstlerisches Schaffen*, die von August bis Dezember 1949 im Palacio de Bellas Artes stattfand. Das Buch erschien erst 1951.

JETZT, WO DU MICH VERLÄSST

Brief an Dr. Samuel Fastlicht

Hospital Inglés, der 12. Januar 1950

Lieber Dr. Fastlicht,
es tut mir sehr leid, daß ich Sie belästigen muß. Ich bin immer noch im Krankenhaus, denn »zur Abwechslung« wurde ich wieder einmal an der Wirbelsäule operiert. Morgen, Samstag, kann ich nach Hause nach Coyoacán. Immer noch mit Korsett und be...ster Laune! Aber ich habe den Mut nicht verloren und werde versuchen, sobald wie möglich mit dem Malen zu beginnen.

Nun, Doktor, der Grund, aus dem ich Sie belästige, ist folgender: Die obere Brücke ist zerbrochen, und ich kann sie Ihnen nicht schicken, weil ich dann wie ein Gerippe aussehe! Was soll ich tun? Die untere Brücke schicke ich Ihnen, weil ich sie schon seit längerem nicht mehr tragen kann – sie tut mir sehr weh, dort, wo die Häkchen an den Zähnen befestigt sind. Außerdem möchte ich Sie fragen, was ich machen soll. Ich kann nicht richtig essen und bin wirklich am Ende.

Ich kann nicht zu Ihnen kommen, aber es erscheint mir zuviel verlangt, Sie um einen Hausbesuch zu bitten – ich weiß ja, wie beschäftigt Sie immer sind. Also überlasse ich es Ihrem guten Willen und Ihrer Großherzigkeit.

Ab Sonntag werde ich in Coyoacán sein. Allende 59 (fühlen Sie sich willkommen). Bitte schicken Sie mir eine Nachricht, oder rufen Sie mich an unter: 10 52 21.

Tausend Dank und ganz liebe Grüße von Ihrer Freundin
Frida

Original im Besitz von Dr. Jorge Fastlicht Ripstein.

FRIDA KAHLO

Brief an Dr. Leo Eloesser

Coyoacán, der 11. Februar 1950

Mein allerliebster Doctorcito,
ich habe Deinen Brief und das Buch bekommen; tausend Dank für Deine wundervolle Freundschaft und Deine unendliche Großzügigkeit.
Wie geht es Dir? Was hast Du für Pläne? Ich bin in demselben Zustand wie an dem Abend, als ich Dich das letztemal gesehen habe.
Doktor Glusker hat mich einem Doktor Puig vorgestellt, einem katalanischen Knochenchirurgen, der in den Vereinigten Staaten ausgebildet wurde. Er ist genau wie Du der Meinung, daß die Zehen amputiert werden müssen, aber er hält es für besser, bis zum Mittelfuß zu amputieren, damit die Wundheilung weniger langsam und gefahrloser verläuft.
Die fünf Meinungen, die ich bislang eingeholt habe, sagen alle das gleiche: *Amputation*. Lediglich die Stelle der Amputation variiert. Ich kenne Doktor Puig nicht gut und weiß nicht, wie ich mich entscheiden soll, denn diese Operation ist von so großer Tragweite für mich, daß ich Angst habe, eine Dummheit zu machen. Ich möchte Dich um Deine ehrliche Meinung bitten, was ich in diesem Fall tun soll. Aus den Dir bekannten Gründen ist es mir nicht möglich, in die Vereinigten Staaten zu fahren, und außerdem bedeutet das eine ganze Menge Geld, die ich nicht habe – und ich hasse es, Diego darum bitten zu müssen, weil ich weiß, daß es für ihn im Moment eine gewaltige Belastung wäre, weil der Peso *einen Scheiß* wert ist. Wenn die Operation an sich kein Kunststück darstellt – glaubst Du, daß diese Leute sie durchführen können? Oder soll ich warten, bis Du kommen

kannst, oder soll ich die »Kohle« zusammenkratzen und sie dort oben von Dir machen lassen? Ich bin verzweifelt, denn wenn es wirklich gemacht werden muß, wäre es am besten, das Problem so schnell wie möglich anzugehen, findest Du nicht?

Ich sitze hier im Bett und habe das Gefühl, wie ein Kohlkopf vor mich hin zu vegetieren, und gleichzeitig glaube ich, daß ich mich kundig machen muß, um aus rein mechanischer Sicht ein positives Ergebnis zu erzielen. Das heißt: laufen zu können, um malen zu können. Aber man hat mir gesagt, daß die Wundheilung sehr langsam verlaufen wird, weil das Bein so kaputt ist, und daß ich einige Monate nicht werde gehen können.

Ein junger Arzt, Doktor Julio Zimbrón, schlägt mir eine merkwürdige Behandlung vor, zu der ich gern Deine Meinung hören würde, denn ich weiß nicht, inwieweit sie positive Auswirkungen hätte. Er sagt, daß er mir garantiert, daß der Wundbrand *verschwindet*. Es handelt sich um *subkutane Injektionen von Leichtgasen*, Helium, Wasserstoff und Sauerstoff... So aus dem Stand heraus – glaubst Du, daß da etwas Wahres dran ist? Können keine Embolien entstehen? Ich habe ziemliche Angst davor... Er behauptet, daß seine Behandlung eine Amputation überflüssig macht. Glaubst Du, das stimmt?

Sie machen mich ganz verrückt und treiben mich zur Verzweiflung. Was soll ich tun? Ich komme mir so blöd vor und bin dieses ganze Elend mit dem beschissenen Fuß so leid – ich wünschte, ich könnte malen und müßte mich nicht mit diesen ganzen Problemen herumschlagen. Aber weit gefehlt, ich muß mich da durchbeißen, bis die Situation gelöst ist...

Bitte sei so gut und rate mir, was ich Deiner Meinung nach tun soll.

Das Buch von Stilwell ist phantastisch – ich hoffe, Du kannst mir noch mehr über Tao besorgen und die Bücher von Agnes Smedley über China.

Wann sehe ich Dich wieder? Es tut mir so gut, zu wissen, daß Du mich wirklich liebst und mich anhimmelst (wie Himmel), wo auch immer Du bist. Ich fand es schade, daß ich Dich diesmal nur für ein paar Stunden gesehen habe. Wenn ich gesund wäre, würde ich mit Dir kommen und Dir dabei helfen, die »Leute« zu wahrhaft nützlichen Wesen für sich selbst und andere zu machen. Aber in meinem Zustand tauge ich nicht einmal als Abflußstöpsel.

Es liebt Dich
Deine Frida

Veröffentlicht in: Hayden Herrera, *Frida: Una biografía de Frida Kahlo*, Mexiko, Editorial Diana 1984.

Brief an Diego Rivera

Für Sr. Diego von Frida

Coyoacán, 17. Feb. 1950

Diego, mein Augenstern, hier ist die Quittung, die Coqui geschickt hat (in demselben Umschlag, den Du hingeschickt hattest).

Die Röntgenaufnahmen sind sehr gut geworden. Du wirst sie heute abend sehen.

Ich habe Dir den Bericht kopiert, damit Du ihn lesen kannst, bitte verlier ihn nicht.
Iß gut, mein Liebster, und komm nicht so spät.
Deine Antigua Ocultadora, aufs Lager geworfen.
     Deine
     Frida

Abgedruckt im Begleitheft zu der Ausstellung in der Galerie Louis Newman.

Brief an Dr. Samuel Fastlicht

         Coyoacán, der 1. Februar 1951
Lieber Kamerad,
hier sind die Zähne. An den Stellen, die ich Ihnen rot markiert habe, tut es am meisten weh. Am Zahnfleisch haben sich beinahe Geschwüre gebildet – Sie können sich vorstellen, wie es Ihrer Compañera geht! Sie rast vor Schmerzen! Aber ich bin Ihnen so dankbar für Ihre Freundlichkeit, daß ich keine Worte finde, um auszudrücken, was ich empfinde.
Hören Sie, Compañero, würde es Ihnen große Umstände machen, mir zwei Rezepte für zwei Ampullen *Demerol* auszustellen, damit ich heute und morgen richtig schlafen kann? Ich bekomme sie nur gegen ein Rezept für Betäubungsmittel.
Sie wissen gar nicht, wie dankbar ich Ihnen wäre, wenn Sie so freundlich sein könnten, sie mir zu verschreiben. Jetzt reicht es aber mit den Belästigungen, stimmt's?

FRIDA KAHLO

Tausend Dank und viele liebe Grüße samt einem Kuß von
Frida

Original im Besitz von Graciela Fastlicht de Beja. – Samuel Fastlichts Tochter Graciela erinnert sich, daß ihr Vater lieber sein Rezeptbuch zerstörte, um nicht in Versuchung zu kommen, aus Sympathie für Frida etwas Ungesetzliches zu tun.

Porträt von Wilhelm Kahlo

Ich malte meinen Vater Wilhelm Kahlo, ungarisch-deutscher Herkunft, Photokünstler von Beruf, von großzügiger, kluger und feiner Wesensart und mutig, denn er litt sechzig Jahre lang an Epilepsie, aber hörte niemals auf zu arbeiten und kämpfte gegen Hitler.
In Bewunderung, seine Tochter
Frida Kahlo

Spruchband am unteren Rand des Gemäldes von 1951, Öl auf Masonit, 60,5 × 46,5 cm.

Nachricht an Diego Rivera

[undatiert]
Mein Dieguito, Geliebter aller Herzen,
Miguel, der Fahrer, hat angerufen, um Bescheid zu geben,

daß er am morgigen Mittwoch nicht kommen kann, weil er sehr krank ist. Sieh zu, daß General Trastorno in der Zwischenzeit einspringen kann. Andernfalls soll Ruthy Dich fahren und sich um Dich kümmern.
Deine Fisita, Frida

Veröffentlicht in: Martha Zamora, *Frida Kahlo. El pincel de la angustia*, Mexiko, Edición de la autora 1987.

Nachricht an Diego Rivera

[undatiert]

Mein Junge,
danke für Deine wundervollen Blumen – oder besser gesagt, unsere Blumen. Mein Himmel, wenn ich Dich sehen kann, macht es nichts, wenn Du mich aufweckst, aber ich mache mir Sorgen, ob Du genügend Schlaf bekommst.
Schlaf dort, wo es für Dich am besten ist. Ich warte, bis Du mit mehr Ruhe kommen kannst. Arbeite nicht soviel, und gib gut auf Deine Augen acht.
Ich sende Dir wie immer mein ganzes Herz,
Deine kleine
Antigua Ocultadora
Fisita

Veröffentlicht in: Martha Zamora, *Frida Kahlo. El pincel de la angustia*, Mexiko, Edición de la autora 1987.

FRIDA KAHLO

Nachricht an Elena Vázquez Gómez und Teresa Proenza

Samstag, der 21.Juni 1952

Elenita und Tere, meine Herzallerliebsten.
Entschuldigt, daß ich so überstürzt aus Coyoacán weg bin, *ohne Euch zu sehen.* Aber ich trage Euch in mir, *immer.* Es ist nur für zwei Tage, auch wenn Clemente Robles acht daraus machen wollte, aber ich werde ihm eine ordentliche »Stradivari« geigen. Und am Montag oder Dienstag bin ich wieder da.
Vielleicht heiratet Dieguito während meiner Abwesenheit eine hochmütige Prinzessin, oder mit wem auch immer er auf einem elenden Kahn angelt. Es sei ihm verziehen *for ever.*
Bei dem Wunderbarsten, was Euch in diesem Weltengetöse lieb ist, bitte ich Euch, *bei ihm* zu sein, bei unserem großen, wundervollen Jungen – nur dann kann ich ruhig sein.
Ich sende Euch meine Liebe. Benehmt Euch, und das Leben möge Euch hold sein.
Eure Euch liebende Schwester.
                                          Frida

Original im Archiv Martha Zamora.

Präsentation des Malers Antonio Peláez

Antonio Peláez ist ein Maler, der das Wesen des Mexikanischen eingefangen hat und dessen Werk ich aufgrund seines Inhalts und seiner menschlichen und gesellschaftlichen Bedeutung für herausragend halte.
Das Land kann stolz sein, einen solch wunderbaren Maler zu haben, der sein Handwerk beherrscht und um seine Rolle in der Gesellschaft weiß, der Mexiko und der Welt mit ehrlicher, reiner Bescheidenheit die Schönheit offenbart.

Frida Kahlo

Katalog zur Ausstellung in der Galería de Arte Contemporáneo von 23. Oktober bis 8. November 1952. – Antonio Peláez zeigte in der Galerie von Lola Álvarez Bravo vor allem Porträtgemälde und -zeichnungen, unter anderem von Frida Kahlo, Ruth Rivera, Lupe Marín und Guadalupe Amor.

Nachricht an Carlos Chávez

Coyoacán. Dezember 1952

Carlitos,
Alma Reed hat mich gerade eben angerufen und gesagt, daß Du gern bereit bist, mir Dein Bild zu leihen. Du weißt nicht, wie dankbar ich Dir bin, denn Lola Álvarez Bravo zeigt zum erstenmal eine komplette Ausstellung mit meinen Sachen. (Wie Du weißt, gab es das in Mexiko noch nie.) Dieser Brief ist gleichzeitig eine Empfangsbestätigung, damit Du Dein Bild zurückbekommst. Wie geht es Dir? Ich bin seit Ewig-

keiten ans Bett gefesselt, abgesehen von bestimmten Tagen, an denen ein paar Freunde mich zu Ausflügen abholen. Ganz herzliche Grüße an alle bei Dir zu Hause. Dir, wie immer, meine besondere Liebe.

Frida Kahlo

Du kannst das Bild ganz beruhigt dem Überbringer dieser Nachricht mitgeben.

Veröffentlicht in: *Epistolario selecto de Carlos Chávez*, zusammengestellt und kommentiert von Gloria Carmona, Fondo de Cultura Económica 1989. – Frida erbat das Gemälde für die einzige Einzelausstellung ihres Werks, die zu ihren Lebzeiten in Mexiko stattfand. Sie wurde am 15. April 1953 in der Galerie der Photographin und Kulturförderin Lola Álvarez Bravo eröffnet. Chávez antwortete am 15. Dezember 1952 sehr herzlich: »Frida, wie ich Dir bereits am Telephon sagte, habe ich vor einigen Tagen Deinen Brief erhalten, in dem Du mich gebeten hast, der Galerie von Lola Álvarez Bravo Dein Gemälde *Stilleben*, das sich in meinem Besitz befindet, für eine Gesamtausstellung Deines Werks zur Verfügung zu stellen. Ich habe das Bild dem Jungen mitgegeben, der mir Deine Zeilen überbrachte […] Mit diesen Zeilen möchte ich lediglich meinen Wunsch zum Ausdruck bringen, auf diesem Weg einen – wenn auch kleinen – Beitrag zum Erfolg Deiner Ausstellung zu leisten.« – Chávez erhielt das *Stilleben* aus dem Jahr 1942 nie zurück, obwohl er es in einem kurzen Schreiben an Frida vom 9. Oktober 1953 und einem längeren Brief vom 6. Februar 1954 zurückforderte. Das nicht eingehaltene Versprechen war wahrscheinlich die Folge eines Streits zwischen Diego Rivera und Chávez um das transportable Wandgemälde *Der Alptraum des Krieges und Traum vom Frieden* im Vestibül des Palacio de Bellas Artes, das am 17. März 1952 heimlich aus dem Rahmen entfernt wurde, um zu verhindern, daß es auf der Ausstellung *Zwanzig Jahrhunderte mexikanischer Kunst* in Paris, Stockholm, London und anderen europäischen Hauptstädten gezeigt wurde. Das *Stilleben* hängt im Museum Frida Kahlo. In einem Brief an Fernando Gamboa vom 24. Februar 1978 schreibt Chávez im Zusammenhang mit einer anderen Leihgabe: »Diego Rivera hat mir Fridas Bild gestohlen.«

Karte für Diego Rivera zum Geburtstag

Meine herzlichsten Glückwünsche an meinen
Jungen Diego

Coyoacán, der 8. Dezember 52

Mein Junge,
hier ist Deine Gefährtin, fröhlich und stark, wie es sein sollte; sie erwartet schon bald Deine Rückkehr, um Dir zu helfen und Dich immer in FRIEDEN zu lieben.
Deine Antigua Ocultadora
Frida

Archiv Juan Coronel Rivera.

Nachricht an Guadalupe Rivera Marín

[undatiert]

Liebste Piquitos,
wie schade für mich, daß Du nicht kommen konntest, aber ich hoffe, Dich recht bald zu sehen. Bis dahin schicke ich Dir Millionen von Küssen. Das gilt auch für Pablito – und einen lieben Gruß an Ernesto.
Hör mal, meine Süße, ich finde den Artikel über mich ganz grauenvoll, Du nicht auch? Aber wenn sie ihn bei der Zeitschrift schon akzeptiert haben, sollen sie ihn eben drukken. Danke, daß Du mich darauf hingewiesen hast – Loló

hatte ihn mir nicht einmal gezeigt. Dein Papa findet ihn gut.
Tausend Küsse von Deiner
      Fridu

Im Archiv des Centro Nacional de Investigación de Artes Plásticas/INBA-CENIDIAP. – Piquitos oder Pico war der Spitzname von Guadalupe Rivera Marín, der Tochter von Diego Rivera und Lupe Marín. – Die kubanische Journalistin und Autorin Loló de Torriente ist die Verfasserin von *Memoria y razón de Diego Rivera*.

Auf einem Blatt mit surrealistischen Zeichnungen

In meinem eigenen Schmerz
den Schmerz aller zu spüren,
die leiden, und Trost zu finden
in der Notwendigkeit,
zu leben, um für sie
zu kämpfen
    Frida

Photokopie im Archiv Martha Zamora.

JETZT, WO DU MICH VERLÄSST

Auf einer alten Röntgenplatte

[Frida zeichnet sich in blauer und roter Tinte als kompletter Torso, die Füße liegen neben den Rippen. In der Mitte eine Vagina. Aus den Brüsten fallen Tropfen. Die Hände sind an Armstümpfen befestigt. Zu ihrer Linken ein Seestern.]

Diego, meine Liebe
Eine reine Farce, nicht einmal Freud wäre daran interessiert.
Warum habe ich das gezeichnet, wenn es mich danach drängt, es zu zerstören?
Ich will aufbauen. Doch ich bin nur ein unbedeutender, aber wichtiger Teil eines Ganzen, dessen ich mir noch nicht bewußt bin. In mir ist nichts Neues. Nur das Alte, Dumme, das mir meine Eltern hinterließen.
Was ist Freude?
Die Schöpfung, wenn man sie entdeckt.
Das übrige zu erkennen
Ist ein leeres Erbe
Wenn man kein Talent hat, aber ungeduldig ist, verschwindet man besser und läßt die anderen »probieren«
NICHTS
SCHEISSE
Alles kann schön sein, auch das Schrecklichste.
Es ist besser, zu schweigen.
Wer kennt sich aus mit Chemie?
    "   "   "   "   " Biologie?
    "   "   "   "   " dem Leben?
    "   "   "   "   " dem Schaffen von Dingen?
Wie wunderbar ist das Leben mit Frida.

Kopie im Archiv Ignacio M. Galbis.

FRIDA KAHLO

Brief an Diego Rivera

[undatiert]

Mikronenmaterie
Martyrium membrillo
Mikronenmaschinengewehr
Zweige, Meere drangen bitter in die gebrochenen Augen.
Große Bären, schweigende Stimme, Licht.

Diego,
es ist eine große Wahrheit, daß ich weder reden möchte noch schlafen, weder hören noch wollen. Mich eingeschlossen fühlen ohne Angst vor dem Blut, ohne Zeit oder Magie, in Deine eigene Angst und Deine große Furcht und das Schlagen Deines Herzens.
Ich weiß, dieser ganze Wahnsinn wäre, wenn ich Dich darum bäte, nur eine Störung Deiner Stille.
Ich bitte Dich um Gewalt im Sinn-Losen, und Du gibst mir Gnade, Nest, Licht, Wärme.
Malen möchte ich Dich, aber in meiner Verwirrung gibt es keine Farben – weil es so viele gibt! Die konkrete Form meiner großen Liebe.
Jeden Augenblick ist er mein Kind. Mein Kind, täglich aus mir selbst geboren.

Kopie im Archiv Raquel Tibol.

Nachricht an Diego Rivera

[undatiert]

Mein Junge,
danke für das, was Du Sixto mitgegeben hast.
Die schöne Lupe Prieto aus Cuernavaca hat mich angerufen. Du sollst Dich dringend mit Manuel Reachi unter folgender Nummer in Verbindung setzen: 1240. Aber es eilt sehr – Du weißt schon, warum.
Ich habe das Bild bereits fertig.
David und Parrés waren hier, sie fanden, daß ich viel besser aussehe. Wunderbar! Sie sind nach Cuernavaca gefahren.
Heute nachmittag mache ich mit einem anderen Bild weiter.
Mein ganzes Leben für Dich.
Deine Antigua Ocultadora
                Frida

Im Archiv des Centro Nacional de Investigación de Artes Plásticas/INBA-CENIDIAP. – Diego Rivera malte 1953 einige Wandtafeln im Haus des Filmproduzenten Santiago Reachi.

Brief an Machila Armida

Februar, Samstag, der 14., 1953

Fruchttragende, wunderbare María Cecilia,
Du, Dein Werk, alles, was Dich dazu bewegt, zu leben, ist in höheren Sphären, in Harmonie, Du steckst voller Genie, genau wie die Darstellung des Lebens in Deinen außerge-

wöhnlichen Bildern, so innig und groß, so traditionell und schön, revolutionär durch und durch, die für mich das Universum sind. Ich hoffe, meine Liebe, daß Du Dich niemals *einsam* fühlst, denn es ist vor allem *Dein Leben* und das Deiner Tochter.

Scheiß auf diese ganze dumme, verlogene kapitalistische Gesellschaft und den nordamerikanischen Imperialismus. Du, Diego und ich hoffen auf Frieden in der ganzen Welt. Die Revolution ist unvermeidlich.

Mögest Du viele Jahre leben, María Cecilia, denn nur wenige Menschen besitzen ein Wesen, wie Du es besitzt.

Gib gut auf meinen Diego acht, meinen Augenstern, in meinem Herzen und in Deinem.

Danke für die beiden Himmel, die Deine Augen sind. Auch ich *himmle Dich*, ich bewahre Dich in meinem Leben, ich netze Dich, wenn Du Durst verspürst, ich hänge Dein Herz an meinen Diego, damit Du ihn beschützt. Immer.

Diego, ich bin nicht mehr allein, weil Machila bei mir ist und bei Dir.

Im Archiv ihrer Tochter Patricia van Rhijn Armida. – María Cecilia Armida Baz wurde am 6. März 1921 geboren. Am 19. November 1945 heiratete sie den Holländer Leender van Rhijn. Aus dieser Ehe ging 1949 die Tochter Patricia hervor, zwei Jahre später kam es zur Trennung. Damals begann Machila mit surrealistischen Collagearbeiten, kleine Kästchen, aus denen sie Tische oder Vitrinen machte. 1952 organisierte Diego Rivera, mit dem Machila eine Liebesaffäre unterhielt, eine Ausstellung dieser Objekte. Der Maler hielt die Beziehung in einem Porträt fest, das er im selben Jahr von ihr anfertigte.

Frida Kahlos Einladung zu ihrer
Einzelausstellung in der Galería
de Arte Contemporánea,
eröffnet am 13. April 1953

In Freundschaft und Liebe,
die von Herzen kommen,
habe ich die Freude, Dich einzuladen
zu meiner bescheidenen Ausstellung.

Um acht Uhr am Abend
– denn eine Uhr hast Du wohl –
erwarte ich Dich in der Galerie
der Lola Álvarez Bravo.

Sie ist in der Amberes Nr. 12,
mit Türen zur Straße hin,
hoffentlich verläufst Du Dich nicht,
denn mehr sage ich nicht.

Du sollst mir nur Deine
offene, ehrliche Meinung sagen.
Du bist be-lesen und be-schrieben,
Dein Wissen ist unübertroffen.

Ich malte diese Bilder
mit meinen eigenen Händen,
und sie warten an den Wänden,
um meinen Brüdern zu gefallen.

Nun denn, mein lieber Freund,
in aufrichtiger Freundschaft

FRIDA KAHLO

dankt Dir von Herzen
Frida Kahlo de Rivera. [*]

Coyoacán – 1953

Original im Archiv Raquel Tibol. – * Spanisches Original: »Con amistad y cariño / nacido el gusto de invitarte / a mi humilde exposición. // A las ocho de la noche / – pues reloj tienes al cabo – / te espero en la Galería / d'esta Lola Álvarez Bravo. // Se encuentra en Amberes 12 / y con puertas a la calle, / de suerte que no te pierdas / porque se acaba el detalle. // Sólo quiero que me digas / tu opinión buena y sincera. / Eres leido y escribido; / tu aber es de primera. // Estos cuadros de pintura / pinté con mis propias manos / y esperan en las paredes / que gusten a mis hermanos // Bueno, mi cuate querido: / con amistad verdadera / te lo agradece en el alma / Frida Kahlo de Rivera.«

Brief an Dolores del Río

Coyoacán, am 29. Oktober [1953?]

Wunderbare Dolores,

bitte nimm dieses Bild von mir an, das Du bei mir in Auftrag gegeben hast. Ich male viel. Vorgestern bin ich aus Puebla zurückgekommen, und dort habe ich Dein Bild gemalt, im Bett, das Bild auf der Brust.

Gesundheitlich geht es mir besser, aber ich habe einen furchtbaren Kummer. María, die kleine Schwester von Vidalito, dem neunjährigen Maler aus Oaxaca (erinnerst Du Dich an ihn?), ist schwerkrank, seit gestern nachmittag liegt sie im Koma.

Diego ist nicht da, er ist nach Pátzcuaro gefahren, und außer Dir habe ich niemanden, an den ich mich wenden kann.

Bitte gib mir die Summe, die Du mir für das Bild versprochen hast ($ 1000). Ich habe kein Geld, um die Ärzte und die Medikamente zu bezahlen, weder für die Kleine noch für mich. Manolo Martínez, Diegos erster Assistent, wird Dir das Gemälde überbringen. Wenn Du zu Hause bist, dann sei so gut und gib ihm das Geld mit, er hat mein vollstes Vertrauen (egal, ob als Scheck oder in bar).
Entschuldige meine Unverschämtheit.
Tausend Küsse.
    Deine Frida

Im Archiv Dolores del Río des Centro de Estudios de Historia de México, CONDUMEX.

Brief an Dolores del Río

    Coyoacán, der 29. Oktober
Dolores,
Diego hat sich furchtbar aufgeregt, als er zurückkam, weil ich Dir diese Sachen geschrieben habe, denn er gibt mir alles, was er mit seiner Arbeit verdient, und mir fehlt es an nichts. Er war sehr wütend.
Vielen Dank für Deine Freundlichkeit.
    Frida

[Diego Rivera fügte auf demselben Blatt hinzu:]

Lolita,
ich war wütend, weil Fridita die tausend Pesos angenommen hat, die Du für »das kranke Mädchen« geschickt hast.

Sie sollte sie Dir unverzüglich zurückgeben, was ich mit dem beiliegenden Scheck Nr. 609912 der Banco Comercial de la Propiedad tue. Entschuldige eine Kranke, und sei ganz herzlich gegrüßt von Deinem Freund
               Diego Rivera

Im Archiv Dolores del Río des Centro de Estudios de Historia de México, CONDUMEX. – Diegos Wut und das in Anführungszeichen gesetzte »kranke Mädchen« legen die Vermutung nahe, daß es sich um eine Schwindelei von Frida handelte, um auf die Schnelle an Geld für Drogen zu kommen.

Brief an Lina Boytler

                  [undatiert]
Wunderbare Lina,
Deine Gemälde kamen in die dunkle Welt meines Lebens, um mich zum Licht zu rufen, in die Zärtlichkeit Deiner jungfräulichen Welt voller Schmetterlinge, Sonnen, neuer Welten, Bilder Deiner unschuldigen Kindheit von 10 000 Jahren.
Es bewundert und es liebt Dich
                   Frida

Kopie im Archiv Raquel Tibol.

JETZT, WO DU MICH VERLÄSST

Brief an Lina Boytler

[undatiert]

Liebste Lina,
hier schicke ich Dir ein paar Kritzeleien, die ich gezeichnet
habe, um zu sehen, ob Du etwas damit anfangen kannst.
Zusammen mit ihnen schicke ich Dir Millionen Küsse.
Frida

Kopie im Archiv Raquel Tibol.

Gedicht

im Speichel.
auf dem Papier.
in der Finsternis.
In allen Linien
in allen Farben
in allen Krügen
in meiner Brust
draußen, drinnen –
im Tintenfaß – in den Schwierigkeiten beim Schreiben
im Staunen meiner Augen – in den letzten
Linien der Sonne (die Sonne hat keine Linien) in
allem. Zu sagen »in allem« ist töricht und wunderbar.
DIEGO in meinem Urin – Diego in meinem Mund – in
meinem
Herzen, in meinem Wahnsinn, in meinem Schlaf – auf
dem trocknenden Papier – in der Spitze der Feder –

in den Stiften – in den Landschaften – im
Essen – im Metall – in der Phantasie.
In den Krankheiten – in den Vitrinen –
in seinen Ausreden – in seinen Augen – in seinem Mund.
in seiner Lüge.
    Frida Kahlo

Im Archiv Juan Coronel Rivera. – Juan Coronel Rivera veröffentlichte das Gedicht im August 1983 in der ersten Nummer der literarischen Zeitschrift *El Faro*, deren Herausgeber er war. In einem Brief vom 9. Februar 1998 erklärte er mir: »Die Handschrift des Gedichts ist diejenige Teresa Proenzas, die Unterschrift stammt von Frida Kahlo.« Die Kopie im Archiv des Centro Nacional de Investigación de Artes Plásticas/CENIDIAP enthält außerdem einen Gruß an Rivera, datiert auf den 13. November 1953: »Geliebter Dieguito, an diesem Tag des heiligen Diego möchte ich Ihnen das Beste der Welt schenken, Gesundheit, Freude. Doch ich kann Ihnen nur dieses Gedicht von Fisita geben, Liebe und Schönheit. Und einen Kuß. Tere.«

Für Isabel Villaseñor
an ihrem ersten Todestag

                                        13. März 1954
    ein Jahr später

Wunderbare Chabela
Du wirst immer auf der lebendigen Erde Mexikos sein.
Du hast uns allen, die wir Dich liebten, Deine Schönheit hinterlassen, Deine Stimme, Deine Malerei, Deine *Olinka* und Dein eigenes Bild.

JETZT, WO DU MICH VERLÄSST

Meine Erinnerung ist voll von Deiner Fröhlichkeit, von Deinem außergewöhnlichen Wesen.
Vergib mir, daß ich nicht zu Deiner Gedenkfeier gehe.

Frida

Im Archiv Olinca Fernández Ledesma Villaseñor. – Die Graphikerin, Malerin, Schauspielerin, Schriftstellerin und Corrido-Sängerin Isabel Villaseñor (geboren am 18. Mai 1909 in Guadalajara, Jalisco, gestorben am 13. März 1953) war mit dem Maler und Kulturförderer Gabriel Fernández Ledesma verheiratet. Aus der Ehe ging die Tochter Olinca hervor. Isabel Villaseñor verband eine innige Freundschaft mit Frida. Am 13. März 1953 schrieb Frida in ihr Tagebuch: »Du hast uns verlassen, Chabela Villaseñor.«
Und darunter, in zwei parallelen Spalten:

»Doch Deine Stimme	Purpurrot
deine elektrische Spannung	Purpurrot
dein außergewöhnliches Talent	Purpurrot
deine Poesie	Purpurrot
dein Licht	Wie das Blut, das fließt
dein Geheimnis	Wenn ein Wild getötet wird.
deine Olinka	

alles von Dir bleibt lebendig. Malerin Dichterin Sängerin
ISABEL VILLASEÑOR
LEBENDIG AUF EWIG!«

Inhalt

Vorwort von Raquel Tibol   5

Erinnerung (1922)   11
Nachricht an Isabel Campos (1922)   12
Briefe an Alejandro Gómez Arias (1922–25)   12
Karte von 1926   50
Briefe an Alejandro Gómez Arias (1926/27)   50
Brief an Alicia Gómez Arias (1927)   61
Briefe an Alejandro Gómez Arias (1927)   62
Brief an Alicia Gómez Arias (1927)   67
Briefe an Alejandro Gómez Arias (1927)   68
Brief an Miguel Nicolás Lira (1927)   72
Widmung an Miguel Nicolás Lira (1927)   73
Briefe an Alejandro Gómez Arias (1927)   74
Brief an Alicia Gómez Arias (1927)   86
Briefe an Alejandro Gómez Arias (1927/28)   87
Brief an Guillermo Kahlo (1930)   91
Corrido für Antonio Pujol und Ángel Bracho (1931)   93
Brieffragmente (1931)   94
Spruchband auf dem Gemälde *Frieda und Diego Rivera* (1931)   96
Brief an Isabel Campos (1931)   97
Brief an Nickolas Muray (1931)   99
Briefe an Dr. Leo Eloesser (1931)   100
Brief an Matilde Calderón de Kahlo (1932)   103
Briefe an Abby Aldrich Rockefeller (1932)   107
Brief an Clifford und Jean Wight (1932)   109
Briefe an Dr. Leo Eloesser (1932)   112
Brief an Diego Rivera (1932)   119
Briefe an Abby Aldrich Rockefeller (1933)   120
Briefe an Clifford Wight (1933)   124
Brief an Ella Wolfe (1933)   130

Brief an Isabel Campos (1933) 131
Brief an Ella und Bertram D. Wolfe (1933) 134
Brief an Ella Wolfe (1934) 135
Text auf Briefpapier der nationalen Studentenpartei
  »Pro-Cárdenas« (1934) 142
Brief an Alejandro Gómez Arias (1934) 143
Brief an Ella und Bertram D. Wolfe (1934) 145
Briefe an Dr. Leo Eloesser (1934) 150
Brief an Diego Rivera (1935) 151
Schreiben an Alberto Misrachi (1935) 153
Brief an Fridas Schwester Luisa Kahlo Calderón (1935?) 155
Widmung an Fridas Schwester Luisa Kahlo Calderón (1935?) 156
Brief an Ella Wolfe (1936) 156
Brief an Carlos Chávez (1936) 159
Brief an Bertram D. Wolfe (1936) 162
Brief an Carlos Chávez (1936) 164
Briefe an Dr. Leo Eloesser (1936/37) 167
Schreiben an Alberto Misrachi (1937) 169
Widmung für Leo Trotzki auf einem Selbstporträt (1937) 170
Brief an Lucienne Bloch (1938) 170
Brief an Ella Wolfe (1938) 175
Brief an Alejandro Gómez Arias (1938) 180
Brief an Diego Rivera (1939) 181
Briefe an Nickolas Muray (1939) 185
Brief an Ella und Bertram D. Wolfe (1939) 195
Brief an Nickolas Muray (1939) 199
Brief an Carlos Chávez (1939) 202
Brief an Nickolas Muray (1939) 205
Brief an Edsel B. Ford (1939) 207
Briefe an Nickolas Muray (1939/40) 209
Brief an Sigmund Firestone (1940) 214
Telegramm an Dolores del Río (1940) 214
Brief an Dolores del Río (1940) 215
Schreiben an Alberto Misrachi (1940) 217
Brief an Diego Rivera (1940) 218
Brief an Emmy Lou Packard (1940) 230
Brief an Sigmund Firestone (1940) 232
Nachricht an Diego Rivera (1940) 236
Brief an Sigmund Firestone (1940) 236

Brief an Emmy Lou Packard (1940)	239
Briefe an Dr. Leo Eloesser (1941)	240
Beleg für die Central de Publicaciones (1941)	254
Schreiben an Alberto Misrachi (1941)	254
Widmung an die Töchter des Botschafters von Venezuela, Sr. Zawadsky (1941)	256
Brief an Emmy Lou Packard (1941)	256
Telegramm an Emmy Lou Packard (1941)	258
Brief an den Ingenieur Marte R. Gómez (1943)	259
Brief an Florence Arquin (1943)	263
Brief an den Ingenieur Marte R. Gómez (1944)	265
Brief an Bertram und Ella Wolfe (1944)	267
Nachricht zu einem Geschenk für Alejandro Gómez Arias (1944)	270
Brief an Dr. Leo Eloesser (1944)	271
Nachricht an Diego Rivera (1944?)	272
Postkarte an Diego Rivera (1944)	273
Brief an Ruth Rivera Marín (1945)	273
Präsentation der Malerin Fanny Rabel (1945)	274
Gedanken zu einem meiner Gemälde (1945)	275
Glückwünsche an Diego Rivera (1945)	281
Brief an Ella und Bertram D. Wolfe (1946)	282
Corrido für A und L (1946)	286
Telegramm an Ella Wolfe (1946)	288
Brief an Alejandro Gómez Arias (1946)	288
Brief an José Bartolí (1946)	289
Brief an Ella Wolfe (1946)	291
Brief an den Ingenieur Eduardo Morillo Safa (1946)	293
Brief an die kleine Mariana Morillo Safa (1946)	297
Corrido für Mariana Morillo Safa (1946)	298
Erklärung, angefordert vom Instituto Nacional de Bellas Artes (1947)	301
Brief an Carlos Chávez (1947)	302
Brief an Antonio Ruiz, »el Corcito« (1947)	304
Brief an Carlos Chávez (1947)	306
Widmung an Diego Rivera (1947)	308
Brief an Diego Rivera (1947?)	308
Nachrichten an Diego Rivera (1947?)	312
Brief an Carlos Pellicer (1947)	313

Brief an Arcady Boytler (1947) 313
Brief an Carlos Pellicer (1947) 314
Brief an Dr. Samuel Fastlicht (1947) 315
Karte für Diego Rivera zum Geburtstag (1947) 317
Brief an Dr. Samuel Fastlicht (1948) 317
Brief an den mexikanischen Präsidenten Miguel Alemán
  Valdés (1948) 319
Brief an Diego Rivera (1948) 324
Porträt Diegos (1949?) 325
Brief an Dr. Samuel Fastlicht (1950) 341
Brief an Dr. Leo Eloesser (1950) 342
Brief an Diego Rivera (1950) 344
Brief an Dr. Samuel Fastlicht (1951) 345
Porträt von Wilhelm Kahlo (1951) 346
Nachrichten an Diego Rivera (1951/52?) 346
Nachricht an Elena Vázquez Gómez und
  Teresa Proenza (1952) 348
Präsentation des Malers Antonio Peláez (1952) 349
Nachricht an Carlos Chávez (1952) 349
Karte für Diego Rivera zum Geburtstag (1952) 351
Nachricht an Guadalupe Rivera Marín (1952/53?) 351
Auf einem Blatt mit surrealistischen Zeichnungen (1952/53?) 352
Auf einer alten Röntgenplatte (1952/53?) 353
Brief an Diego Rivera (1952/53?) 354
Nachricht an Diego Rivera (1952/53?) 355
Brief an Machila Armida (1953) 355
Frida Kahlos Einladung zu ihrer Einzelausstellung in
  der Galería de Arte Contemporánea, eröffnet
  am 13. April 1953 357
Briefe an Dolores del Río (1953?) 358
Briefe an Lina Boytler (1953?) 360
Gedicht (1953) 361
Für Isabel Villaseñor an ihrem ersten Todestag (1954) 362